Power BI Desktop

Generar informes y analizar datos en el día a día

André Meyer-Roussilhon

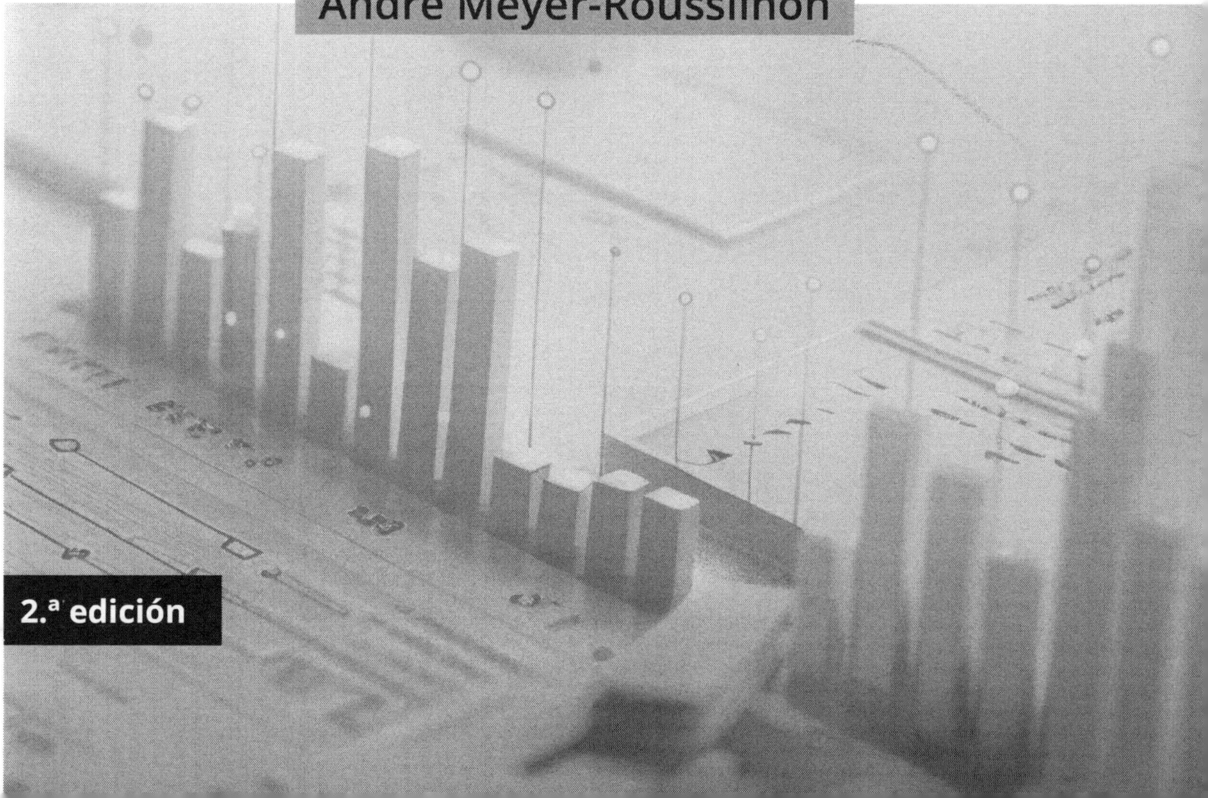

2.ª edición

ISBN: 978-2-409-04936-1
Edición original: 978-2-409-04626-1

Ediciones ENI

P° Ferrocarriles Catalanes, 97-117, 2a pl. of. 18
08940 - Cornellà de Llobregat (Barcelona)

Tel: 934 246 401
Fax: 934 231 576

e-mail: info@ediciones-eni.com
http://www.ediciones-eni.com

Autor: André MEYER-ROUSSILHON
Edición española: Anna SÁNCHEZ LASIERRA
Colección **Objetivo: Soluciones** dirigida por Corinne HERVO

Para poder acceder durante un año
a la versión online de este libro,
envíenos su justificante de compra a

librodigital@ediciones-eni.com

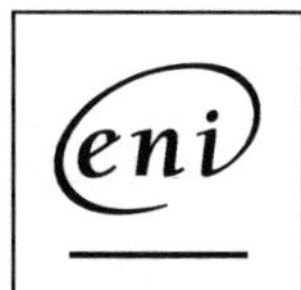

Capítulo 1
Presentación

Capítulo 2
Conectarse a los datos

Capítulo 3
Preparar los datos en Power Query

Capítulo 4

Crear el modelo de datos

Capítulo 5

Visualizar los datos

Capítulo 6

Sacar el máximo partido a las interacciones

Capítulo 7

Analizar los datos con o sin DAX

Capítulo 8

Publicar y compartir el informe

Capítulo 1

Presentación

A. Presentación de Power BI Desktop

Power BI, la herramienta de Microsoft destinada a extraer, analizar, visualizar y difundir datos, informes y paneles de control, se ha consolidado ampliamente como una herramienta imprescindible en el mundo empresarial. Con ocho años de existencia, Power BI ha alcanzado una madurez significativa y abarca un espectro de funcionalidades notables que, además, no dejan de evolucionar.

Power BI está disponible en dos versiones: Desktop, instalada en su ordenador y que utilizaremos en este libro, y Power BI Service, su versión web. Esta última, que en sus inicios estaba principalmente destinada a compartir y difundir informes, se ha transformado con los años en una plataforma muy completa, capaz también de crear informes. La mayoría de los conceptos descritos en este libro son igualmente válidos para la versión web.

Power BI complementa las posibilidades que ofrece Excel, del cual es un "descendiente" directo: Power Pivot y Power Query, que hasta ahora eran complementos de Excel, forman parte de los componentes integrados en Power BI. A estos complementos se añaden también el lenguaje M -complejo, pero muy potente- para extraer y preparar datos, y el lenguaje DAX, para fórmulas y análisis. Este último, que ya estaba presente en Excel, se amplía considerablemente en Power BI para aprovechar modelos de datos relacionales.

Otros productos también forman parte del ecosistema Power BI a día de hoy, como Power BI Server (un servidor alojado en el cliente) y Power BI Mobile, la aplicación para teléfonos móviles y tabletas.

De forma aún más impresionante, Power BI está integrado en la Power Platform, que incluye una amplia gama de productos, desde Power Apps hasta Power Automate, pasando por Teams y SharePoint, por nombrar solo algunos. Una vez que se publica un informe en Power BI Service, este puede interactuar con todas estas herramientas. Por ejemplo, es posible integrar un informe en una diapositiva de PowerPoint, manteniendo la conexión con la fuente de datos y conservando las posibilidades de interacción dinámica nativas de Power BI.

B. Detalles sobre la evolución del software y la versión utilizada

Power BI está en constante evolución: cada mes se lanza una nueva versión que incorpora mejoras mayo-res o menores, tanto en la parte de creación de informes como en la de difusión. Se recomienda -en la medida en que pueda- actualizar su instalación con la mayor regularidad posible. Esta actualización suele ser automática, como veremos en la sección dedicada a la instalación.

Este libro está basado en la versión de abril de 2024. Los archivos de ejemplo, con la extensión .pbix, están creados con dicha versión. Si utiliza una versión anterior de Power BI, es posible que se muestre un mensaje indicando que el archivo fue creado con una versión posterior. Si su versión no es demasiado antigua, inténtelo de nuevo, y el archivo se abrirá. Sin embargo, le aconsejo aprovechar esta oportunidad para instalar la última versión disponible.

Para conocer la versión que está utilizando, abra Power BI y, en la pestaña **Ayuda**, haga clic en **Acerca de**.

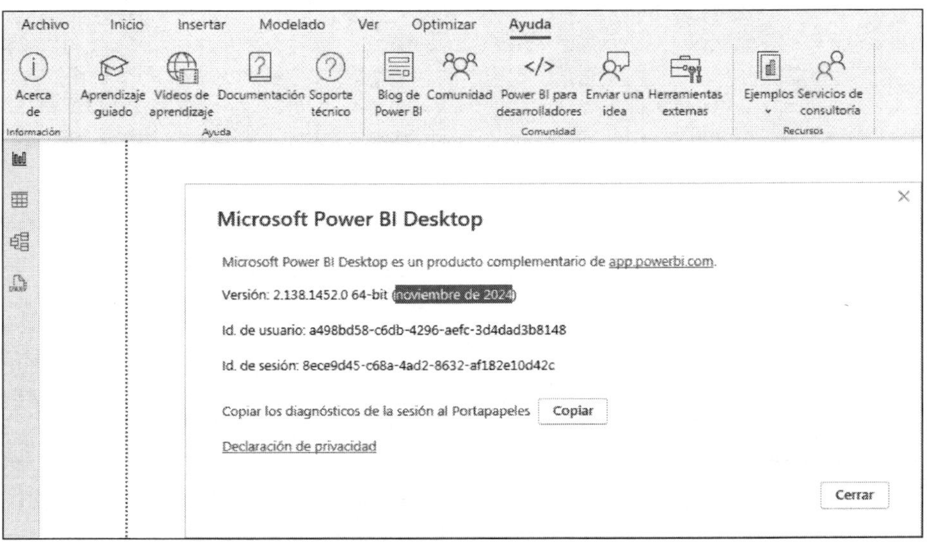

La evolución de Power BI se basa en la incorporación de funcionalidades que, inicialmente, tienen un estado denominado *versión preliminar* antes de alcanzar el estado de *General Availability* (es decir, un estado validado).

✎ La activación de una funcionalidad en versión preliminar es una decisión que queda a su elección. Esto se configura en el menú desplegable: **Archivo - Opciones y configuración - Opciones**. En la sección **Características de versión preliminar**, marque o desmarque las opciones según sus preferencias.

Para la elaboración de este libro, hemo seleccionado las siguientes opciones:

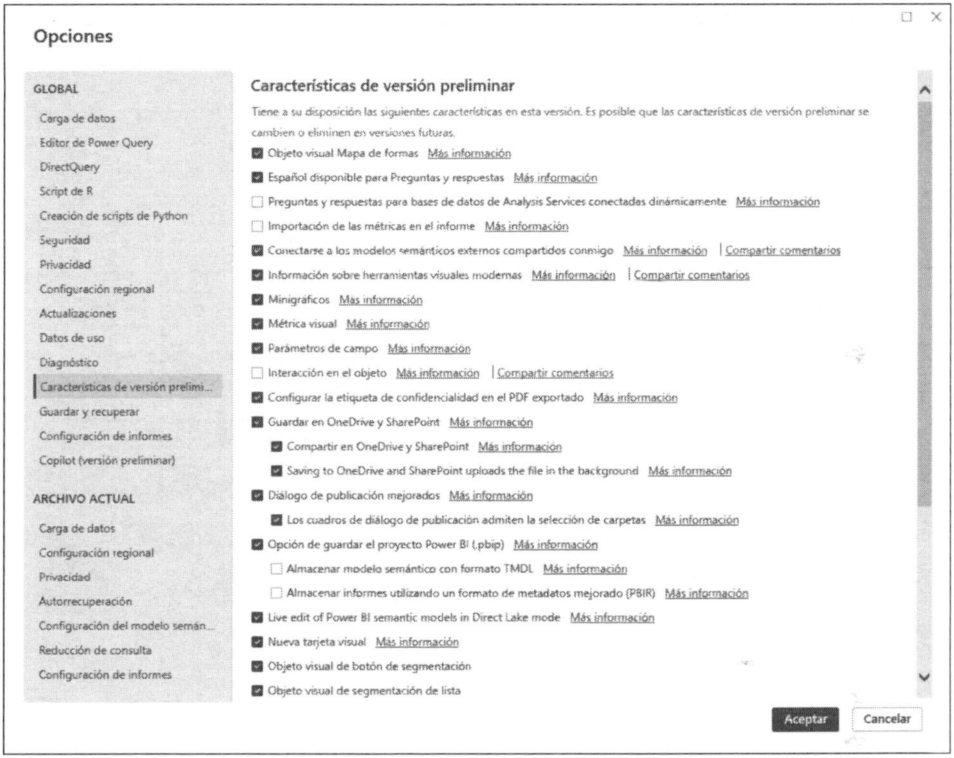
Opciones
GLOBAL
Carga de datos
Editor de Power Query
DirectQuery
Script de R
Creación de scripts de Python
Seguridad
Privacidad
Configuración regional
Actualizaciones
Datos de uso
Diagnóstico
Características de versión prelimi...
Guardar y recuperar
Configuración de informes
Copilot (versión preliminar)
ARCHIVO ACTUAL
Carga de datos
Configuración regional
Privacidad
Autorrecuperación
Configuración del modelo semán...
Reducción de consulta
Configuración de informes
Características de versión preliminar
Tiene a su disposición las siguientes características en esta versión. Es posible que las características de versión preliminar se cambien o eliminen en versiones futuras.
Objeto visual Mapa de formas Más información
Español disponible para Preguntas y respuestas Más información
Preguntas y respuestas para bases de datos de Analysis Services conectadas dinámicamente Más información
Importación de las métricas en el informe Más información
Conectarse a los modelos semánticos externos compartidos conmigo Más información | Compartir comentarios
Información sobre herramientas visuales modernas Más información | Compartir comentarios
Minigráficos Más información
Métrica visual Más información
Parámetros de campo Más información
Interacción en el objeto Más información | Compartir comentarios
Configurar la etiqueta de confidencialidad en el PDF exportado Más información
Guardar en OneDrive y SharePoint Más información
Compartir en OneDrive y SharePoint Más información
Saving to OneDrive and SharePoint uploads the file in the background Más información
Diálogo de publicación mejorados Más información
Los cuadros de diálogo de publicación admiten la selección de carpetas Más información
Opción de guardar el proyecto Power BI (.pbip) Más información
Almacenar modelo semántico con formato TMDL Más información
Almacenar informes utilizando un formato de metadatos mejorado (PBIR) Más información
Live edit of Power BI semantic models in Direct Lake mode Más información
Nueva tarjeta visual Más información
Objeto visual de botón de segmentación
Objeto visual de segmentación de lista
Aceptar
Cancelar

Opciones
GLOBAL
Carga de datos
Editor de Power Query
DirectQuery
Script de R
Creación de scripts de Python
Seguridad
Privacidad
Configuración regional
Actualizaciones
Text slicer visual
Asistencia para usuarios con menos privilegios elevados Más información
Creación automática de un diseño móvil Más información | Compartir comentarios
Escritura de consultas DAX con Copilot Más información | Compartir comentarios
Resumen con el objeto visual de Copilot Más información
Mejorar Preguntas y respuestas con Copilot Más información
Descripciones de medidas con Copilot Más información | Compartir comentarios
Cálculos visuales Más información | Compartir comentarios
Panel de chat de Copilot en la vista de informe Más información | Compartir comentarios
Aceptar
Cancelar

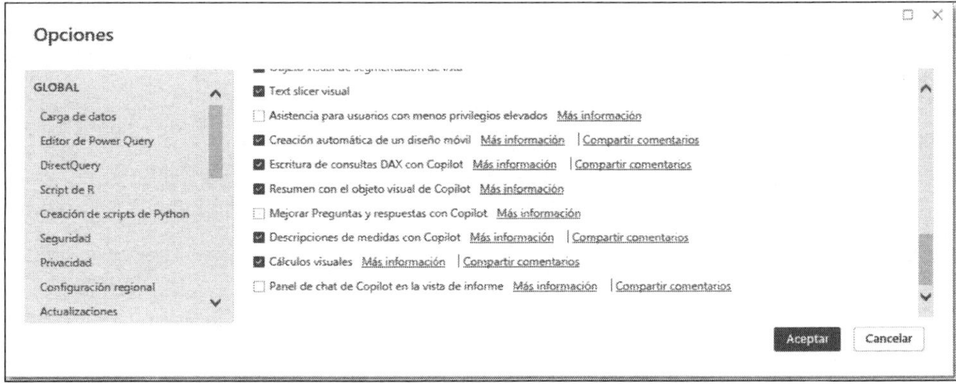

Esta pantalla corresponde a la versión de noviembre de 2024 y, por lo tanto, podría variar dependiendo de la versión de Power BI que esté utilizando. Sin embargo, el principio sigue siendo el mismo.

C. Instalación

Dispone de tres formas de descargar Power BI Desktop para instalarlo.

- La primera consiste en ir a https://aka.ms/pbiSingleInstaller, asegurarse que el idioma de instalación es el español y descargar la versión de 32 bits (**PBIDesktopSetup.exe**) o de 64 bits (**PBIDesktopSetup_x64.exe**):

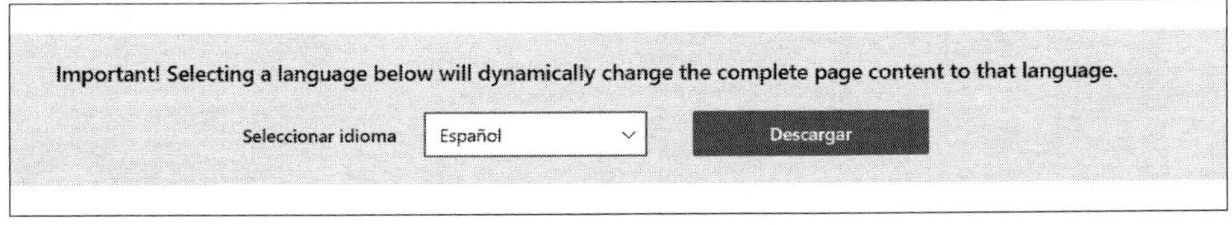

✎ A continuación, inicie el ejecutable (.exe) para instalar la aplicación.

Esta versión de la aplicación implica una **actualización mensual manual**.

Esta puede ser una opción voluntaria para controlar las actualizaciones: un mensaje en la parte inferior derecha de la ventana le informa de la disponibilidad de una actualización. En este caso, depende de usted descargarla o no.

- La segunda forma de obtener la aplicación consiste en descargarla desde Microsoft Store (https://aka.ms/pbidesktopstore):

A diferencia de la primera versión, esta **descarga e instala actualizaciones mensuales automáticamente**.

Finalmente, la tercera posibilidad concierne a los usuarios del Power BI Server (alojado en el sitio): en este caso, la versión de la aplicación tiene un ligero retraso en lo que respecta a las actualizaciones de Power BI Desktop.

D. Fuentes, referencias, ejemplos

Para la redacción de este libro, he utilizado algunas fuentes en español:

- En el sitio de Microsoft:
  - El blog, especialmente para la presentación de las actualizaciones (las entradas están en inglés): https://powerbi.microsoft.com/es-es/blog/
  - Tutoriales del conjunto de Power BI, https://docs.microsoft.com/es-es/power-bi/guided-learning/

En inglés disponemos de innumerables fuentes:

- En el sitio de Microsoft:
  - Referencia de funciones de DAX, https://docs.microsoft.com/es-es/dax/dax-function-reference
  - Foro de usuarios, https://community.powerbi.com/t5/Desktop/bd-p/power-bi-designer

- El sitio SQLBI, de Alberto Ferrari y Marco Russo, de referencia en este tema: https://www.sqlbi.com/
  - Su sitio de las funciones de DAX, https://dax.guide/, hacia el que vuelvo constantemente.
- El sitio de Sam McKay, de Enterprise DNA, https://blog.enterprisedna.co/
- Los canales de YouTube de Bas_Dohmen, https://www.youtube.com/@HowtoPowerBI, para todo lo que concierne a la visualización y el DAX asociado, y PeryTUS, https://www.youtube.com/@PowerBIHowTo, excelente pedagogo.

Los dos ejemplos que seguiremos de forma más particular a lo largo del libro se encuentran, por una parte, en el archivo de Excel **Ventas Mundo.xlsx**, que describe las ventas mundiales para una lista de productos organizados por categorías y por familias, compuesto por tres hojas: **Ventas** (fecha, producto, país e importes), **Categoría** y **Familia**. Este archivo se utilizará en particular en el capítulo Conectarse a los datos, sobre la conexión a orígenes.

El segundo archivo, Excel resultante de la exportación desde una base de datos, se utilizará en particular para visualizaciones (capítulo Visualizar los datos), interacciones (capítulo Explotar las interacciones) y DAX (capítulo Analizar los datos con o sin DAX). Describe las ventas de libros organizadas por categoría, clientes y sus pedidos, los métodos de pago y los comerciales. Desplegamos estos dos ejemplos a lo largo de las diversas operaciones, en forma de archivos Power BI (.pbix). En los archivos de recursos, por lo tanto, encontrará varios archivos .pbix correspondientes al inicio o finalización de secciones y capítulos clave.

Entre el material descargable, encontrará otros archivos que iremos utilizando paulatinamente.

E. Principios y ciclo de trabajo

Al final de esta sección se describen tres escenarios muy comunes de uso de Power BI.

El principio de Power BI consiste en acceder a datos procedentes de diversos orígenes (archivos personales, bases de datos o fuentes web), trasladarlos localmente al equipo del usuario (esto se denomina modo Importación, que se diferencia del modo Directo, generalmente asociado a bases de datos y que permite un acceso casi en tiempo real), prepararlos y limpiarlos, enriquecerlos (mediante fórmulas o asistentes para crear variables), presentarlos de forma visual y, finalmente, difundirlos.

Las transformaciones y modificaciones realizadas a los datos solo afectan a los datos trasladados a Power BI: el acceso a las fuentes de datos es únicamente de lectura.

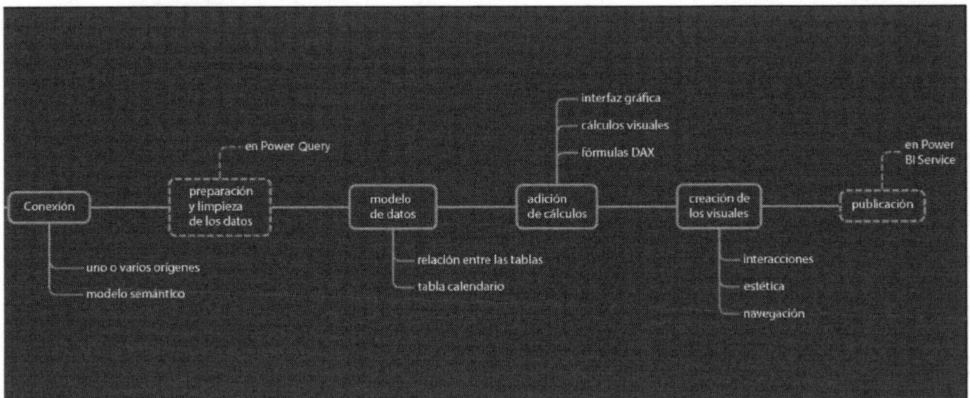

Más concretamente, el ciclo de trabajo en Power BI se descompone en cinco etapas:

- La conexión a los datos: Power BI ofrece una amplia variedad de conectores, que van desde archivos simples (Excel, TXT, JSON o PDF, entre otros) hasta bases de datos y fuentes en Internet (técnica conocida como *web-scraping*). También permite conectarse a fuentes de Big Data, API, etc. La lista de conectores se actualiza mensualmente.

  La etapa de conexión a los datos consiste en seleccionar las tablas que hay que trasladar. Siempre es posible añadir nuevas tablas o fuentes de datos posteriormente, según sea necesario.

  En este libro se desarrolla este tema en el capítulo Conectarse a los datos.

- En ciertos casos (especialmente, aunque no de forma exclusiva, cuando se conecta a archivos personales), es útil o incluso necesario realizar una etapa de preparación, limpieza y filtrado de los datos. Esta etapa se lleva a cabo mediante el editor Power Query.

  Este tema se detalla en el capítulo Preparar los datos en Power Query.

- Cuando trabaja con varias tablas (es decir, casi siempre), el uso de la vista **Modelo** es esencial. Sirve para asociar (relacionar) las tablas entre sí, mejorar el modelo y organizar los campos.

  El capítulo Crear el modelo de datos describe las mejores prácticas para esta etapa.

La preparación y la modelización son fundamentales, ya que constituyen la base sobre la cual podrá enriquecer y visualizar los datos. Si estas etapas se realizan con cuidado, el resto se vuelve (casi) un juego de niños.

- Power BI permite crear fórmulas y realizar análisis avanzados con DAX. Su integración con Microsoft Office es clave, ya que comparte aproximadamente el 60 % de funciones con Excel.

  Este tema se trata en el capítulo Analizar los datos con o sin DAX.

- Por fin, la etapa de visualización: crear gráficos, tablas y otros elementos visuales específicos, eligiendo las representaciones más adecuadas para los datos y los objetivos. La biblioteca de visuales incluye elementos disponibles tras la instalación del software y puede ampliarse con otros desarrollados por Microsoft o terceros y disponibles en el Market Place.

  Esta etapa, que no comporta dificultades técnicas especiales, permite una configuración al detalle de las propiedades del visual.

  También se aborda el trabajo con interacciones: un informe de Power BI es dinámico, todos los visuales interactúan entre sí (un visual puede filtrar los datos de otros). Numerosas herramientas, como los segmentos o los marcadores, permiten al usuario afinar su análisis.

  Estos aspectos se desarrollan en los capítulos Visualizar los datos y Sacar el máximo partido a las interacciones.

- Finalmente, la última etapa consiste en difundir el resultado, lo cual es posible gracias al portal Power BI Service.

  Una vez publicado el archivo en el portal, existen diversas opciones para programar actualizaciones, compartirlo con una comunidad de usuarios lectores en diferentes dispositivos (como teléfonos móviles) o exportarlo en distintos formatos y hacia otros programas (PowerPoint, Teams, Excel, por ejemplo).

  Esta etapa final se detalla en el capítulo Publicar y compartir el informe

  La difusión de los informes se realiza en un entorno altamente seguro, tanto para el acceso a los informes y carpetas (espacios de trabajo) como para los propios datos. Así, para un mismo informe, diferentes usuarios pueden no tener exactamente el mismo perímetro de consulta. Por ejemplo, un usuario verá solo los datos de una región geográfica, mientras que otro verá otra región, y un tercero verá todas las regiones. Esto se gestiona mediante la RLS o seguridad a nivel de fila (*Row Level Security*). Este aspecto está implementado en Power BI, aunque excede los límites de este libro.

Observe asimismo una característica clave de Power BI:una vez construido el informe, podrá actualizar los datos automáticamente cada día, mes o según necesite, simplemente haciendo clic en el botón ***Actualizar****. Esto supone un ahorro de tiempo significativo en comparación con otras herramientas (especialmente Excel).*

Pensemos en tres escenarios habituales:

- Escenario 1: su origen de datos es un archivo de Excel con una única gran tabla (muchas columnas, filas y cálculos). En este caso, puede pasar directamente de la conexión a la visualización, omitiendo las etapas de Power Query o DAX.
- Escenario 2: su origen de datos es lo que denominamos un modelo semántico (detallamos este concepto en el próximo capítulo). Un modelo semántico es un conjunto de datos listo para usar: una vez que se ha conectado, solo hace falta crear los visuales.
- Escenario 3: se conecta a una base de datos o a varios orígenes. En este caso, deberá seguir todas las etapas y prestar especial atención a la creación del modelo de datos.

Capítulo 2

Conectarse a los datos

A. Conceptos clave

1. Los tipos de conexión y el flujo de los datos

Cuando se conecta a los datos, puede tener a su disposición una elección que influirá en la actualización, en la posibilidad de crear columnas o medidas y en el uso del propio informe. Existen dos modos de conexión: Importación (predeterminado y recomendado) y Directo (también llamado Live), exclusivo para bases de datos y modelos semánticos.

Volvamos al diagrama del capítulo anterior:

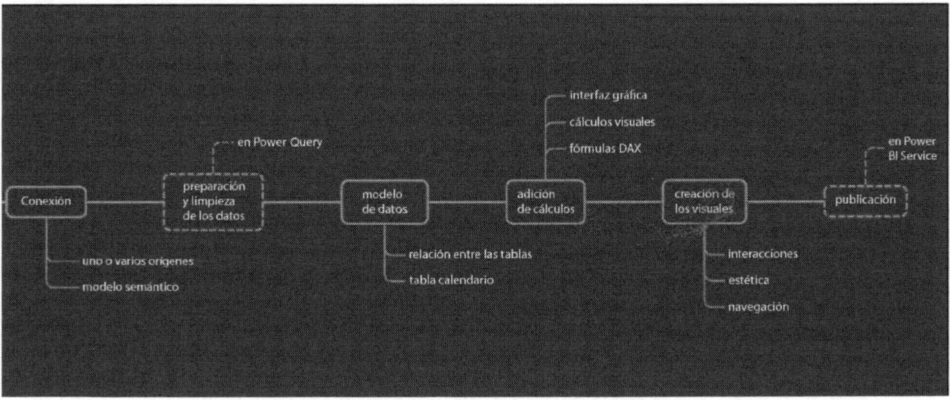

El volumen de los datos o la necesidad de un acceso casi en tiempo real pueden llevarlo a usar una conexión directa a su origen. En este caso, en efecto, los datos permanecen en la base, que se consulta con cada operación en el archivo a costa de un esfuerzo significativo en dicha base.

En este caso, los datos circulan «bajo demanda» y no se almacenan localmente. Algo tan simple como mostrar un total en la parte inferior de una tabla o filtrar un gráfico lleva a volver a interrogar a la fuente. El rendimiento depende del rendimiento del sistema de base de datos:

En el modo Importación, la aplicación es más eficiente porque los datos se almacenan localmente tras la primera consulta a la fuente. Luego, permanecen en el archivo, utilizando la memoria RAM del PC.

En este modo, Power BI se basa en el motor de almacenamiento tabular, VertiPaq, que acelera considerablemente la implementación de visuales mediante la selección de campos, la consulta al modelo con cada uso y con cada cálculo de una medida, la actualización de visuales al usar filtros e interacciones en general. Es el modo por defecto.

También es posible configurar modelos conocidos como compuestos, algunas de cuyas tablas (o fuentes) se utilizan en el modo de importación y otras en el modo directo. Por ejemplo, las tablas de productos o sitios geográficos, que cambian poco, se pueden importar, pero las tablas de transacciones, que a veces deben consultarse casi en tiempo real, pueden permanecer en modo directo.

2. ¿Existe algún riesgo para mis datos de origen?

Power BI funciona exclusivamente en modo de solo lectura. Esto significa que cualquier modificación que realice (por ejemplo, renombrar una columna o reemplazar un valor por otro) solo afecta a los datos de su archivo y no provoca ninguna alteración en los datos de origen: no existe absolutamente ningún riesgo de dañar o eliminar estos últimos.

3. Actualización

Es un aspecto de Power BI que conviene entender bien: el trabajo de configurar la conexión, preparar los datos, establecer el modelo, crear fórmulas y visuales no necesita repetirse cada vez que necesite un informe actualizado. La actualización de los datos de su informe es muy sencilla; su panel de control (utilizo este término como equivalente al de informe, al menos hasta que abordemos Power BI Service) estará inmediatamente listo para su consulta.

Existen dos factores clave en la actualización de un informe: su ubicación (local o en Power BI Service) y el tipo de conexión (Importación o Directo).

En el caso de un informe en modo Directo, cada acción que realice sobre el informe (como modificar un filtro, por ejemplo) desencadena una actualización de los datos afectados por dicho filtro (si todos los visuales del informe están relacionados, todos se actualizarán de inmediato). Esto no impide, por supuesto, que pueda realizar una actualización manual o programada.

La actualización desde Power BI Desktop se realiza manualmente mediante la herramienta **Actualizar**, ubicada en la pestaña **Inicio**:

Cuando publica un informe en modo Importación en Power BI Service, también se crea un conjunto de datos, denominado modelo semántico, en el servidor, que estará disponible junto a los informes.

Este modelo semántico puede actualizarse de manera inmediata (manual), automática (especialmente si el archivo de origen está almacenado en SharePoint o OneDrive, o si se utiliza Power Automate) o programada (planificada). Una vez que el modelo semántico se haya actualizado, el informe también puede ser actualizado.

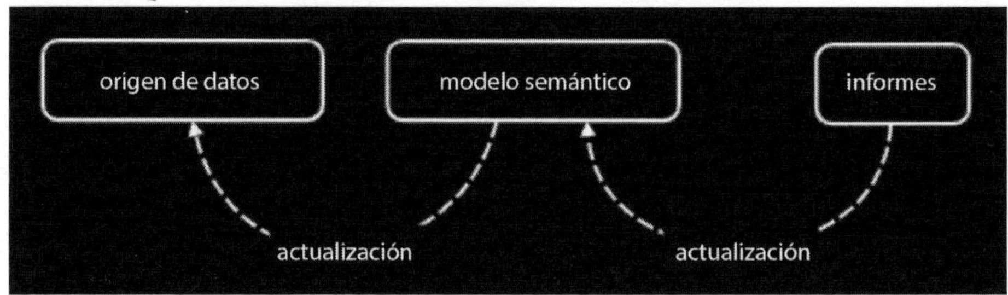

La actualización del modelo semántico puede programarse cada hora, diariamente o semanalmente. Power BI Service se encarga de este trabajo sin que sea necesario que usted esté conectado. Solo tendrá que abrir el informe.

Una actualización automatizada permite, por ejemplo, actualizar los datos cuando un archivo llega a un directorio específico o cuando se recibe un correo electrónico.

La mayoría de las veces, es necesario haber configurado una pasarela entre el servidor de Power BI y el servidor de base de datos para que la actualización pueda llevarse a cabo.

Para ciertos tipos de fuentes-archivos almacenados en OneDrive, SharePoint, base de datos en línea de Salesforce, base de datos de Azure, la actualización suele ser automática (por ejemplo, cada hora para archivos almacenados en OneDrive).

También es posible recuperar solo los datos añadidos o modificados desde la última actualización. La actualización incremental, basada en una fecha de referencia, acelera significativamente el proceso.

Recapitulando :

	En Desktop	En Service (modelo semántico)
Modo Importación	Manual	Manual Planificada Automatizada
Modo Directo	Inmediatamente (según los visuales afectados) Manual (actualización forzada)	Inmediatamente Manual Planificada Automatizada

B. Conectarse

Power BI ofrece una amplia biblioteca de conectores, e incluso esta evoluciona con cada nueva versión del software: describirlos todos resultaría muy tedioso, pero sí es posible identificar las características más importantes y el funcionamiento de los principales conectores.

Encontrará una descripción muy completa de la mayoría de los conectores en el sitio del editor: https://docs.microsoft.com/es-es/power-bi/desktop-data-sources

1. Los tres tipos de conexión

Una primera elección fundamental consiste en definir el tipo de conexión: importada o directa.

- La opción más habitual es **importar** los datos: una vez que se lanza la consulta, Power BI recupera y almacena localmente todos los datos.
  - La principal ventaja de este tipo de conexión radica en el rendimiento de Power BI a la hora de crear informes, las posibilidades de elaborar modelos y la capacidad de respuesta a las acciones de filtrado del usuario.
  - La desventaja es que la estación de trabajo en la que se diseña o se utiliza el informe debe tener suficiente potencia en términos de RAM (para almacenamiento de datos) y CPU (para cálculos).
  - Otro posible inconveniente es el límite de tamaño del archivo: 1 GB para la licencia gratuita, 10 GB para las licencias Pro y Premium.
  - Por último, este tipo de conexión implica la actualización de datos manual o programada, lo opuesto a la visualización de datos en tiempo real.

A pesar de estos inconvenientes, la importación de datos es el modo al que hay que dar preferencia.

- También es posible conectarse **directamente** a determinadas fuentes (bases de datos).
  - En este caso, el interés es tener siempre informes actualizados, sin necesidad de actualizar los datos. Una simple acción (filtro o selección en el visual) es suficiente para actualizar los datos. Además, la potencia de la estación de trabajo ya no es un criterio limitante.
  - En contraposición, un inconveniente es la capacidad del origen: debe ser lo suficientemente potente como para aceptar una conexión directa. El rendimiento de la aplicación puede verse afectado.
  - Además, no todos los orígenes de datos están disponibles.
  - Las posibilidades de creación de modelos de datos son limitadas (dado que ya se han definido en el origen).
  - Finalmente, otras limitaciones incluyen la restricción de ciertas funcionalidades de transformación y creación de fórmulas (en particular, funciones de Time Intelligence).

Existen dos tipos de conexión en vivo: conexión DirectQuery y conexión Live (también llamada conexión directa). El primero es más general, pero también menos potente; el segundo se relaciona exclusivamente con SSAS, Azure o Power BI Service; es más potente porque los datos ya están almacenados en el modelo que usa Power BI.

Descubrir los tipos de conexión

- Inicie Power BI Desktop.
- Puede que se le pida que inicie sesión: se trata de la conexión a Power BI Service. Puede cancelar y seguir trabajando normalmente en Power BI Desktop, o introducir su dirección de correo electrónico (su login de Windows habitualmente) y confirmar.
- En la ventana que se abre, haga clic en **Obtener datos de otros orígenes**.

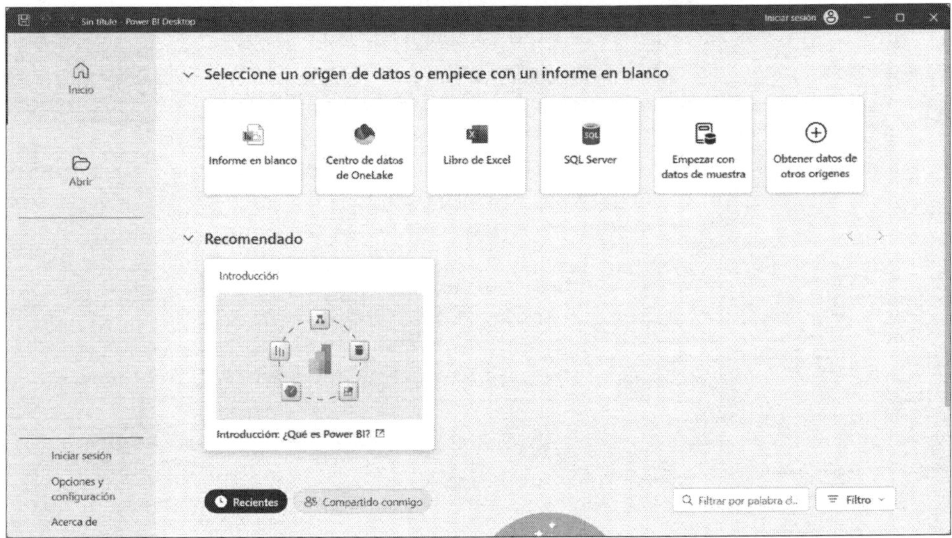

*Los conectores comunes también se encuentran en la pestaña **Inicio**, o bien haciendo clic en el botón **Obtener datos**, en esa misma pestaña.*

Los conectores Hub de datos de OneLake están asociados a Power BI Service. Ahí encontrará, entre otros, la conexión a un modelo semántico.

✎ Para acceder a un origen, seleccione el conector en la lista y haga clic en **Conectar**.

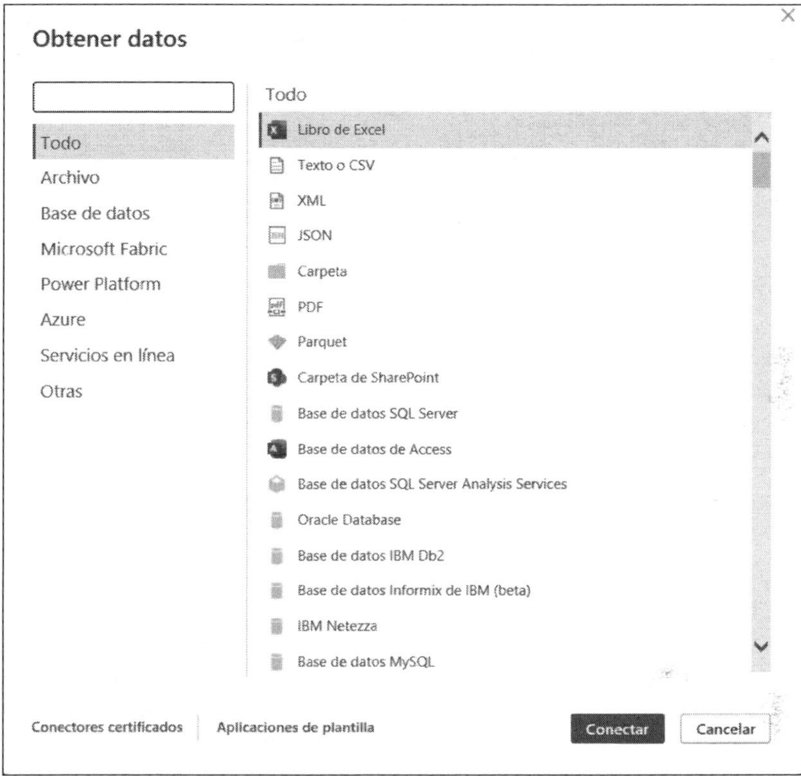

Dependiendo del conector elegido, aparecen opciones, el nombre de la base y el modo de conectividad.

A continuación, se muestran algunos ejemplos de conectores para bases de datos de Oracle y SQL Server:

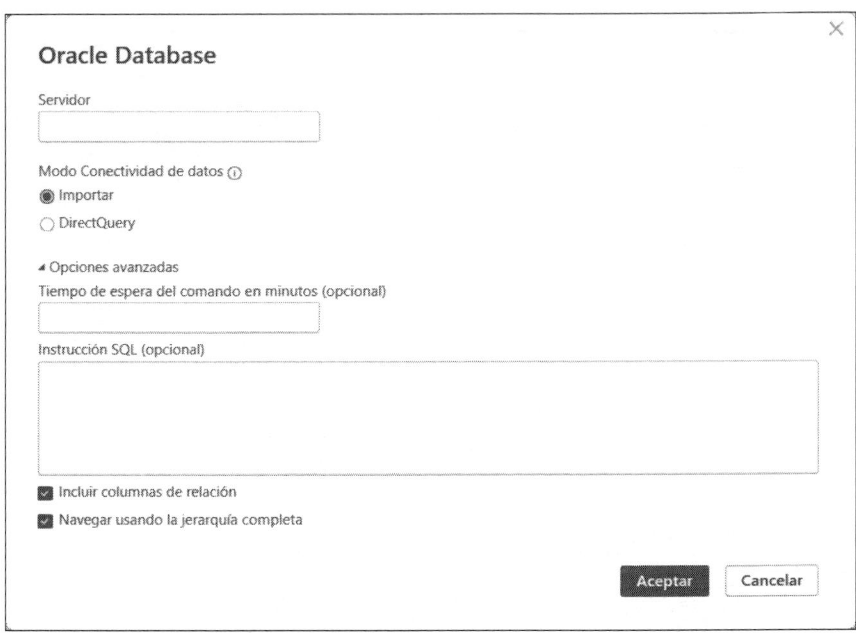

Conexión importando una base de datos Oracle: en las opciones avanzadas, observe la posibilidad de introducir directamente código SQL

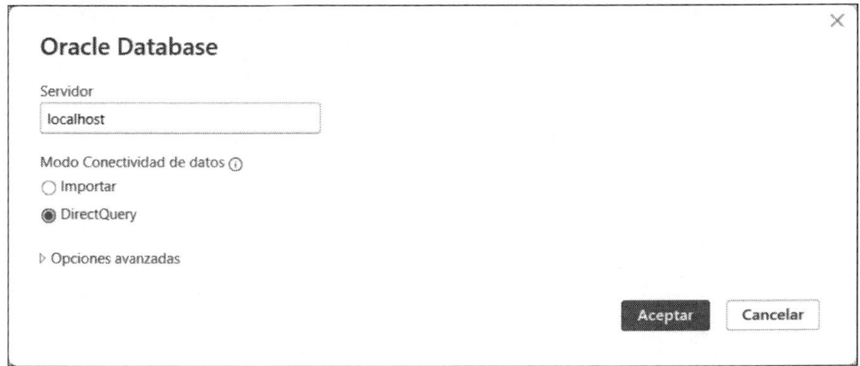

Conexión DirectQuery en una base Oracle

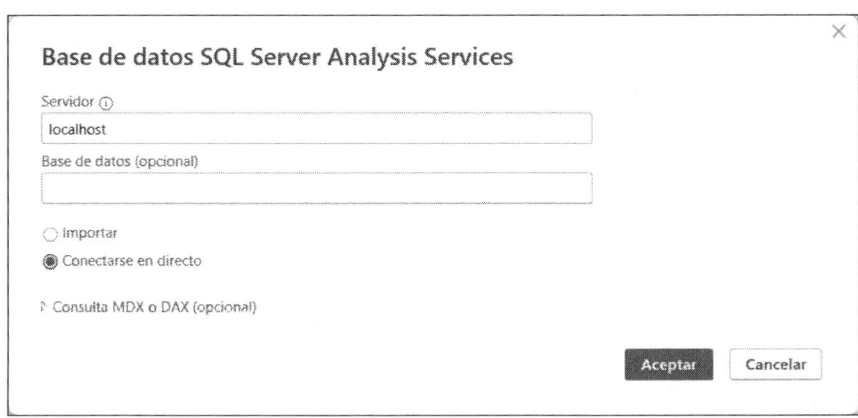

Conexión directa a una base SSAS

2. Conectarse a un archivo

Los principales formatos de archivo son Excel, CSV, XML, PDF e incluso JSON y Parquet. Cada uno de ellos presenta sus particularidades, pero echemos un vistazo al más común de estos formatos: el archivo Excel.

*Los archivos fuente utilizados en este libro se encuentran en el directorio **Origen**. Allí también encontrará los archivos de Power BI. Le recomiendo descargar los archivos y guardarlos en un directorio **Origen** en su escritorio. Si sigue esta indicación, podrá abrir directamente los archivos de Power BI que encontrará también en el directorio **Origen**.*

Si guarda los archivos en otra ubicación, será necesario realizar una pequeña operación simple al abrir los archivos de Power BI.

Conectarse a un archivo de Excel

El archivo **pedidos.xlsx** se compone de dos hojas de cálculo:

- **Pedidos**: es la tabla central, proporciona el importe facturado, el cliente, el producto, la fecha y las cantidades. En esta hoja se ha nombrado una tabla como **TablaPedidos** y un rango de celdas como **RangoPedidos**.
- **responsable de cuenta**: indica el responsable o la responsable de la cuenta.
- Un identificador ID responsable permite establecer el vínculo entre la primera y la segunda hoja.

Las columnas tienen una fila de encabezado.

Conocer la estructura de los archivos de origen (o base de datos) es un aspecto crucial del uso de Power BI: este suele ser el caso cuando se conecta a un archivo de Excel, pero puede resultar más complejo si se conecta a una base de datos con un número grande de tablas y en las que los nombres de las columnas no sean muy significativos.

- En la ventana **Obtener datos**, o en la pestaña **Inicio**, elija el conector **Libro de Excel** y haga clic en **Conectar**.

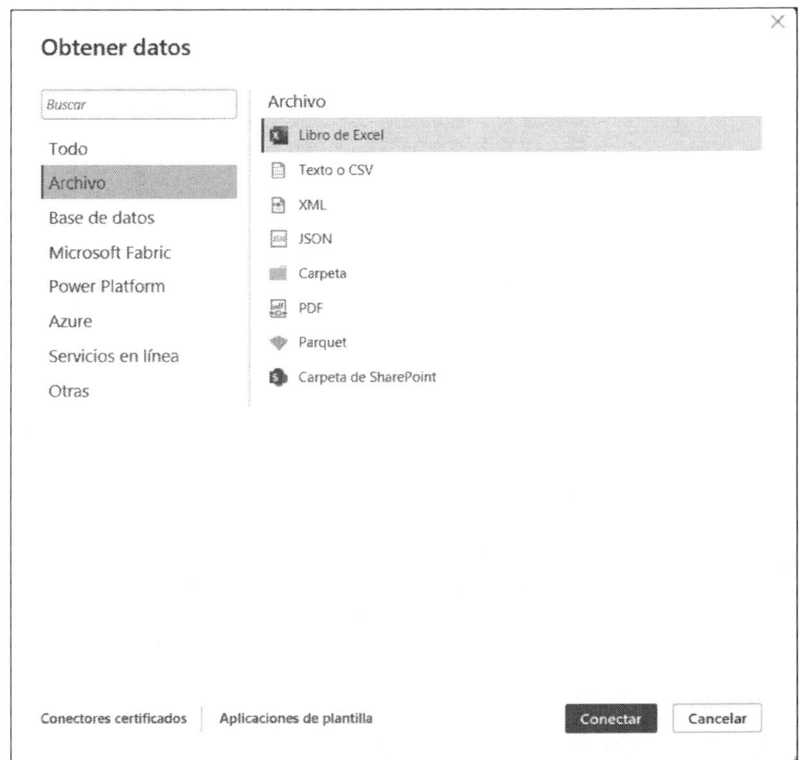

- Seleccione el archivo **Pedidos.xlsx** y haga clic en **Abrir** para confirmar.

Una vez leída la estructura del archivo, Power BI abre el navegador, que le permite elegir una o más hojas de cálculo, tablas o incluso rangos de datos. Cada hoja, tabla o rango ahora se considera una tabla (que Power BI llama también «consulta»).

Seleccione las dos hojas marcando las casillas correspondientes.

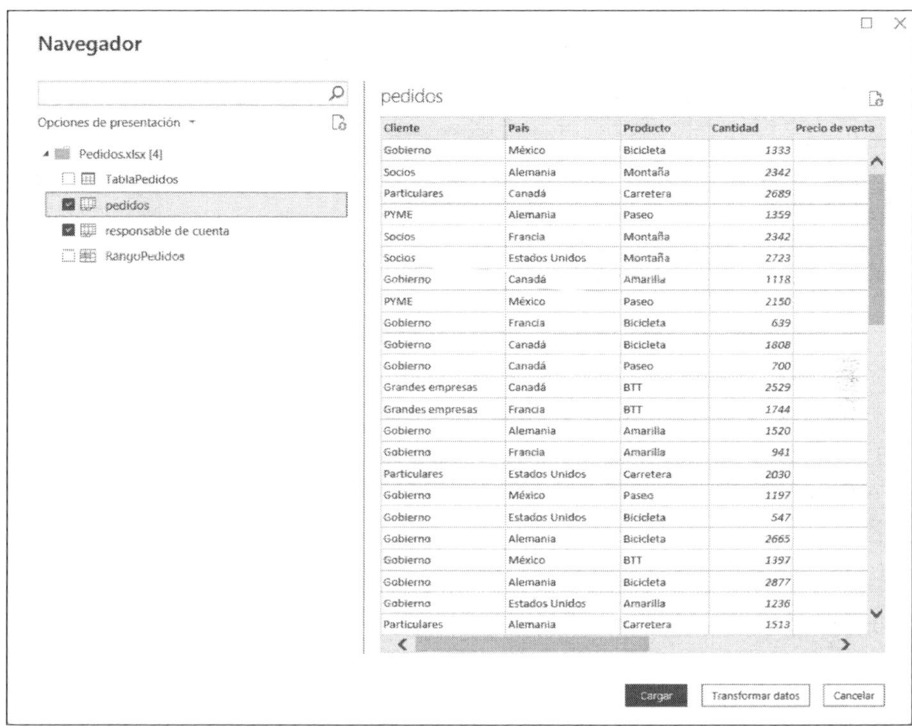

Seleccione las hojas **pedidos** y **responsable de cuenta**.

Conectarse a la hoja implica seleccionar todas las columnas y filas de la hoja. Es la solución más simple y escalable (si se crean nuevas columnas posteriormente, se añadirán automáticamente a Power BI).

Conectarse a una tabla es equivalente. Este enfoque es adecuado cuando hay varias tablas separadas en la hoja.

Conectarse a un rango es más restrictivo. Las futuras modificaciones de la fuente (incluidas las nuevas filas) no se tendrán en cuenta.

Por último, haga clic en **Cargar** para recuperar directamente los datos. Veremos que esta no siempre es la elección correcta con archivos personales.

*La opción **Transformar datos** abre una nueva ventana: el editor de Power Query, que hace todo el trabajo de preparación y de limpieza de los datos.*

Como el origen es un archivo personal, el modo de conexión es obligatoriamente Importación. Los datos se copian desde el origen e se integran en el archivo Power BI.

- Guarde el archivo con el nombre **pedidos.pbix**, haciendo clic en el botón **Guardar**, a la izquierda en la barra de título, o usando el menú **Archivo - Guardar**, o también utilizando el atajo de teclado Ctrl S.

Utilice la lista desplegable **Ubicaciones recientes**, o haga clic en **Más opciones** y, si es necesario, en **Examinar este dispositivo** (en la parte inferior izquierda) para acceder a todas las carpetas presentes en su ordenador.

*En el caso de archivos complejos de Excel (es decir, hojas de Excel en las que hay varias tablas), la opción **Tablas sugeridas** por sí sola identifica y sugiere tablas para extraer. Esta característica está impulsada por un motor de inteligencia artificial y puede ser útil si el archivo está mal preparado para su explotación en Power BI.*

Conectarse a un archivo TXT o CSV

Estos dos formatos se utilizan a menudo para exportar datos a partir de una base.

A modo de ejemplo, he aquí el aspecto de la ventana de conexión a un archivo CSV.

Trimestre	Nombre comercial	Suma de Cantidad
Trim1	Fernández	54
Trim1	Hache	45
Trim1	Ricardo	54
Trim2	Fernández	47
Trim2	Hache	34
Trim2	Ricardo	36
Trim3	Fernández	42
Trim3	Hache	36
Trim3	Ricardo	38
Trim4	Fernández	23
Trim4	Hache	24
Trim4	Ricardo	28

En este ejemplo, Power BI ha detectado que el delimitador es el punto y coma, pero podría elegirlo usted mismo o incluso trabajar usando campos de ancho fijo (las extracciones de datos se presentan a veces en este formato).

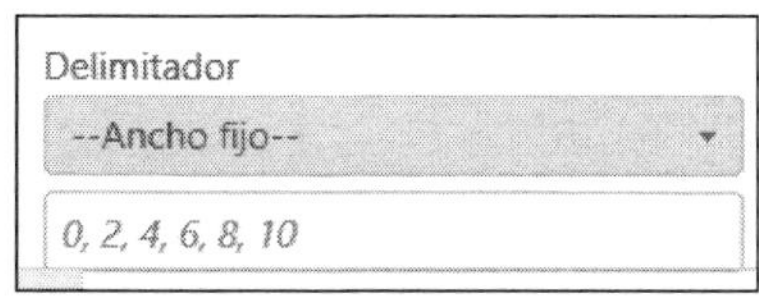

En este ejemplo, los cinco campos comienzan, respectivamente, en la posición 0, 2, 4, 6, 8 y 10.

Una búsqueda en un motor de búsqueda (por ejemplo, «json en powerbi», le proporcionará rápidamente acceso a tutoriales paso a paso (a menudo en inglés) sobre cómo conectarse a una fuente de datos JSON o XML.

La función **Extraer tabla** *mediante ejemplos también se detalla en mi segundo libro. Basada en inteligencia artificial, permite, en definitiva, indicar lo que se quiere conseguir como resultado final de la extracción, introduciéndolo en la primera línea.*

3. Conectarse a una base de datos

Conectarse a una base de datos es similar en todos los aspectos a conectarse a un archivo de Excel: una vez que se indica el nombre del servidor, el nombre de la base de datos y, en su caso, la información de conexión (cuenta de usuario, contraseña), Power BI muestra todas las tablas y las vistas, para que pueda seleccionar una o más.

La herramienta **Cargar** *es relevante cuando los datos están particularmente bien estructurados y almacenados. Este suele ser el caso cuando se conecta a una base de datos corporativa. Por otro lado, cuando se accede a fuentes de datos locales (texto o archivo de Excel, por ejemplo) o datos web, las operaciones de transformación suelen ser necesarias.*

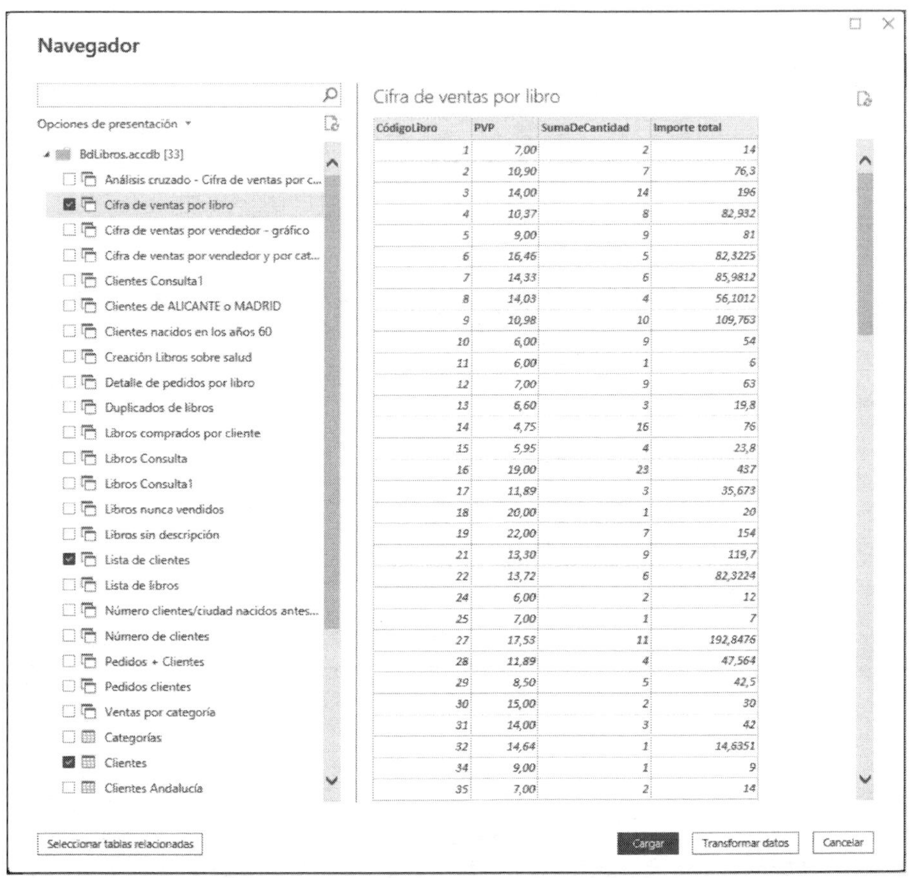

Al acceder a una base de datos, especialmente cuando su modelo es complejo, un consejo es elegir una tabla (la que más le interese) y pedirle a Power BI que identifique las tablas asociadas a ella (**Seleccionar tablas relacionadas**), como se muestra a continuación. Con esta herramienta, no necesita conocer la estructura de la base de datos; Power BI se encarga de este trabajo.

Puede agregar otras tablas o modificar la selección sugerida por la aplicación:

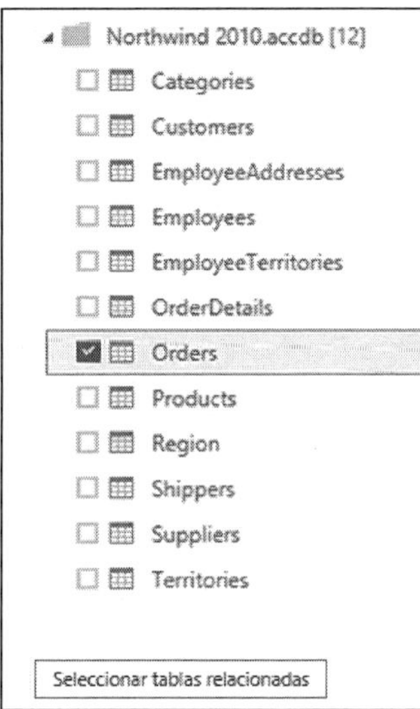

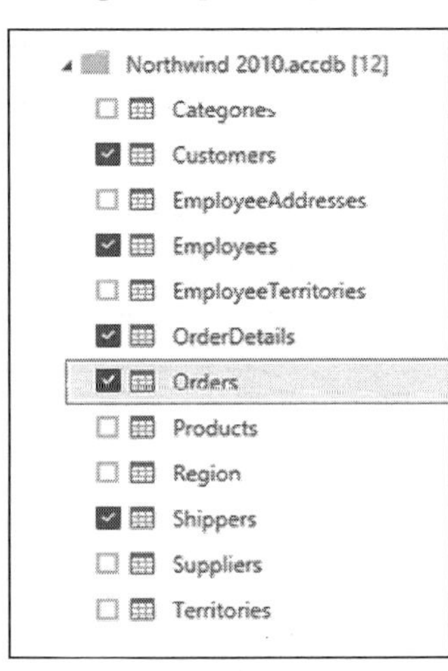

Power BI ha identificado cuatro tablas relacionadas con la tabla Orders (Pedidos)

4. Conectarse a un modelo semántico

La conexión a un modelo semántico es común en las empresas. De hecho, un modelo semántico, que generalmente se crea en el momento de la publicación de un informe, permite crear otros informes con gran facilidad, sin tener que preocuparse por la conexión a la fuente, la preparación o la modelización de los datos. No es raro que un equipo de expertos construya los modelos y deje a los analistas de negocio la tarea de crear los informes.

Para conectarse a un modelo, debe estar conectado a Power BI Service. Esto será el caso si su nombre aparece en la parte superior derecha.

Si no es así, haga clic en ***Conectar****, en el mismo lugar, e introduzca sus credenciales.*

- En la pestaña **Inicio** del grupo **Datos**, haga clic en la lista desplegable del botón **Centro de datos de OneLake**:

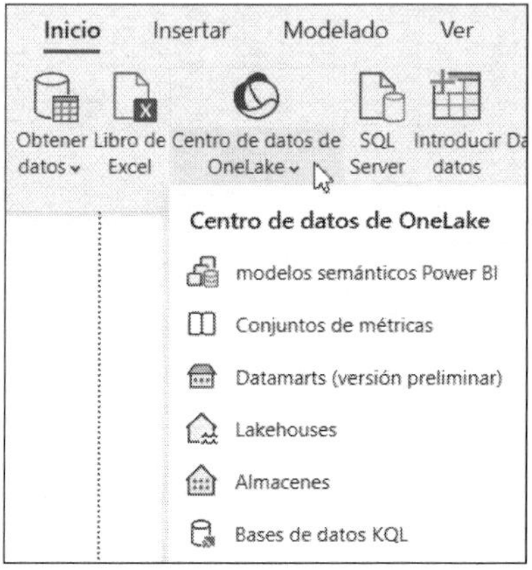

- Escoja **modelos semánticos Power BI.**
- Aparecerá una ventana con todos los modelos a los que tiene acceso. Elija y haga clic en **Conectar**:

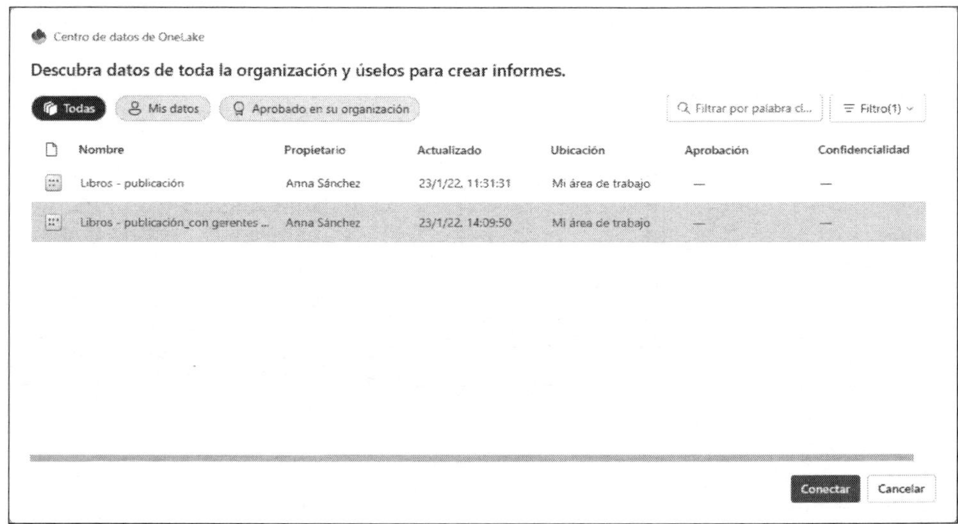

En este caso, no elige las tablas: el modelo viene listo para usarse, las tablas ya están seleccionadas y asociadas.

5. Conectarse a otros orígenes

Conectarse a una carpeta que contiene varios archivos

He aquí un escenario bastante común en el ámbito empresarial: a intervalos regulares (o no), por ejemplo una vez a la semana, una extracción de datos envía un archivo (Excel, TXT u otro) a un directorio (o carpeta).

Semana tras semana, la estructura del archivo es la misma: el archivo contiene las nuevas líneas generadas a partir del archivo anterior (actualización incremental).

Lo que necesita es asegurarse de que en Power BI todos los archivos nuevos se incluyan en el informe.

El conector **Carpeta** está ahí precisamente para permitir esta implementación: en lugar de apuntar a un archivo en particular, indica la carpeta donde están (o estarán) todos los archivos.

Veamos un ejemplo: un directorio recibe archivos de Excel sobre estadísticas de curso. Cada archivo tiene un nombre único (basado en la fecha en que se generó). La estructura es siempre la misma y los archivos contienen un rango de datos llamado **Summary**:

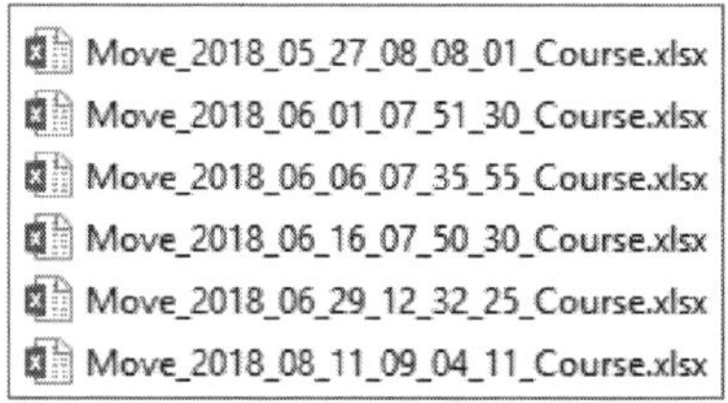

- Llamando al conector **Carpeta**, podremos apuntar al directorio:

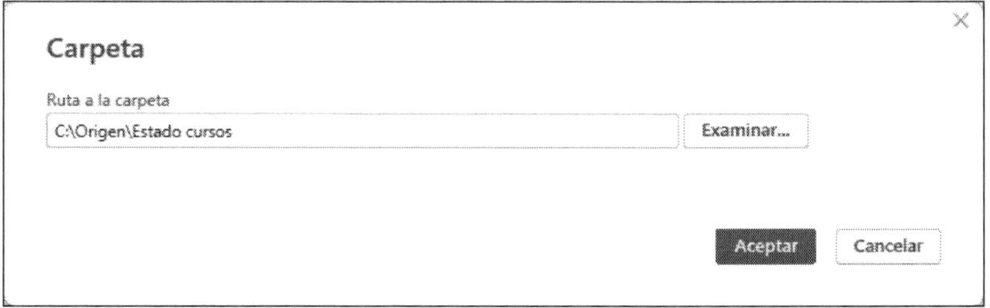

Power BI lee la estructura (el contenido) de la carpeta y propone **Combinar**, **Cargar** o **Transformar datos**:

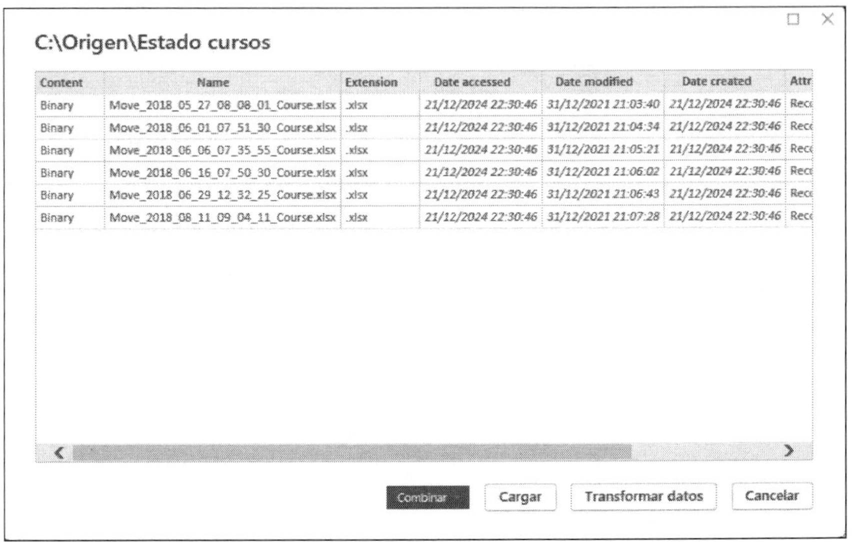

- Elija:

  Cargar o **Transformar datos** para recuperar los datos «estructurales», es decir, los datos que se muestran en la pantalla superior (nombre de archivo, extensión, fecha de creación, de modificación, etc.).

  Combinar para extraer el *contenido* de los archivos. También aquí, como en cualquier otra consulta, puede cargarlos directamente o transformarlos antes.

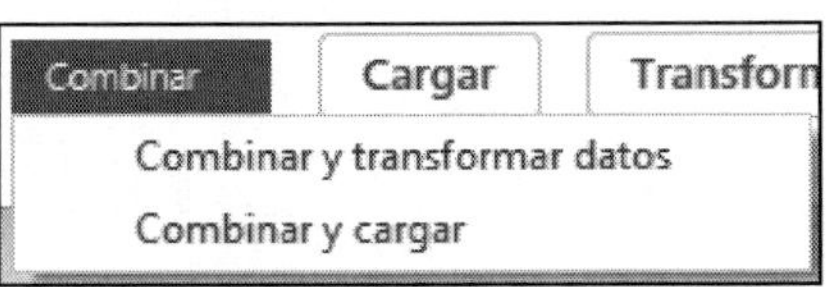

En este momento, y tomando como base el primer archivo que encuentra, Power BI lee la estructura de las hojas (incluyendo los rangos si los hay), de forma similar a lo que sucede cuando se conecta a un archivo de Excel:

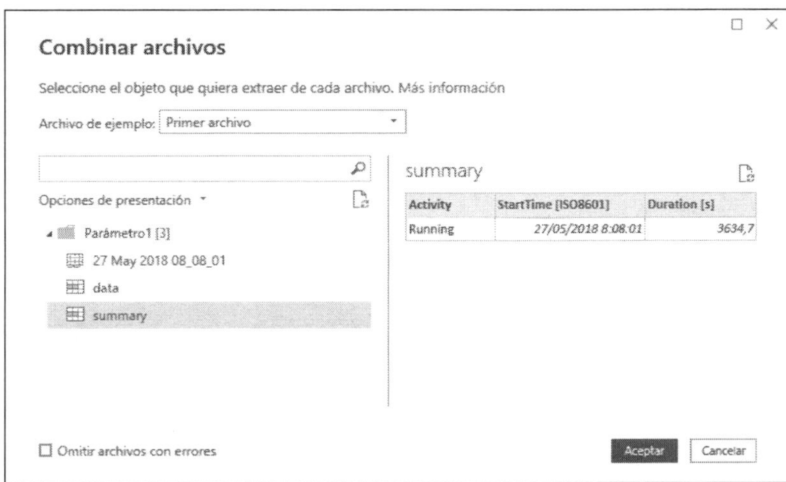

El resto es idéntico a lo de los otros escenarios: una vez que su elección es validada, se abre Power Query para permitirle las operaciones de limpieza y preparación que veremos en el siguiente capítulo, con una diferencia, sin embargo: la presencia de una columna adicional que indica el nombre del archivo fuente (ya que hay varios):

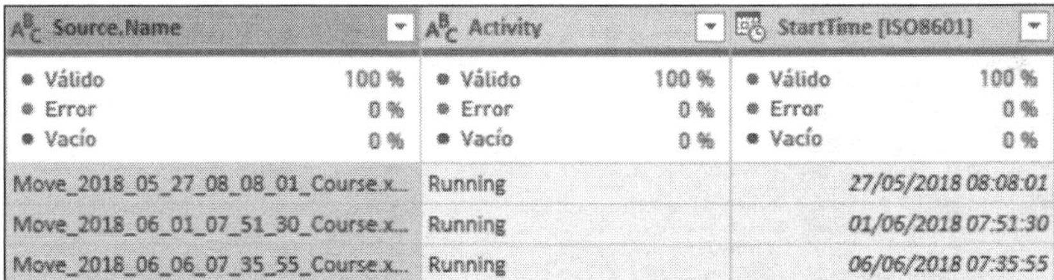

Source.Name	Activity	StartTime [ISO8601]
• Válido 100 % • Error 0 % • Vacío 0 %	• Válido 100 % • Error 0 % • Vacío 0 %	• Válido 100 % • Error 0 % • Vacío 0 %
Move_2018_05_27_08_08_01_Course.x...	Running	27/05/2018 08:08:01
Move_2018_06_01_07_51_30_Course.x...	Running	01/06/2018 07:51:30
Move_2018_06_06_07_35_55_Course.x...	Running	06/06/2018 07:35:55

Posteriormente, cada vez que se actualiza su archivo de Power BI, se analiza el contenido de la carpeta y cualquier archivo nuevo se incorpora al resultado.

Conectarse a un sitio web

Otro escenario para la obtención de datos consiste en ir a buscarlos a Internet o a una intranet, en una página web identificada por su dirección.

Power BI ofrece un conector capaz de leer la estructura XML o HTML de la página e identificar las tablas en las que se basan los campos extraídos por Power BI.

En el caso que ilustramos aquí, extraeremos los nombres y las capitales de todas las provincias de España (esto puede ser particularmente útil para crear informes que presenten mapas geográficos).

- Pestaña **Inicio** - grupo **Datos** - haga clic en **Obtener datos** - **Web**.
- Introduzca la URL de la página donde se encuentran los datos y confirme con **Aceptar**.

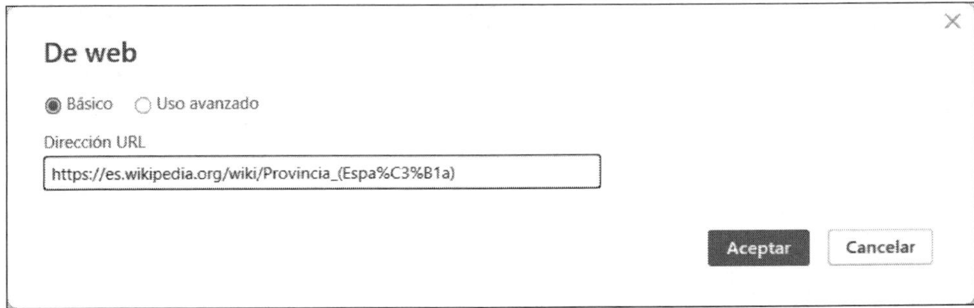

Son posibles diferentes tipos de acceso: desde el acceso anónimo a la página hasta el que requiere un nombre de usuario y una contraseña, o incluso el uso de API (esta ventana se muestra o no dependiendo del sitio donde se conecte):

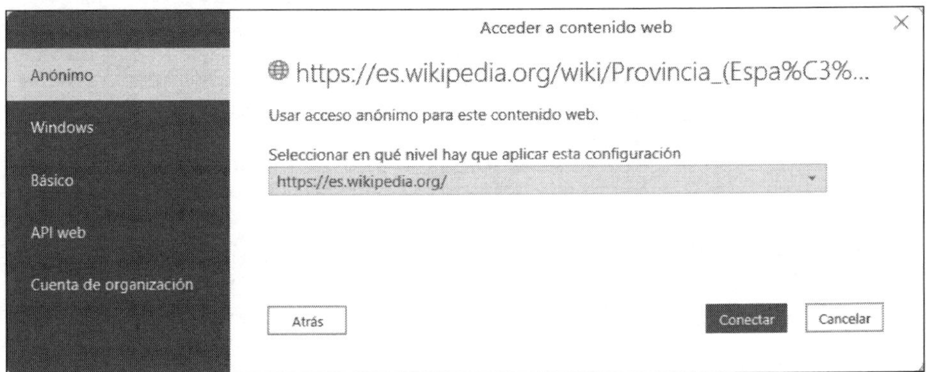

- Haga clic en **Conectar**.

Se lee la estructura de la página y Power BI intenta identificar estructuras similares a tablas para construir los campos:

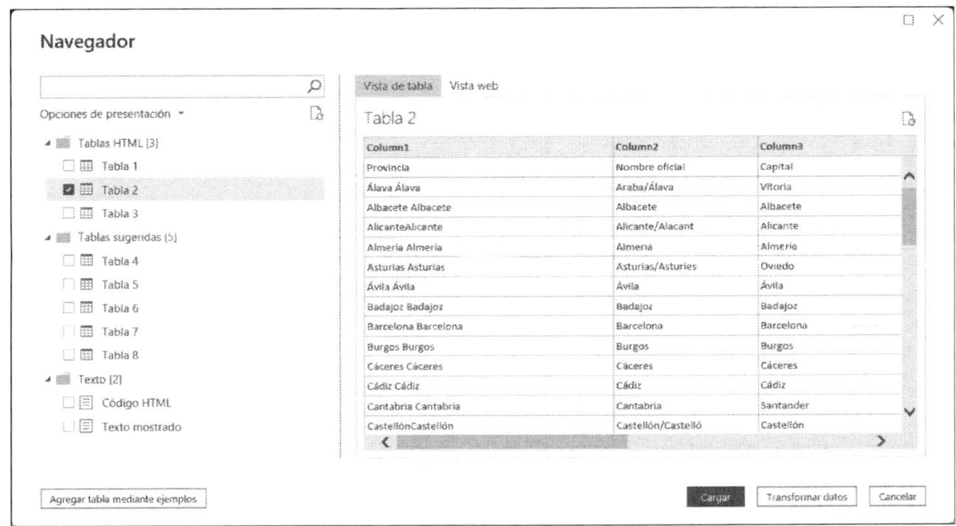

En nuestro ejemplo, se han identificado varias tablas

Aquí se recomienda modificar la consulta, en particular para comprobar el tipo de cada campo.

El resto es igual al de cualquier otro tipo de fuente, y la actualización consistirá en que Power BI vuelva a la dirección especificada y actualice los datos si la tabla ha cambiado.

Capítulo 3

Preparar los datos en Power Query

A. Realizar transformaciones comunes en el editor de Power Query

El acceso y la preparación de los datos se consideran, con razón, pasos clave para crear un buen informe, especialmente cuando se conecta a archivos personales o sitios web. Este tipo de fuente se denomina «no estructurada» y se opone a los datos estructurados como es el caso de las bases de datos.

La importancia del trabajo que requiere este paso (en términos de esfuerzo y tiempo) no debe subestimarse de ninguna manera.

Esta fase del ciclo de trabajo puede ser manejada en algunos casos por un perfil puramente técnico (departamento de TI, especialista en sistemas de información, administrador de bases de datos), ya que supone un buen conocimiento del modelo de datos, de las relaciones entre entidades o de la tipificación de los datos. Como tal, puede ser objeto de una misión por derecho propio, cuyo objetivo es entregar un conjunto de datos listo para usar, que permita a los expertos empresariales tomar el relevo y llevar a cabo sus análisis.

La preparación de datos implica, por ejemplo:

- aplicar a los datos el formato correcto (texto, fecha, numérico),
- filtrar
- conservar o eliminar filas,
- dividir una columna,
- agregar una columna,
- reestructurar tablas,
- incluso agregar los datos.

Consiste en preparar la consulta que se envía a la fuente de datos al actualizar el informe, a la fuente u origen de datos. Por lo tanto, en la mayoría de los casos, y hasta cierto punto, es la propia fuente la que llevará a cabo las operaciones de transformación, garantizando así un tiempo de tratamiento óptimo.

En detalle, los pasos de transformación de datos se pueden dividir en dos grupos:
- aquellos que se pueden «traducir» al lenguaje de la fuente de datos (SQL, por ejemplo): esto se denomina query folding («plegado de consultas»);
- las que se llevan a cabo localmente por Power BI.

El ejemplo que vamos a usar se basa en un archivo de Excel, pero la mayoría de las transformaciones descritas aquí son aplicables a cualquier tipo de origen que no sea de base de datos.

El acceso a la herramienta de preparación de datos es directo si hace clic en **Transformar datos en el momento de la conexión**, pero también puede ser posible en un archivo de Power BI existente.

- Abra el archivo **pedidos.pbix** que creó en el capítulo anterior. (También puede comenzar desde el archivo **pedidos.pbix** disponible para descargar).
- Haga clic en el botón **Transformar datos** del grupo **Consultas**, en la pestaña **Inicio**, para abrir el editor de Power Query.

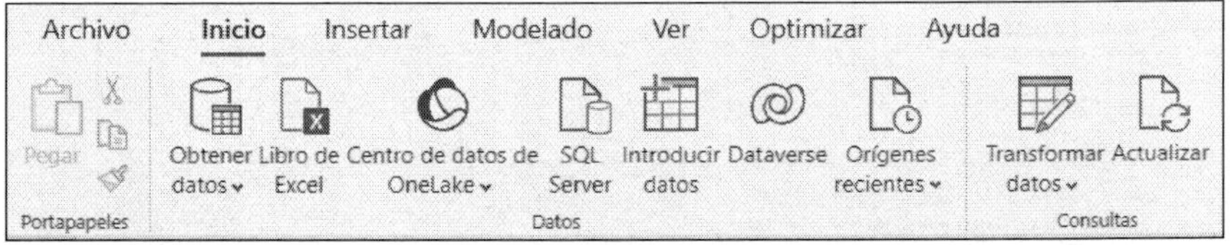

Al abrir el archivo PBIX de ejemplo e intentar acceder a la consulta, es posible que reciba un mensaje de error que indica que Power Query está buscando el archivo de origen en una ubicación que no coincide necesariamente con la ubicación donde descargó los archivos de ejemplo:

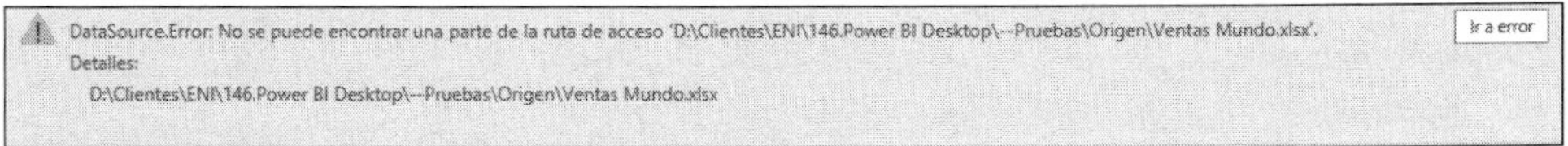

Por lo tanto, es necesario realizar una modificación en la solicitud para cambiar la ruta al archivo de origen.

- Una vez que Power Query esté abierto, haga clic en el botón **Configuración de origen de datos**.

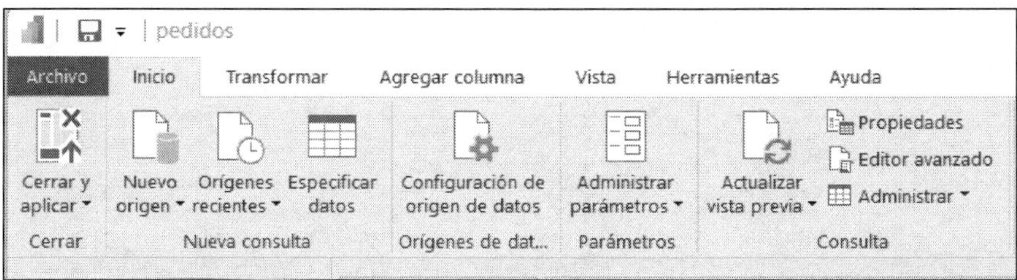

- Haga clic en el archivo inicial,

y, a continuación, en **Cambiar origen**.

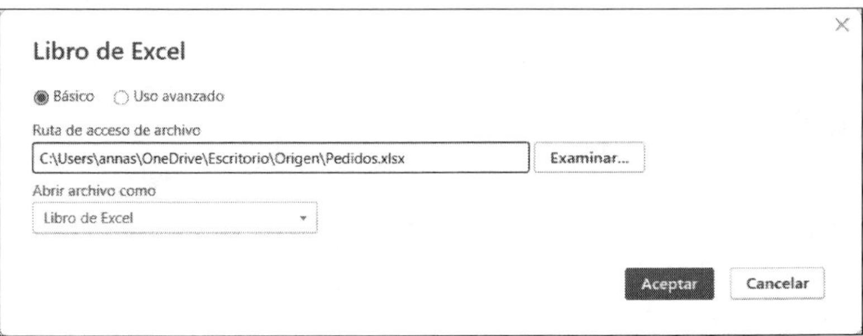

- A continuación, haga clic en **Examinar** para especificar la nueva ubicación del archivo de origen.
- Vaya a la carpeta donde descargó los ejemplos y seleccione el archivo.

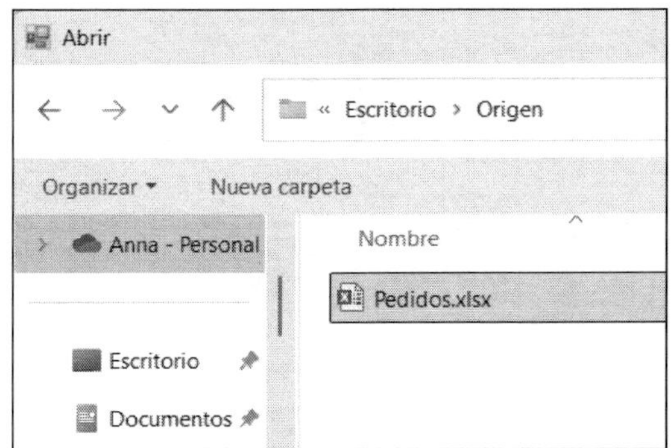

- Haga clic en **Abrir**.
- Aparecerá la nueva ubicación: Confirme con el botón **Aceptar** y, a continuación, cierre la ventana **Configuración de origen de datos**.
- Haga clic en el botón **Actualizar vista previa** de la pestaña **Inicio** de Power Query para que se tenga en cuenta el cambio.

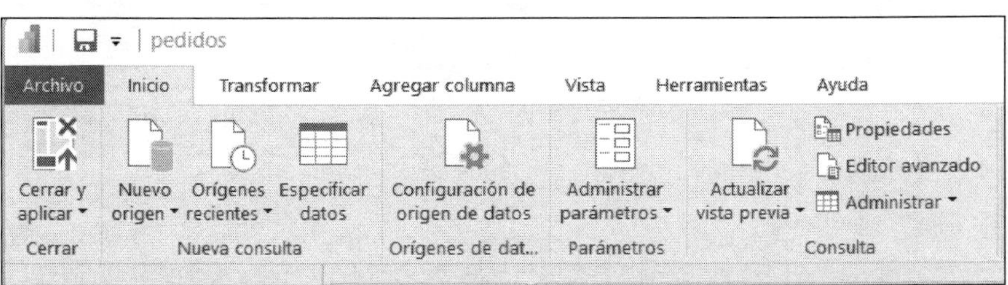

Una vez hecho esto, ya podemos centrar nuestra atención en la ventana de Power Query.

El Editor de consultas de Power Query y sus cuatro zonas

La ventana consta de cuatro áreas diferenciadas:

- Las consultas (o tablas) a la izquierda: al seleccionar la tabla, se muestran las columnas de esa tabla.
- El espacio central: aquí es donde podrá realizar los cambios en la columna: tipar, filtrar, duplicar, eliminar, ordenar, en una interfaz muy similar a la de Excel.
- Las pestañas: si bien se puede acceder a la mayoría de las acciones haciendo clic con el botón derecho, las pestañas también las incorporan. La misma herramienta se puede encontrar en varias pestañas.

  La primera parte de la pestaña **Inicio** ofrece las herramientas para administrar la fuente (consulte la siguiente sección); luego encontrará las herramientas para transformar y agregar datos (pestañas **Inicio**, **Transformar** y **Agregar columna**).

*El botón **Cerrar y aplicar**, ubicado en la pestaña **Inicio**, permite guardar los cambios.*

- Los pasos de la derecha: cada transformación realizada es objeto de un paso, enumerado en el panel derecho, cuyo código fuente (en el lenguaje M) puede verse en la barra de fórmulas. Cada paso puede cancelarse, modificarse o reordenarse.

B. Limpiar los datos

Ahora veamos en detalle las diversas operaciones comunes de limpieza de datos. Dependiendo del tipo de origen y su calidad, se le pedirá que realice una o más de estas operaciones.

Tres operaciones son muy comunes:

- Comprobar que se han identificado correctamente los nombres de las columnas (los encabezados).
- Comprobar la presencia de acentos o caracteres especiales en los nombres de las columnas y tablas.
- Comprobar el tipo de datos.

Usar la fila de encabezado

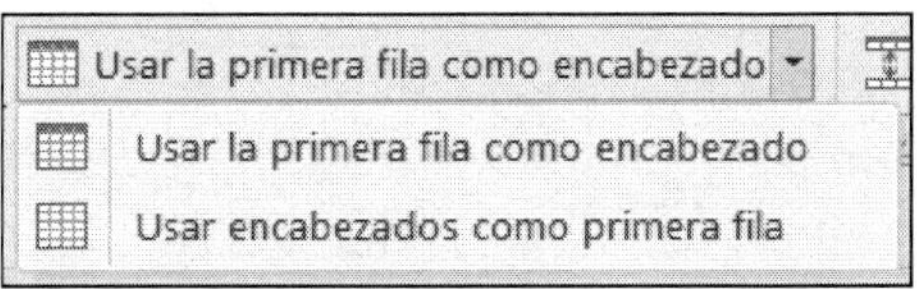

En la mayoría de los casos, Power BI es capaz de identificar correctamente la fila de encabezados cuando hay una.

Al consultar archivos de Excel en particular, y en ausencia de un identificador de fila, puede ser necesario «ayudar» al software: este es especialmente el caso cuando la tabla contiene solo datos de texto.

✎ Seleccione la tabla. Restaure la situación haciendo clic en el botón **Usar la primera fila como encabezados** que se halla en las pestañas **Inicio** y **Transformar**. Repita el procedimiento para todas las tablas afectadas.

A continuación, se muestra un ejemplo de esta operación:

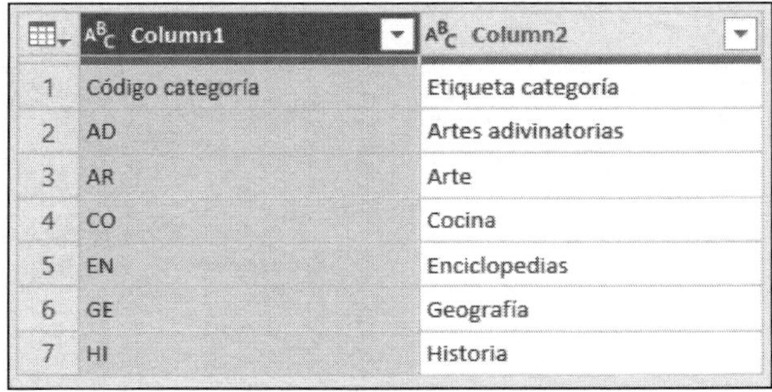

	Column1	Column2
1	Código categoría	Etiqueta categoría
2	AD	Artes adivinatorias
3	AR	Arte
4	CO	Cocina
5	EN	Enciclopedias
6	GE	Geografía
7	HI	Historia

No se han identificado los encabezados de columna

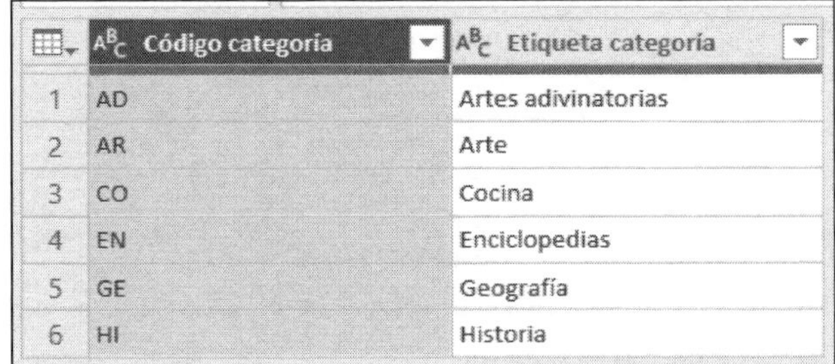

	Código categoría	Etiqueta categoría
1	AD	Artes adivinatorias
2	AR	Arte
3	CO	Cocina
4	EN	Enciclopedias
5	GE	Geografía
6	HI	Historia

Una vez aplicada la transformación, los encabezados se revierten

Cambiar el nombre de una columna

Según el tipo de fuente que consulte, el nombre de las columnas puede ser más o menos descriptivo. Este nombre será el que identifique los datos cuando cree los visuales (gráficos, tablas). Por lo tanto, es útil asignarle un nombre que permita identificarlo fácilmente.

Le recomiendo encarecidamente que evite las letras acentuadas o los caracteres especiales al principio del nombre de la columna o tabla. Personalmente, evito los acentos en los tres primeros caracteres. Si bien esto no es un obstáculo absoluto, facilitará la creación de fórmulas DAX en el futuro.

Para cambiar el nombre de una columna o tabla, haga doble clic en el nombre de la columna o tabla.

También puede hacer clic con el botón derecho y elegir **Cambiar nombre**.

Cambiar el tipo de columna

La tercera operación común consiste en comprobar el tipo de datos.

De nuevo, dependiendo de la fuente que utilice, el reconocimiento preciso del tipo de datos varía: con fuentes de datos bien estructuradas (de tipo base de datos), el reconocimiento del tipo (texto, numérico, fecha) será preciso en la mayoría de los casos. Con los orígenes personales, es importante examinar detenidamente cómo Power BI escribe los datos y, a veces, es necesario realizar algunos cambios.

✎ Para acceder al tipo de datos, haga clic en el símbolo a la izquierda del nombre de la columna:

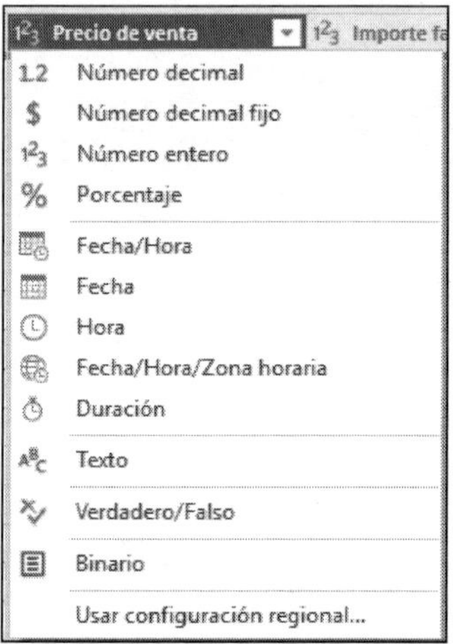

Los tipos de datos se organizan en varias familias:

- Numéricos, en particular:
  - El formato **Número decimal** permite manejar números grandes, pero solo conserva quince dígitos para la precisión de los cálculos, dando prioridad a la parte entera.
  - El **Número decimal fijo**, que es el formato recomendado para los importes. Este formato es más eficiente (porque es más compacto) que el formato decimal anterior y mantiene solo cuatro dígitos después del separador decimal. Esto es, en la mayoría de los casos, suficiente.
  - Los otros formatos se explican por sí mismos: **Número entero** (muy compacto) o **Porcentaje**.
- Las fechas, que incluyen:
  - **Fecha** (dé prioridad a este formato, compacto)
  - **Fecha/Hora**
  - **Hora**
- El texto

Verdadero/Falso indica un tipo de datos llamado booleano, generalmente almacenado como 1 o 0 en la columna.

En el caso del archivo pedidos.pbix, todos los formatos son correctos.

C. Filtrar

Filtrar es un término general para designar el descarte de ciertas columnas que no serán útiles para el informe, o la reducción del número de filas en una tabla. Ambas operaciones aceleran la carga de archivos y la ejecución de Power BI.

Eliminar columnas

Al eliminar una columna, solo se trabaja en la copia de los datos almacenados en el archivo de Power BI. En ningún caso se eliminan los datos de del origen.

Puede encontrar la herramienta de administración de columnas en el grupo **Administrar columnas** en la pestaña **Inicio**:

Esta herramienta le permite seleccionar o deseleccionar rápidamente las columnas que se van a conservar, utilizando casillas de verificación.

También puede proceder columna por columna, haciendo clic con el botón derecho en el encabezado de estas.

El tamaño máximo del archivo (1 GB para la versión gratuita, 10 GB para la versión Premium), así como el volumen de datos manejados (que determina en gran medida el rendimiento de la aplicación) incitan insistentemente a mantener solo las columnas y las filas que son realmente útiles para el informe.

Con cada acción que realice en Power Query, se crea un nuevo paso (por ejemplo, **columnas eliminadas**) en el panel **Configuración de la consulta**. La cruz a su izquierda le permite cancelar la operación. Cuando aparece una rueda dentada a la derecha, le permite cambiar el paso.

Reducir filas

Esta herramienta permite mantener o eliminar filas de acuerdo con ciertos criterios comunes (fila vacía, duplicada, fila parásita). Tenga en cuenta que, en función del tamaño de la pestaña, es posible que vea **Reducir filas** o directamente **Conservar filas** y **Quitar filas**.

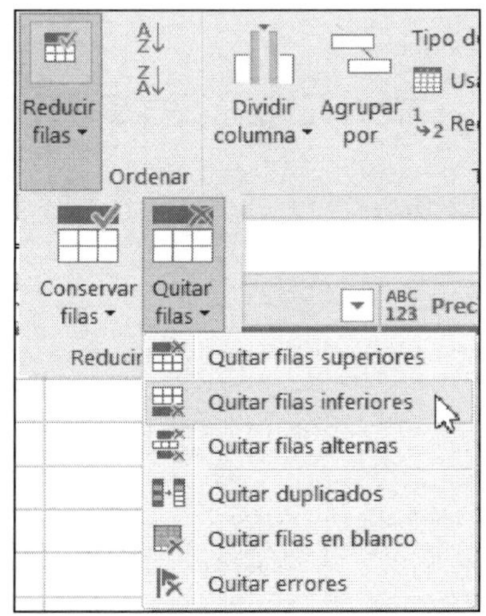

En este ejemplo, sería posible eliminar filas en la parte inferior de la tabla, especificando el número de filas que se eliminarán.

Filtrar datos de origen

Hemos visto que la herramienta **Quitar filas** permite filtrar las filas de una tabla.

Pero también puede, *exactamente igual que en Excel*, filtrar una columna. Para ello, abra el menú desplegable a la derecha del nombre de la columna y seleccione los datos que desea conservar a través de las casillas de verificación o mediante un filtro calculado (p. ej. **Comienza por** para un campo de texto, o **Mayor o igual** que para un campo numérico).

He aquí dos ejemplos de cómo usar filtros (no es necesario que los aplique a su archivo, o al menos, si realiza la operación, recuerde eliminar el paso haciendo clic en la cruz roja a la izquierda del nombre del paso):

- en el primer caso, filtramos para excluir a los clientes del tipo **Socios**,
- en el segundo caso, filtramos para quedarnos solo con las transacciones que tuvieron lugar «este año», es decir, en 2024.

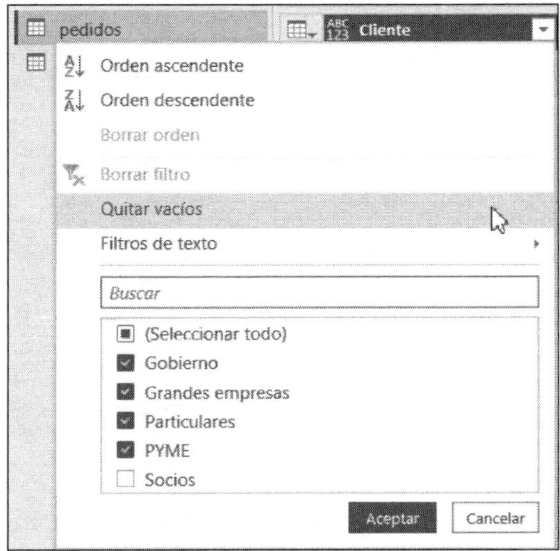

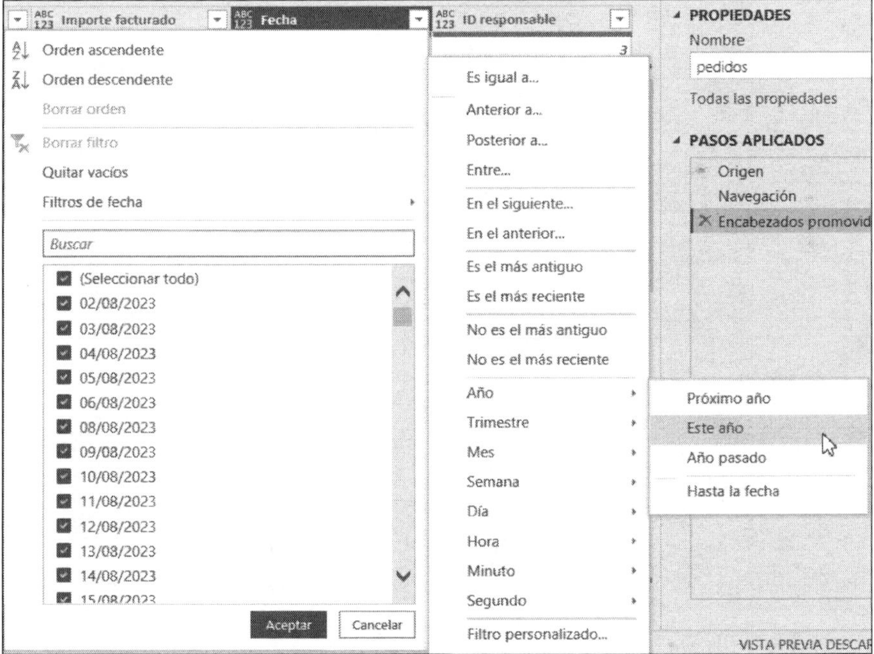

El filtro, que es dinámico, se puede ver buscando ***Filtros de fecha****, luego* ***Año*** *y, a continuación,* ***Este año***

Se trata aquí de filtrar los datos en la fuente: por lo tanto, no se transferirán en absoluto al informe.

D. Otras operaciones corrientes

Reemplazar valores

Una vez seleccionada la columna, esta herramienta se utiliza de la misma manera que el resto del software de la suite ofimática, indicando el valor que se busca y el valor de sustitución.

- Haga clic con el botón derecho en el encabezado de la columna y seleccione **Reemplazar los valores**, o haga clic en el botón **Reemplazar los valores** del grupo **Transformar** en la pestaña **Inicio**.

Por ejemplo, una vez que seleccione la columna **País** de la tabla **Pedidos**, puede cambiar **México** a **Méjico** (este es solo un ejemplo de una transformación):

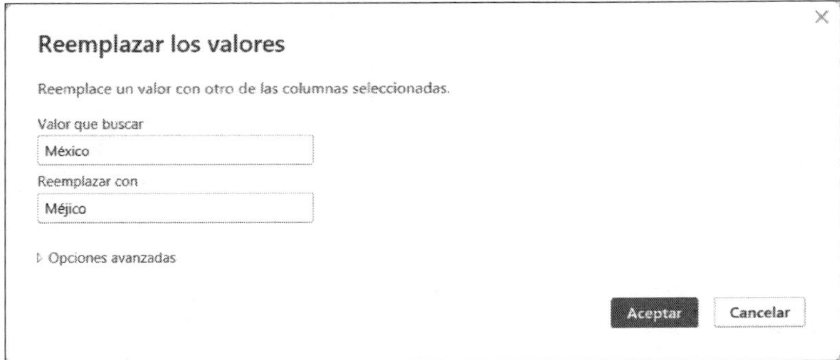

Si realiza la operación, recuerde eliminarla haciendo clic en la cruz roja a la izquierda del nombre del paso para volver al estado inicial.

Utilizar la herramienta Formato para limpiar el texto

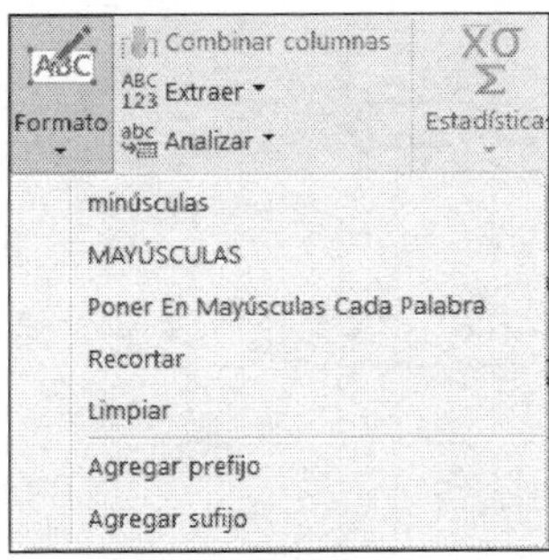

La herramienta **Formato** (pestaña **Transformar** - grupo **Columna de texto** o pestaña **Agregar columna** - grupo **De texto**) ofrece transformaciones comunes (minúsculas, mayúsculas, etc.), así como la adición de un prefijo o sufijo a los datos.

E. Añadir columnas

La columna añadida, ya sea calculada por el origen de datos o calculada por el lenguaje M de Power BI, se almacena físicamente en el modelo tabular, es decir, ocupa espacio y aumenta el tamaño del archivo. Se vuelve a calcular para cada fila de la tabla cuando se actualizan los datos. En Power BI, esta noción tiene un nombre muy específico, el **contexto de fila**, cuya importancia veremos cuando hablemos de fórmulas en lenguaje DAX.

Una medida calculada, creada con una fórmula DAX, no se almacena físicamente y solo se evalúa (calcula) si se utiliza. Por lo tanto, no utiliza espacio ni RAM.

Crear una columna a partir de ejemplos

La herramienta **Columna a partir de los ejemplos** de la pestaña **Agregar columna** es una de esas herramientas «mágicas» de Power BI para agregar una columna: una vez seleccionada la columna o las columnas originales, se indica en la nueva columna lo que se desea ver. A continuación, Power BI «adivina» el tipo de transformación que desea realizar y deduce la fórmula.

Esta herramienta a veces requiere que proporcione varios ejemplos de la transformación solicitada, suficientes para permitir que Power BI deduzca una regla inequívoca.

- Seleccione la tabla **pedidos**.
- Active la herramienta **Columna a partir de los ejemplos** (en la pestaña **Agregar columna**).

Crearemos una nueva columna **Ref.pedido**, a partir de los dos primeros caracteres de las columnas **Cliente**, **País** y **Producto**, así como la fecha en formato AAMMDD.

- En la columna que aparece a la derecha, **Columna1**, y en la primera fila, escriba GOMEBI240928 y, a continuación, confirme (tecla ↵).

Power Query aún no reconoce su solicitud: hay ambigüedad.

- En la segunda fila, escriba SOALMO240926 y confirme (↵): esta vez, es probable que Power Query entienda su solicitud y rellene todas las demás filas. De todos modos, repita la operación en la tercera línea (o en la primera línea donde la transformación no funcione) si es necesario.

La idea es proporcionar uno, dos, tres o más valores, para permitir que Power BI identifique exactamente cuál es la transformación.

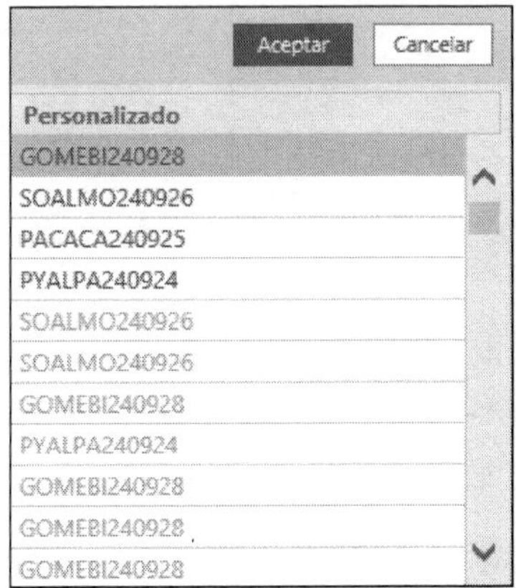

La barra superior de esta ventana muestra la fórmula M aplicada. Es una buena manera de hacerse poco a poco de este lenguaje.

- Si está de acuerdo con la transformación, haga clic en **Aceptar** para confirmar la adición de la columna.
- Acuérdese de cambiar el nombre de la columna a **Ref.pedido** (haciendo clic con el botón derecho o haciendo doble clic en el encabezado de la columna).
- Acuérdese de verificar y, si es necesario, cambiar el tipo de la nueva columna (aquí, esto no es necesario).

Crear una columna personalizada

Las columnas personalizadas se basan en fórmulas (más adelante veremos cómo crear columnas basadas en fórmulas en lenguaje DAX).

Preste atención: la fórmula creada en este contexto solo puede hacer referencia a las columnas de una misma tabla.

- Calcularemos el importe por pedido incluyendo el IVA. Para ello, seleccione la tabla **Pedidos** y, a continuación, seleccione la herramienta **Columna personalizada**.

- Asigne a la nueva columna el nombre **Importe con IVA** y, a continuación, redacte la fórmula basándose en las columnas propuestas a la derecha del cuadro de diálogo (en este caso, haga doble clic en la columna **Importe facturado**):

Tenga cuidado: el número es, de hecho, 1.21: el punto actúa como una coma

- Haga clic en **Aceptar**.
- Cambie el tipo a **Número decimal fijo**.

Veremos en el capítulo sobre el lenguaje DAX que esta operación se realiza mejor a través de una medida, en lugar de en forma de columna.

Duplicar una columna: operaciones sobre números, fechas, etc.

Duplicar una columna le permite agregar una nueva mientras conserva la original.

- Para duplicar una columna, selecciónela y utilice la herramienta **Duplicar columna** en la pestaña **Agregar columna**, o simplemente haga clic con el botón derecho y, a continuación, en **Duplicar columna**.

Una vez duplicada la columna, puede realizar cualquier operación necesaria (fórmula, tipo, filtro, etc.).

Dividir una columna

✎ Para dividir una columna en dos o más, haga clic con el botón derecho en el encabezado de la columna y elija **Dividir columna: Por delimitador, Por número de caracteres** o **Por posiciones**. A continuación, indique el delimitador, es decir, el signo tipográfico (coma, punto y coma, espacio, etc.) que permite dividir los datos en varias columnas, o especifique la longitud del texto que se va a extraer o las posiciones en las que se debe dividir la columna.

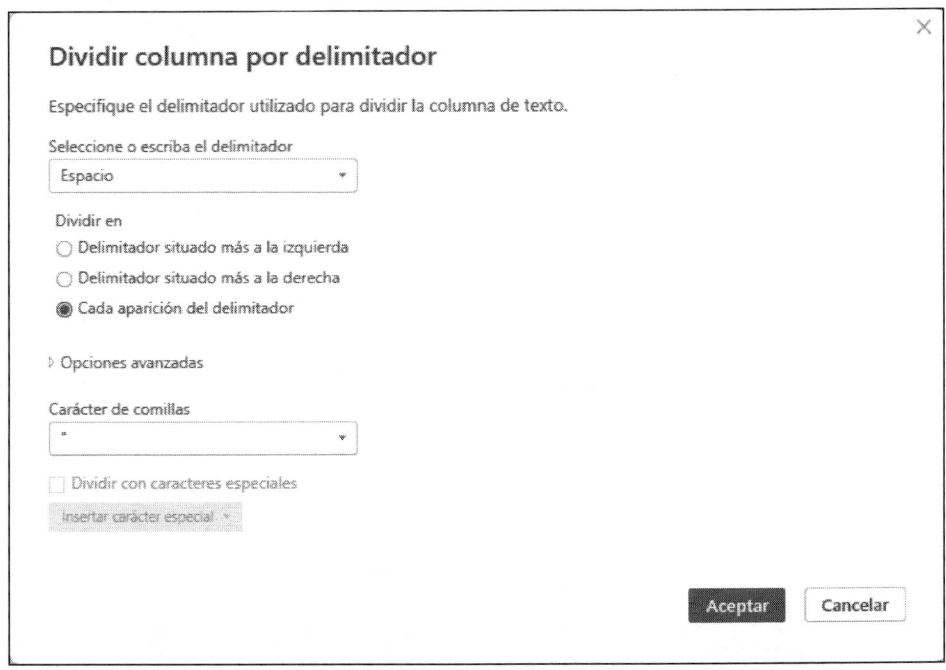

Las opciones **Delimitador situado más a la izquierda** y **Delimitador situado más a la derecha** permiten dividir la columna solo en una aparición del delimitador, en lugar de cada vez que aparece.

Adición de una columna condicional

La fórmula condicional le permite crear y rellenar una columna en función de un test simple.

En el caso de test más complejos, usaremos código DAX más adelante en el ciclo de trabajo de Power BI.

En este ejemplo, crearemos áreas geográficas:

- Seleccione la tabla **Pedidos** y active la herramienta **Columna condicional** en la pestaña **Agregar columna** - grupo **General**.
- Complete el test:

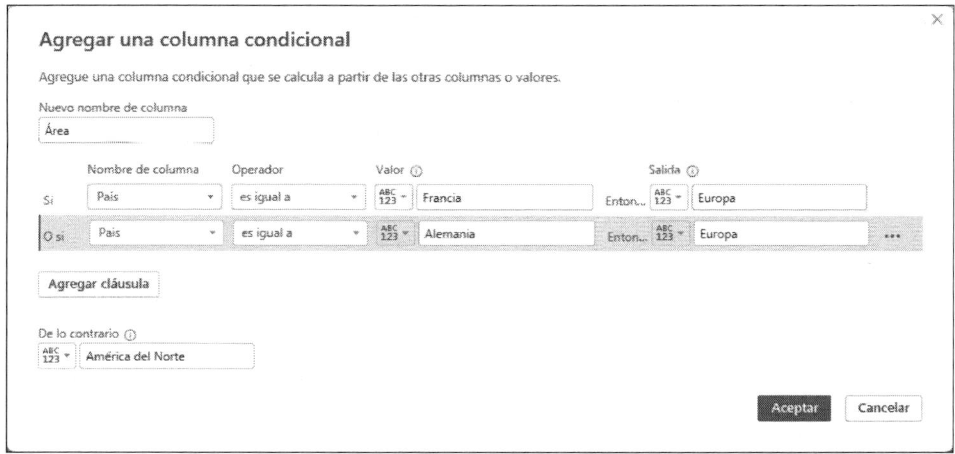

- Para agregar una segunda condición (Alemania), haga clic en **Agregar cláusula**.
- Haga clic en **Aceptar**.
- Cambie el tipo de la nueva columna a **Texto**.

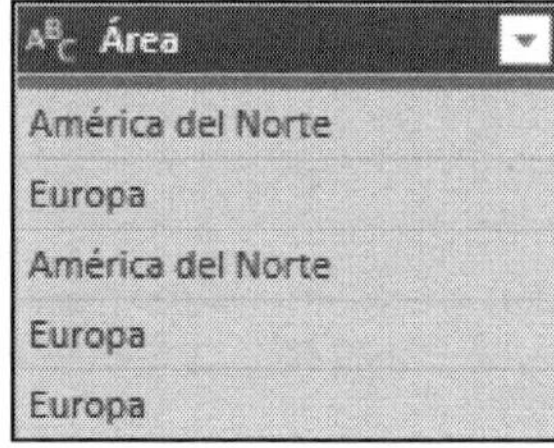

Importante: para confirmar la aplicación de todas estas transformaciones, debe ejecutar la consulta:

- En la pestaña **Inicio**, haga clic en **Cerrar y aplicar**. Power Query se cierra y se cambia a la ventana de **Power BI**.
- Guarde el archivo.

En los archivos de descarga, se ha guardado como **cpedidos03.pbix**, para que pueda volver a encontrarlo si es necesario.

F. Otros dos ejemplos de transformación

Además de las transformaciones del contenido de la columna, algunas de las cuales hemos visto en la sección anterior, hay dos operaciones comunes que permiten trabajar en la estructura de los datos.

La primera consiste en usar una tabla dinámica como origen y restaurar la estructura de columnas que Power BI necesita (es decir, «descruzar» o anular la dinamización de la tabla). La segunda consiste en agregar filas de una o más tablas a las filas de otra tabla con la misma estructura. Por ejemplo, si una hoja contiene datos del mes de enero, la siguiente hoja contiene datos del mes de febrero, y así sucesivamente, es posible que desee agrupar esos datos en una sola tabla, especialmente para poder compararlos.

Quitar la dinamización de una tabla dinámica

La estructura en forma de tabla es necesaria para Power BI: por tabla, debemos entender una estructura basada en columnas que identifican campos distintos, cada fila de los cuales es un valor.

Por esta razón, el uso de datos de una tabla dinámica (o TD) no es directamente posible para Power BI: se requiere una operación inicial, que le permitirá reestructurar los datos cruzados en una tabla de columnas, sin perder ninguna información.

El archivo **Tabla dinámica.xlsx** es un buen ejemplo. Se ha creado una tabla dinámica, que muestra los importes de las ventas por trimestre (filas) y año (columnas):

Suma de GrossSales	Etiquetas de columna				
Etiquetas de fila	2022	2023	2024	2025	Total general
Q1	107052,46	117821,69	111710,6	118845,62	455430,37
Q2	111851,15	119741,9	112549,64	114060,17	458202,86
Q3	123315,92	108687,06	111507,66	135520,87	479031,51
Q4	126679,13	120105,19	122654,18	47689,3	417127,8
Total general	**468898,66**	**466355,84**	**458422,08**	**416115,96**	**1809792,54**

Para usar estos datos en Power BI, primero debe reestructurar esta tabla en columnas (Año, Trimestre, Ventas) y generar una tabla de 16 filas (4 años de 4 trimestres).

- Abra un nuevo archivo de Power BI (**Archivo - Nuevo**).
- Conéctese a una fuente de Excel y apunte al archivo de origen **Tabla dinámica.xlsx**.
- Seleccione la hoja de cálculo **TD Año Trimestre Ventas** y haga clic en **Transformar datos**.

Los encabezados de las columnas están mal identificados, los años parecen ser valores: la primera impresión no es muy alentadora.

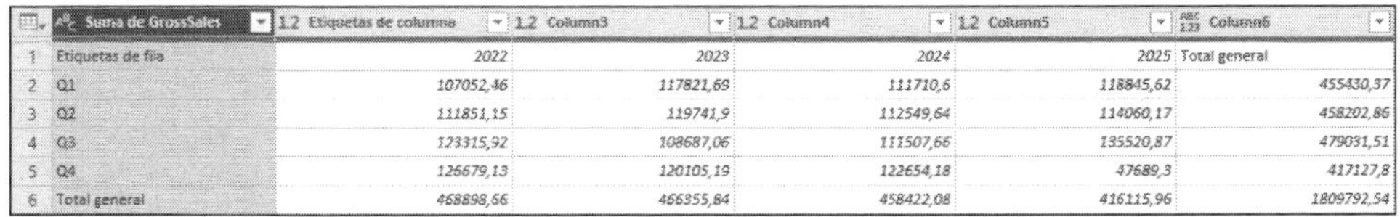

	Suma de GrossSales	Etiquetas de columna	Column3	Column4	Column5	Column6
1	Etiquetas de fila	2022	2023	2024	2025	Total general
2	Q1	107052,46	117821,69	111710,6	118845,62	455430,37
3	Q2	111851,15	119741,9	112549,64	114060,17	458202,86
4	Q3	123315,92	108687,06	111507,66	135520,87	479031,51
5	Q4	126679,13	120105,19	122654,18	47689,3	417127,8
6	Total general	468898,66	466355,84	458422,08	416115,96	1809792,54

Por lo tanto, aquí debemos precisar:

- que la primera fila de la tabla se considere como el encabezado de la columna,
- que se descarten la última fila (el total general de la fila) y la última columna (el total general de la columna, no visible en la captura de pantalla) (no son de interés para Power BI, que se encargará de estos cálculos él mismo),
- que, aparte de la primera columna, hay que reexaminar el resto de la tabla.

Vayamos paso a paso:

- En Power Query, haga clic en la pestaña **Inicio** - grupo **Transformar** y, a continuación, haga clic en el botón **Usar la primera fila como encabezados**.
- Pestaña **Inicio** - grupo **Reducir filas**, haga clic en el botón **Quitar filas** y, a continuación, haga clic en la opción **Quitar filas inferiores** para eliminar una fila, es decir, la última fila.
- Elimine la última columna **Total general**. Para ello, haga clic con el botón derecho en el encabezado de la columna y, a continuación, en **Quitar**.

En este punto, los datos deberían tener el siguiente aspecto:

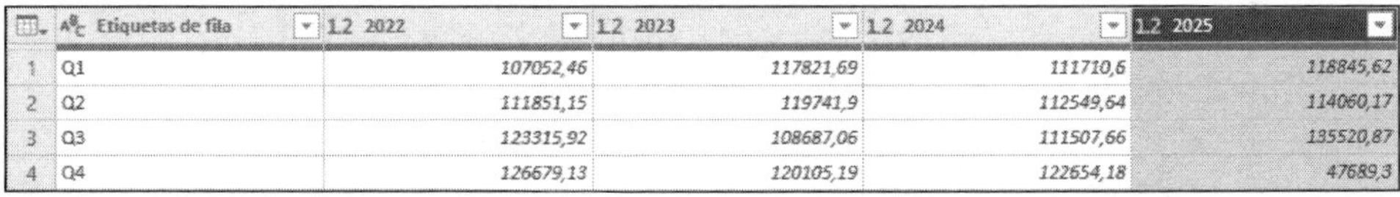

	Etiquetas de fila	2022	2023	2024	2025
1	Q1	107052,46	117821,69	111710,6	118845,62
2	Q2	111851,15	119741,9	112549,64	114060,17
3	Q3	123315,92	108687,06	111507,66	135520,87
4	Q4	126679,13	120105,19	122654,18	47689,3

Los años se encuentran en los encabezados de las columnas

Hay tres opciones disponibles para anular la dinamización de campos:

- **anular la dinamización de** (todas) **las columnas**,
- seleccionar una o más columna(s) y **anular la dinamización de las otras columnas**,
- **anular la dinamización solo de las columnas seleccionadas**.

Las dos primeras opciones tienen la ventaja de ser más dinámicas, ya que si el origen cambia (en nuestro ejemplo, si aparecen nuevos años), se incluirán y también se anulará su dinamización.

- Haga clic con el botón derecho en la columna **Etiquetas de fila** y elija la opción **Anulación de dinamización de otras columnas**.

✎ Por último, cambie el nombre de las tres columnas a **Trimestre**, **Año**, **Ventas** y dé a **Ventas** el tipo **Decimal fijo**:

	Trimestre	Año	Ventas
1	Q1	2022	107.052,46
2	Q1	2023	117.821,69
3	Q1	2024	111.710,60
4	Q1	2025	118.845,62
5	Q2	2022	111.851,15

Los datos están listos

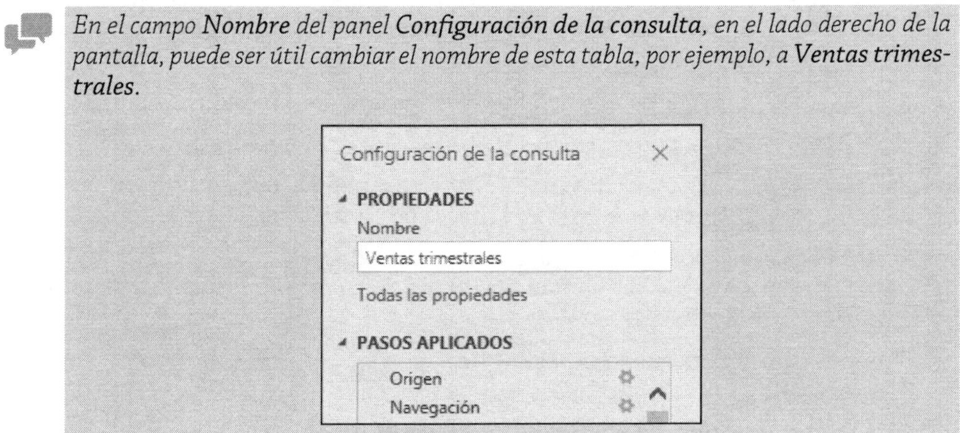

*En el campo **Nombre** del panel **Configuración de la consulta**, en el lado derecho de la pantalla, puede ser útil cambiar el nombre de esta tabla, por ejemplo, a **Ventas trimestrales**.*

✎ Para completar la operación, haga clic en **Cerrar y aplicar**.

✎ Guarde el archivo como **Ventas trimestrales**.

Puede encontrar este archivo en los archivos de ejemplo, en el directorio de correspondiente.

Combinar filas de varias tablas con la misma estructura

El archivo **Ventas T1.xlsx** contiene tres hojas con los datos de ventas de enero, febrero y marzo. Las estructuras de las tres tablas son idénticas. El objetivo de esta operación es agrupar las filas en una sola tabla, para poder analizar las ventas trimestrales por país o por producto.

✎ Abra un nuevo archivo de Power BI.

✎ Conéctese a un origen de Excel y apunte al archivo de origen **Ventas T1.xlsx**.

✎ Seleccione las tres hojas en la parte superior de la ventana **Navegador** y haga clic en **Transformar datos**.

✎ Haga clic en la herramienta **Combinar** en la pestaña **Inicio**.

Tiene dos opciones:

- **Combinar consultas** es el proceso de agregar las *columnas* de una (o más) tabla(s) a otra tabla
- **Anexar consultas** consiste en agregar las *filas* de una (o más) tabla(s) a las de otra tabla (en la medida en que las tablas tengan la misma estructura)

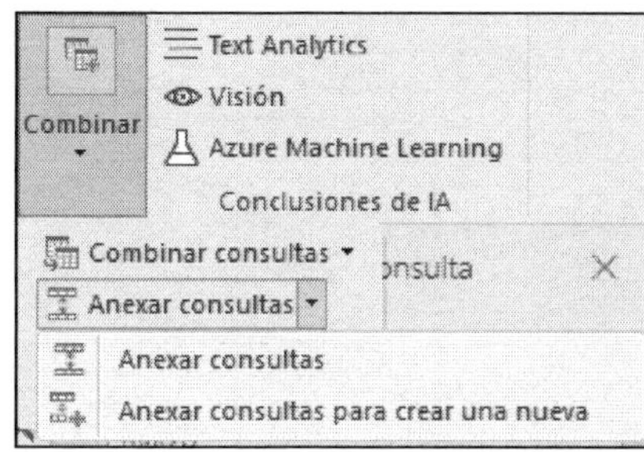

Del mismo modo, para cada opción, tiene la posibilidad de agregar filas o columnas a una tabla existente (**Combinar consultas, Anexar consultas**) o crear una nueva tabla (**Combinar consultas para crear una nueva** o **Anexar consultas para crear una nueva**). Esta segunda opción crea una nueva tabla manteniendo las tablas de origen en el modelo.

✎ Seleccione la opción **Anexar consultas para crear una nueva**.

Crearemos una nueva tabla a partir de las tres tablas de origen.

✎ En la ventana **Anexar** que aparece, elija la opción **Tres o más tablas**.

✎ Seleccione la tabla de **enero** en el campo **Tablas disponibles** y haga clic en el botón **Agrega**. Haga lo mismo con las tablas de **febrero** y **marzo**, de modo que tenga las tres tablas en el área **Tablas para anexar**.

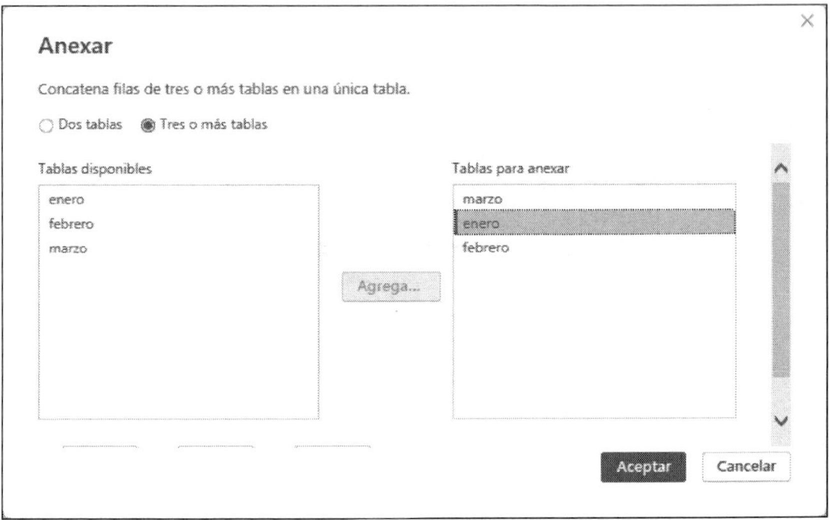

- Confirme con **Aceptar**.

El orden de las tablas no es importante: solo lo es el orden en el que aparecen las filas.

Ha aparecido una nueva tabla, **Anexar1**, en el panel **Consultas**.

- Cambie el nombre de esta tabla a **Ventas T1** haciendo clic con el botón derecho en **Anexar 1** en el panel **Consultas** o utilizando el campo **Nombre** en el panel **Configuración de la consulta**.
- Cambie el tipo de las columnas **Coste unitario** y **Precio facturado unitario** a **Decimal fijo**.
- También puede quitar la columna **Comentario**.
- Haga clic en **Cerrar y aplicar** para ejecutar la consulta.
- Guarde el archivo como **Ventas T1.pbix**.

En este ejemplo, hemos cargado las cuatro tablas: esto no es necesario, ya que la tabla Ventas T1 contiene todos los datos de las otras tres. Veremos cómo cambiar la carga más adelante.

G. Las herramientas de administración de consultas

La mayoría de las operaciones descritas en esta sección tienen lugar en el panel **Consultas**, en el lado izquierdo de la pantalla del editor de **Power Query**. Se trata de trabajar sobre las características de la consulta o d a propio origen.

Agregar un nuevo origen

En un archivo, siempre es posible agregar nuevos datos. Pueden provenir de la base de datos o del archivo que ya está en uso, o de cualquier otra fuente.

La pregunta importante aquí es si es necesario y posible o no crear una relación entre las dos fuentes. Siempre que los datos se usen por separado (es decir, en objetos visuales separados), la relación (o combinación) no es necesaria. En el otro caso, sí que lo es.

Para agregar un nuevo origen, use el botón **Orígenes recientes** de la pestaña **Inicio** - grupo **Datos** de **Power BI** o de **Power Query** y siga el proceso habitual. La configuración de la relación, si se requiere, se realizará en otra pantalla, la vista Modelo, en Power BI.

Cambiar el nombre, duplicar o eliminar una consulta

Las operaciones comunes de administración de consultas están disponibles haciendo clic con el botón derecho en la consulta, en el panel **Consultas** de **Power Query**.

- **Cambiar nombre**: para asignarle un nombre más sencillo o más significativo.
- **Duplicar**: crear una copia de la tabla, manteniendo los pasos de transformación.
- **Referencia**: es como duplicar la consulta, sin mantener sus pasos, es decir, copiar los resultados de las transformaciones.
- **Eliminar**: cuando ya no sea necesaria.

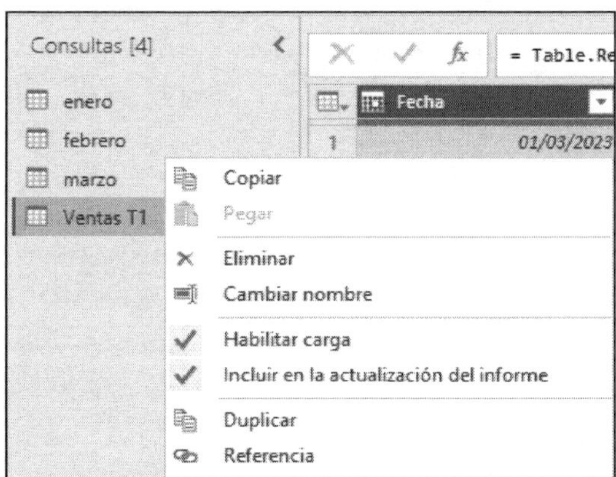

Propiedades de consulta

Las propiedades de la consulta, disponibles al hacer clic con el botón derecho en la consulta en el panel **Consultas** de **Power Query**, opción **Propiedades**, permiten tomar dos decisiones importantes: ¿se debe actualizar la consulta con el documento (**Incluir en la actualización del informe**) y se deben cargar los datos (**Habilitar carga para el informe**)?

Propiedades de la consulta

Nombre

Ventas T1

Descripción

Habilitar carga para el informe

Incluir en la actualización del informe

Aceptar Cancelar

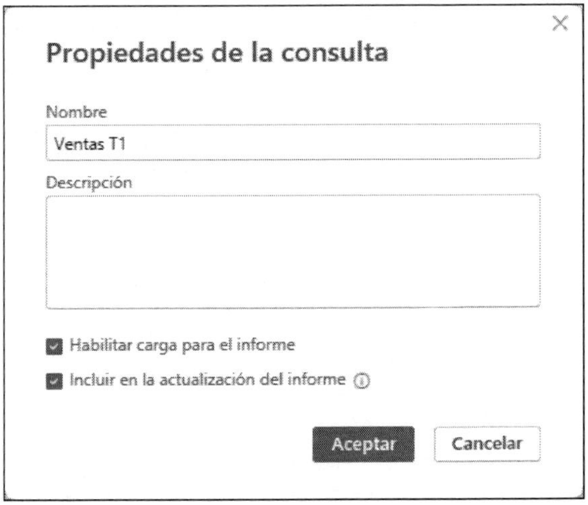

Esta pregunta está lejos de ser trivial. Uno de los límites de Power BI Desktop (gratuito o premium) es el tamaño del archivo: 1 GB en la versión gratuita y 10 GB en la versión premium. La carga de una tabla aumenta el tamaño del archivo. Por lo tanto, poder decidir si hacerlo o no permite un mejor control de este límite.

En otros casos, menos frecuentes, el hecho de haber actualizado y cargado una tabla una vez es suficiente, y el informe no necesita más actualizaciones de esa consulta para funcionar correctamente (este puede ser el caso, por ejemplo, de una tabla de parámetros o una tabla de tiempo). Por lo tanto, esta tabla no necesita ser actualizada nuevamente.

Tomemos el ejemplo del archivo **Ventas T1.pbix** de la sección anterior: las tres tablas mensuales se han combinado para formar una sola, la tabla trimestral. Es esta última la que se explotará en el informe.

Sin duda, la tabla trimestral debe actualizarse y cargarse cuando se abre el archivo. Del mismo modo, en la medida en que los datos de las tablas mensuales puedan cambiar, deben actualizarse.

En contraposición, no es necesario cargarlas: estas tres tablas son solo un punto de paso a la tabla trimestral. Al desmarcar la opción de carga, el archivo será más eficiente (su tamaño se reduce significativamente).

- En el archivo **Ventas T1.pbix**, haga clic en **Transformar datos** para abrir Power Query.
- En el panel **Consultas**, haga clic con el botón derecho en cada una de las tablas de **enero**, **febrero** y **marzo** y desactive la opción **Habilitar carga**.
- Aparecerá una ventana de advertencia: haga clic en **Continuar** para confirmar su solicitud.

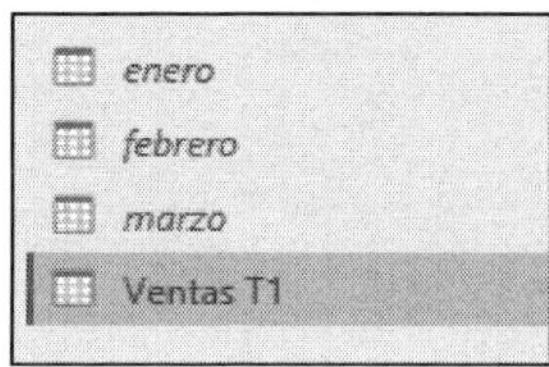

Las tablas mensuales no se cargarán: aparecerán en cursiva y en gris en Power Query

- Haga clic en **Cerrar y aplicar**.
- Guarde el archivo.

En este ejemplo, el tamaño del archivo se reduce casi a la mitad, sin pérdida de información.

Cambiar el origen

Cuando dos fuentes tienen la misma estructura, por ejemplo, en un archivo, la hoja de seguimiento de ventas de 2023 y la hoja de seguimiento de ventas de 2024, el informe construido para la primera fuente se puede trasladar a la segunda con un solo clic: cambiar el origen consiste en mantener todos los pasos de preparación, todas las transformaciones, así como la parte de visualización, y cambiar solo el origen de los datos.

- Para cambiar el origen de datos de Power Query, haga clic en el botón **Configuración de origen de datos** en la pestaña **Inicio**. La misma funcionalidad está disponible en Power BI, en la pestaña **Inicio**, abriendo el menú **Transformar datos**.
- En la ventana que aparece, haga clic en el botón **Cambiar origen**.

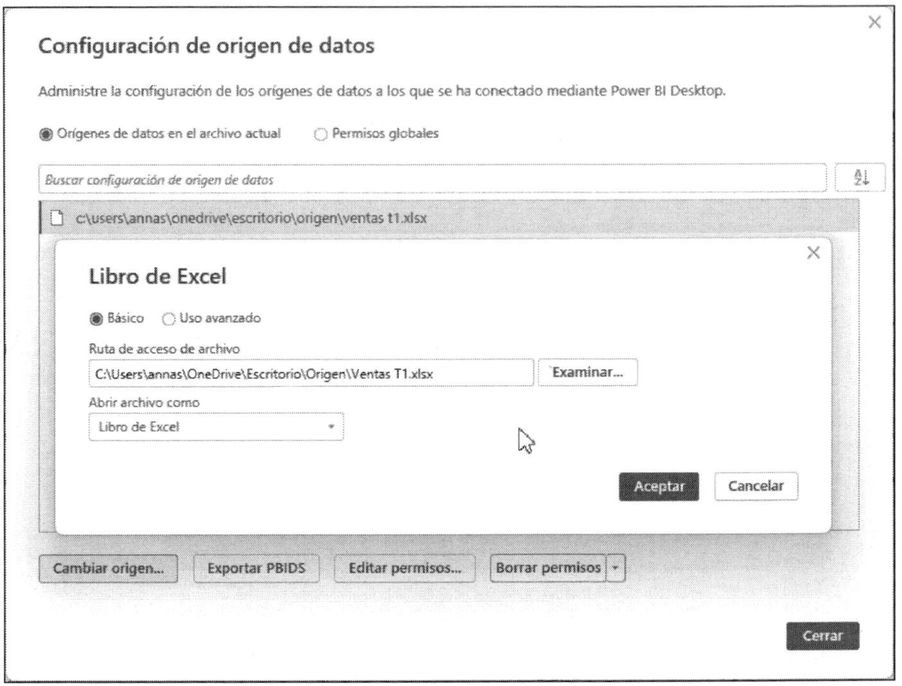

✎ Seleccione la nueva fuente de datos con el botón **Examinar** y confirme. Puede probar la operación con el archivo de Ventas T1 2024.xlsx:

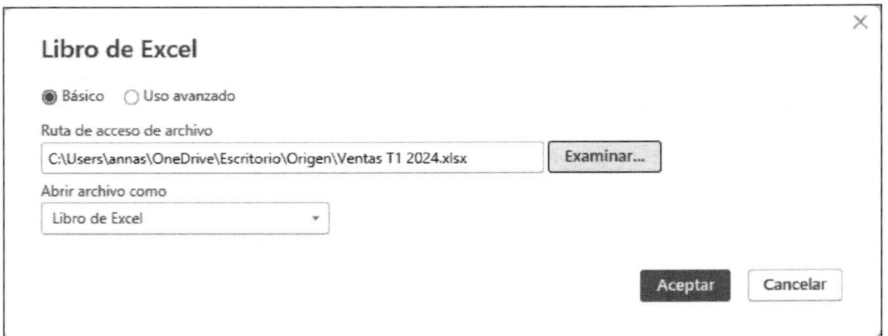

H. Agregar la fecha de actualización

Generar la fecha de actualización significa poder mostrar, en el informe, la fecha y hora exactas en que se actualizaron los datos (en el informe). Por lo tanto, es un concepto que puede resultar crucial.

Curiosamente, no hay ningún «botón» listo para usar que inserte este valor.

Pero esta es una oportunidad para ver un primer ejemplo de código M.

Encontrará, con los archivos fuente, un archivo **Actualización.txt**: abra este archivo y copie todo el código que contiene:

```
let
    MadridTime = DateTimeZone.SwitchZone(DateTimeZone.UtcNow(), 1),
// UTC+1
    ColumnNames = {"Fecha de Actualización"},
    ColumnValues = {{MadridTime}},
    ConvertToTable = Table.FromColumns(ColumnValues, ColumnNames),
    #"Tipo Modificado" = Table.TransformColumnTypes(ConvertToTable,
{{"Fecha de Actualización", type datetime}})
in
    #"Tipo Modificado"
```

Crearemos una consulta a partir de una página en blanco y pegaremos el código.

Para ello:

- Abra el archivo **Ventas T1.pbix**, haga clic en **Transformar datos** para abrir Power Query.
- Abra el menú desplegable del botón **Nuevo origen** y elija la opción **Consulta en blanco**.
- En el grupo **Consulta** de la pestaña **Inicio**, haga clic en **Editor avanzado** y estará en el corazón del lenguaje M.
- Elimine todo lo que haya allí y pegue el código del archivo de texto en su lugar; luego, haga clic en **Listo**:

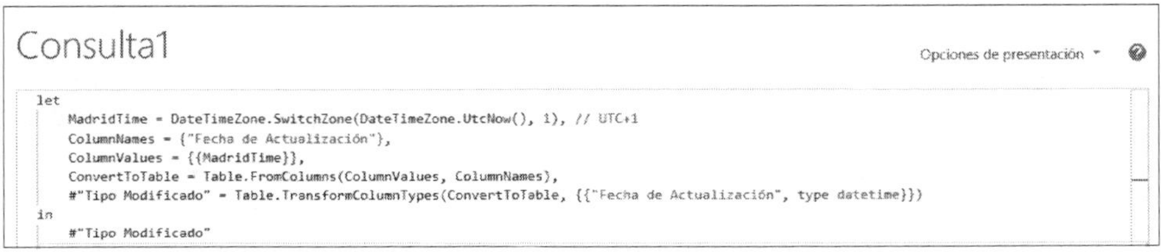

Consulta1

Opciones de presentación

```
let
    MadridTime = DateTimeZone.SwitchZone(DateTimeZone.UtcNow(), 1), // UTC+1
    ColumnNames = {"Fecha de Actualización"},
    ColumnValues = {{MadridTime}},
    ConvertToTable = Table.FromColumns(ColumnValues, ColumnNames),
    #"Tipo Modificado" = Table.TransformColumnTypes(ConvertToTable, {{"Fecha de Actualización", type datetime}})
in
    #"Tipo Modificado"
```

- Cambie el nombre de la consulta a **Actualización**.

Como puede ver, la nueva tabla contiene un dato específico sobre cuándo se ha actualizado el informe (esta nueva tabla se actualizará cada vez que actualice el informe).

✎ Haga clic en **Cerrar y aplicar** y, a continuación, guarde el archivo

Esta fecha de actualización se puede mostrar en el informe más adelante.

I. Usar la IA generativa para preparar los datos

Muy en boga desde hace un año, la IA generativa (ChatGPT, por ejemplo), puede ser un aliado útil para llevar a cabo ciertas operaciones de transformación de datos.

El código de la sección anterior (la fecha de actualización), en particular, fue generado íntegramente por ChatGPT.

Con los datos existentes, el enfoque consiste en proporcionar a ChatGPT una muestra de la tabla (normalmente, unas veinte filas) y pedirle que genere código M para realizar tal o cual operación.

Como siempre ocurre con la IA generativa, es bueno poder entender el código generado de esta manera, para corregir errores.

Una vez confirmado el código, puede insertarlo en Power Query abriendo el Editor avanzado como hemos visto en el apartado anterior. Sin embargo, esta operación no es trivial y requiere conocimientos de Power Query y de lenguaje M. Aquí me limito a mencionarlo.

Tenga en cuenta también que, en el momento de escribir estas líneas, Copilot (la versión de ChatGPT integrada en las herramientas de Microsoft) aún no está disponible en Power Query.

Capítulo 4

Crear el modelo de datos

A. Importancia de la Vista de modelo y método

La Vista de modelo es fundamental. Este paso, que tiene lugar justo después de la consulta, es el núcleo del funcionamiento de Power BI.

Si está conectado a un modelo semántico, la vista de modelo ya está lista.

Si está conectado a un origen que contiene solo una tabla (una tabla grande en Excel, por ejemplo), el papel de la Vista de modelo es menos crítico y el trabajo de configuración del modelo puede, hasta cierto punto, omitirse. Sin embargo, esto es cuestionable y no se considera una buena práctica.

La Vista de modelo tiene varias funciones esenciales:

- verificar las relaciones entre tablas y, si es necesario, crear, modificar o eliminar relaciones;
- añadir, si aún no existe, un horario (un calendario);
- mejorar la legibilidad del modelo de datos y su facilidad de uso.

La implementación del modelo es una secuencia de tareas claramente definidas y, en última instancia, lleva poco tiempo. Sin embargo, completar correctamente esta secuencia es fundamental para el resto del trabajo en Power BI.

Aquí está la lista de verificación detallada de estas tareas:

- comprobar las relaciones entre las tablas y, si es necesario, crearlas,
- organizar las tablas en la vista,
- añadir la tabla calendario (creación, marcado, relación con otras tablas),
- crear medidas explícitas,
- organizar las columnas.

B. Preparar el ejemplo

Vamos a crear un nuevo archivo de Power BI para ilustrar todo este capítulo. Encontrará el resultado de este trabajo en el archivo **Libros.pbix**, pero le recomiendo que lo haga paso a paso, ya que retoma los puntos vistos en los capítulos anteriores.

Las siete tablas que vamos a importar, de dos orígenes diferentes, representan las ventas de una librería. Encontrará clientes, pedidos, comerciales y libros. Aunque tienen la forma de un archivo de Excel, originalmente era una base de datos real, con códigos e identificadores.

Tenga en cuenta que los datos de los clientes se almacenan en un archivo separado (**Libros_clientes.xlsx**).

- Abra un nuevo archivo de Power BI.
- Utilice el conector de Excel y seleccione el archivo **Libros.xlsx**.
- Seleccione todas las tablas (excepto la tabla sugerida en la parte inferior de la pantalla) y cargue los datos:

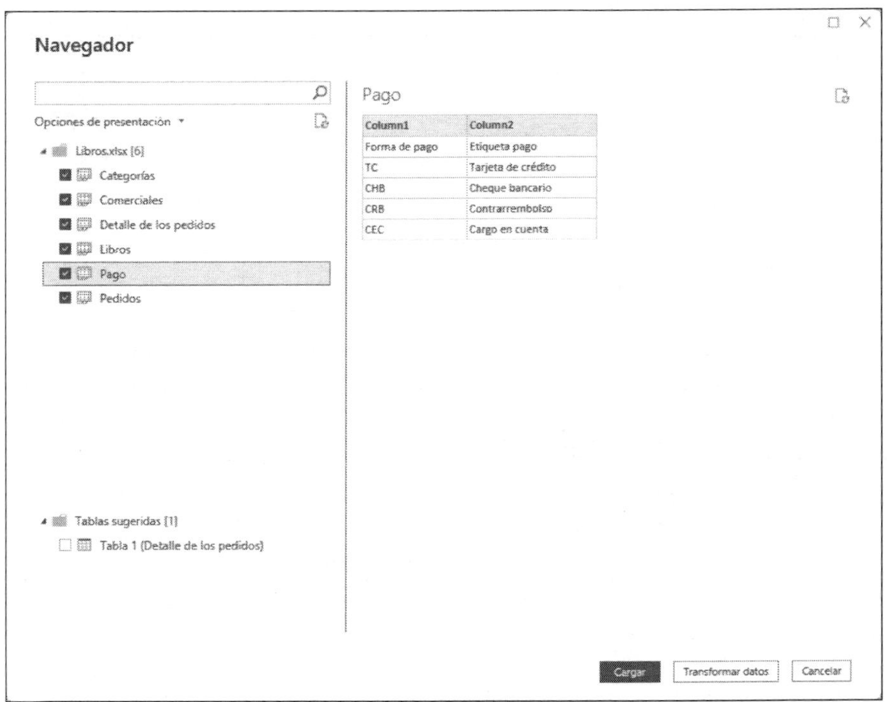

- Agregue un nuevo origen de Excel (haga clic en el conector de Excel nuevamente) para obtener la tabla del cliente (archivo **Libros_clientes.xlsx**) y cargue los datos.

  Observará que las columnas de las tablas **Clientes**, **Categorías** y **Pago** no tienen el nombre correcto: Power BI no ha identificado la fila de encabezados.
- Haga clic en **Transformar datos** para abrir Power Query.
- Seleccione la tabla **Clientes**.
- Haga clic en el botón **Usar la primera fila como encabezado** de la pestaña **Inicio** - grupo **Transformar**.
- Repita la operación con las otras dos tablas.
- Ya que estamos en Power Query, aprovechemos la oportunidad para:
  - En la tabla **Pedidos**, cambiar el tipo de las columnas **Fecha pedido** y **Fecha entrega**, de **Fecha/Hora** a **Fecha**. Power BI le pregunta si necesita cambiar el tipo de columna: haga clic en **Sustituir la actual**.
  - En la tabla **Detalle de los pedidos**, cambie el tipo de la columna **Precio de venta** a **Número decimal fijo** (adecuado para importes).
  - En la tabla **Libros**, cambie el tipo de la columna Precio catálogoa **Número decimal fijo**.
- Haga clic en **Cerrar y aplicar**.
- Guarde el archivo **Libros.pbix** y déjelo abierto.

¡Ya está todo listo!

- Para acceder a la Vista de modelo, haga clic en el tercer botón de la barra vertical de la izquierda:

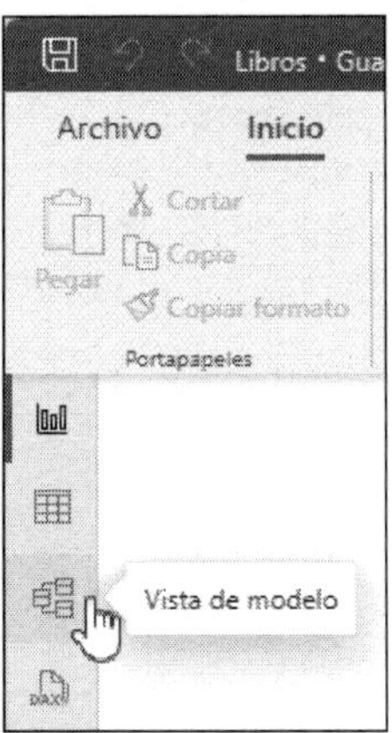

En el trabajo con Power BI, a menudo cambiará entre vistas mediante estos botones:

- El primero, en la parte superior de la barra, **Vista de informe**, es la vista que utilizará para crear sus gráficos y su panel de control.
- El segundo, **Vista de tabla**, permite ver los datos sin procesar, directamente en las tablas.
- El tercero es la **Vista de modelo**, que nos interesa.
- El cuarto, **Vista de consultas DAX**, es una adición reciente y proporciona un entorno muy interesante para escribir fórmulas en DAX. Esta vista también incluye Copilot.

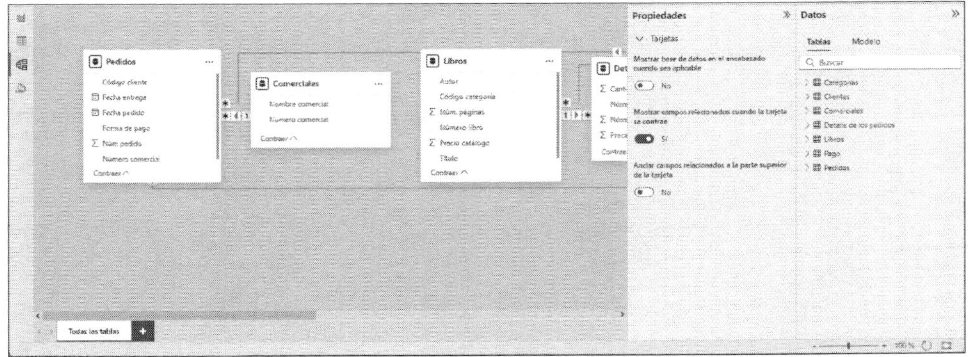

La vista de modelo

A la derecha de esta ventana se encuentran el panel **Propiedades** (que le sugiero que pliegue usando el botón >> para ahorrar espacio) y **Datos**, donde se encuentran las tablas. Puede desplegar tablas utilizando la punta de flecha para mostrar las columnas.

✎ En la parte inferior derecha, use el zoom para ver, en la parte central, todas las tablas. Puede mover las tablas en esta vista central haciendo clic y arrastrando (haga clic en el bloque de título en la parte superior, donde aparece el nombre de la tabla):

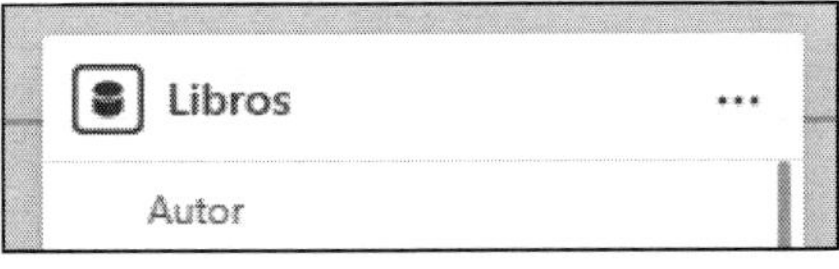

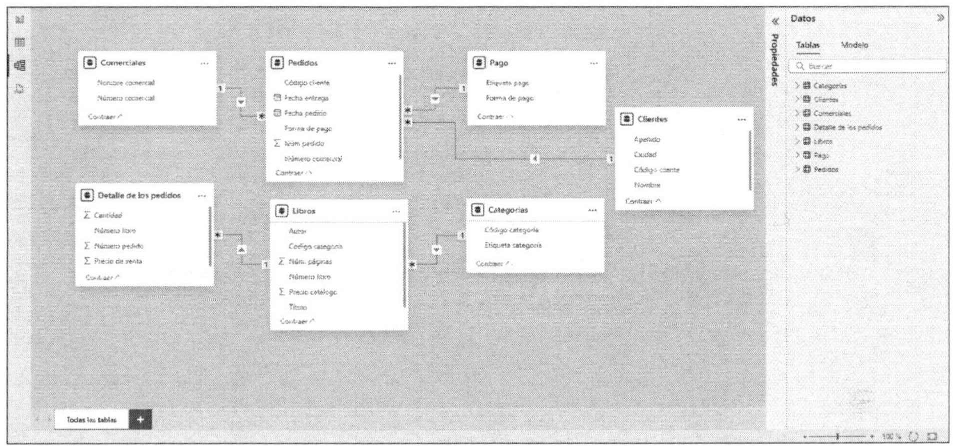

La Vista de modelo reorganizada: algunas tablas ya están conectadas

Si su vista no se ve exactamente así, no se preocupe; de eso se trata este capítulo.

C. Entendiendo las relaciones

Para usar esta ventana correctamente, debe comprender el rol central de las relaciones en Power BI.

En pocas palabras, el propósito de la relación es permitir el flujo de información entre tablas. Por ejemplo, una tabla con los tres comerciales y las cantidades vendidas (en la tabla **Detalles de los pedidos**), muestra al lado de cada comercial las cantidades que se le han atribuido. Para ello, la información «¿Quién es el comercial?» debe llegar a la tabla **Detalle de los pedidos**: para eso están las relaciones.

Nombre comercial	Suma de Cantidad
Kiko Montes	572 €
Laura Lasierra	572 €
Ronald Mittler	572 €
Total	**572 €**

Sin una relación, las cifras son claramente erróneas

Nombre comercial	Suma de Cantidad
Kiko Montes	190 €
Laura Lasierra	197 €
Ronald Mittler	185 €
Total	**572 €**

Una vez creada la relación, los resultados son correctos

La relación es, por lo tanto, un camino que permite la circulación entre un punto A y un punto B, pasando por una o más tablas. Este mecanismo, en el lenguaje de Power BI, se denomina «propagación de filtros», y este es el concepto fundamental de Power BI.

La ruta puede ser unidireccional (esto se indica mediante la pequeña flecha en la línea que representa la relación; por ejemplo, entre Categorías y Libros) o bidireccional, que viene determinada por los datos de las columnas a ambos lados de la relación. Esto se llama cardinalidad, representada por el número 1 o el asterisco en la relación:

- La relación más común se denomina relación 1 a N (o uno a muchos: N se representa con un asterisco): una fila de la tabla en el lado 1 de la relación corresponde a una o más filas de la tabla en el lado N (o más precisamente, una fila en el lado 1 puede corresponder a cero, una o más líneas en el lado N). La dirección natural de esta relación (la dirección del flujo) es de 1 a N.

  En nuestro modelo, este es el caso de la relación entre la tabla **Categorías** y la tabla **Libros**: una categoría puede agrupar cero, uno o más libros.

- Una relación N a 1 es exactamente la misma, y la dirección natural del flujo sigue siendo la misma, de 1 a N.
- Puede mostrarse un segundo tipo de relación, más rara: la relación 1 a 1, donde un valor de la primera tabla tiene un equivalente, y solo uno, en la segunda.

  No hay ningún ejemplo de esto en nuestro modelo. En este tipo de situación, Power BI crea una relación bidireccional de flujo. Tenga cuidado: este tipo de relación, denominada bidireccional, puede ser complicada de manejar.

- Por último, el tercer tipo de relación es más compleja y, en general, conduce a una revisión de su modelo y a su transformación: la relación N a N, en la que una fila de la primera tabla está vinculada a varias filas de la segunda y, a la inversa, una fila de la segunda tabla está vinculada a varias filas de la primera.

  Tampoco hay ningún ejemplo en nuestro modelo.

Power BI calcula la cardinalidad de la relación cuando se crea.

La relación que debe favorecer es la relación 1 a N: es la más eficiente y la más fácil de usar.

1. La relación 1 a N

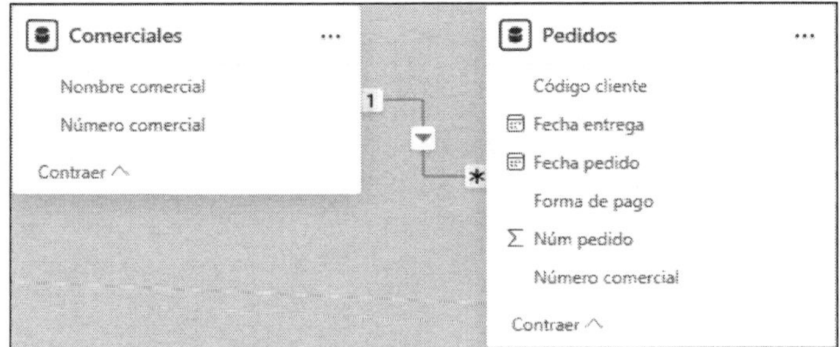

Esta ilustración muestra información importante:

- La relación se refiere al campo **Número comercial** (tenga en cuenta que no es necesario que los dos campos vinculados tengan el mismo nombre).
- La tabla **Comerciales** contiene una lista de personas identificadas de forma única por el número comercial. El mismo número no se puede usar más de una vez.
- En contraposición, en el lado de los pedidos, el mismo **número de comercial** se puede encontrar varias veces.
- Por lo tanto, la relación es del tipo 1 a N (1 a *).
- Por último, la dirección de la relación va de la tabla **Comerciales** a la tabla **Pedidos**. Para reforzar aún más esta información, una flecha señala claramente la dirección de la relación.

Este último punto es crucial: en Power BI, un filtro se propaga automáticamente en cascada a lo largo de una relación 1 a N: va de una tabla a otra y solo se detiene cuando se encuentra con una relación de dirección opuesta, N a 1.

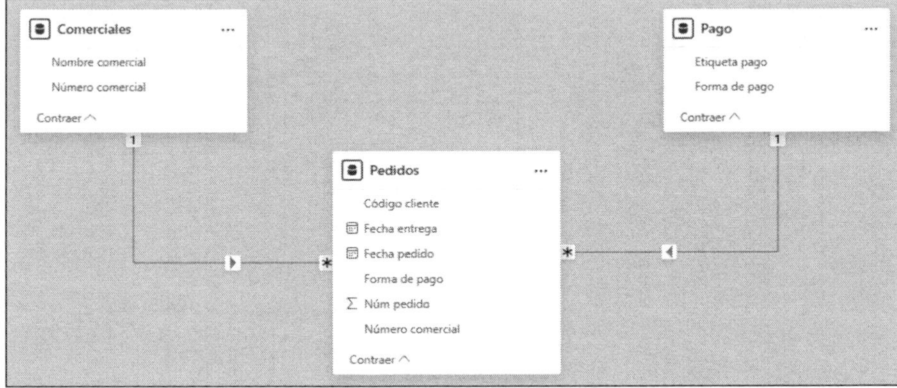

En este ejemplo, un filtro de la tabla **Comerciales** se propagará automáticamente a la tabla **Pedidos**, pero no podrá continuar a la tabla **Pago**.

La relación 1 a N es la más común, y la más deseable, para que el modelo funcione correctamente. No plantea problemas en términos de instalación y uso.

2. La relación 1 a 1

La relación 1 a 1 es posible, aunque rara: un valor de la primera tabla corresponde a un valor de la segunda. En este caso, Power BI define la naturaleza de la relación como bidireccional (de doble sentido), es decir, permitiendo que el filtro pase tanto en un sentido como en el otro:

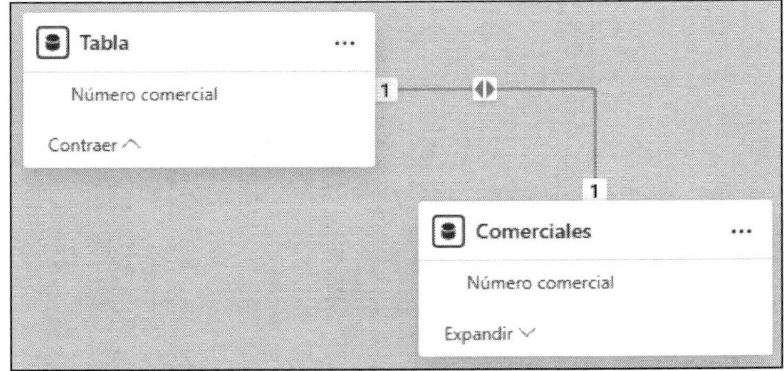

La relación bidireccional se indica mediante una flecha doble

Las relaciones bidireccionales son útiles cuando se trata de propagar el filtro, pero pueden tener efectos no deseados en el funcionamiento del modelo y solo deben usarse con precaución.

3. La relación N a N

El tercer tipo de relación se refiere a las cardinalidades N a N: son realmente problemáticas y objeto de muchos artículos.

La relación N a N también es, de forma predeterminada, bidireccional.

D. Verificar y crear las relaciones

✎ En la Vista de modelo, haga clic en **Administrar relaciones** en el grupo **Relaciones** de la pestaña **Inicio**. Comenzaremos comprobando las relaciones creadas automáticamente:

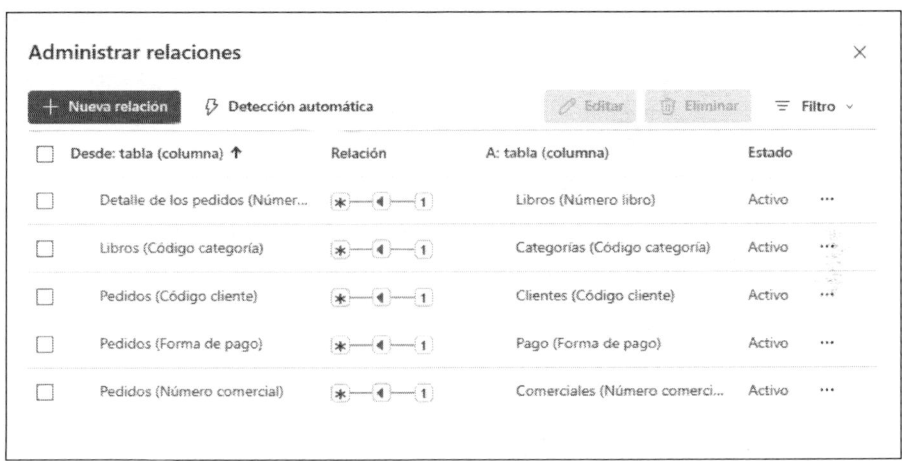

Esta tabla se lee de izquierda a derecha: La forma de pago de la tabla Pedidos está bien vinculada a Forma de pago de la tabla Pago

Estas cinco relaciones son correctas. Cierre esta ventana.

Ahora vamos a completarlas con la relación ausente entre las tablas **Pedidos** y **Detalle de los pedidos**, utilizando **Núm. pedido** y **Número pedido**.

- Para crear la relación, arrastre la columna de una tabla a la columna correspondiente de la otra tabla. También puede, en la ventana **Administrar relaciones**, hacer clic en el botón **Nueva relación** y, a continuación, rellenar las tablas mediante los menús desplegables y hacer clic en cada una de las dos columnas de la relación:

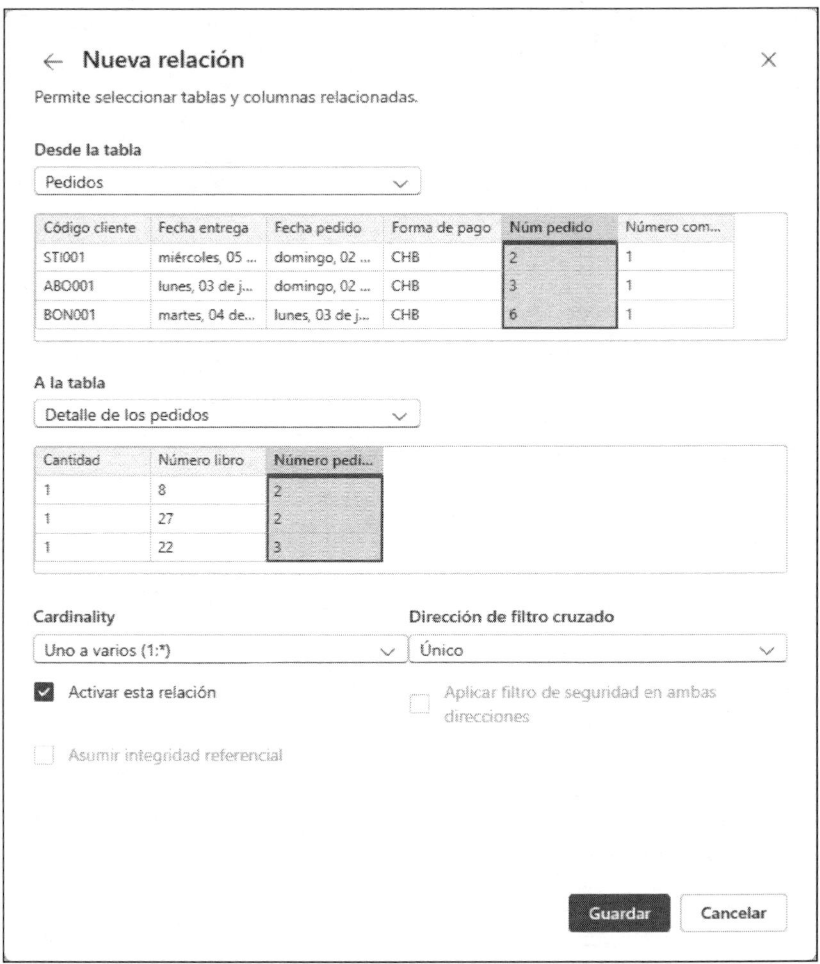

Las dos columnas en gris indican que definen la relación

Una vez creada la relación, el modelo debería tener el siguiente aspecto:

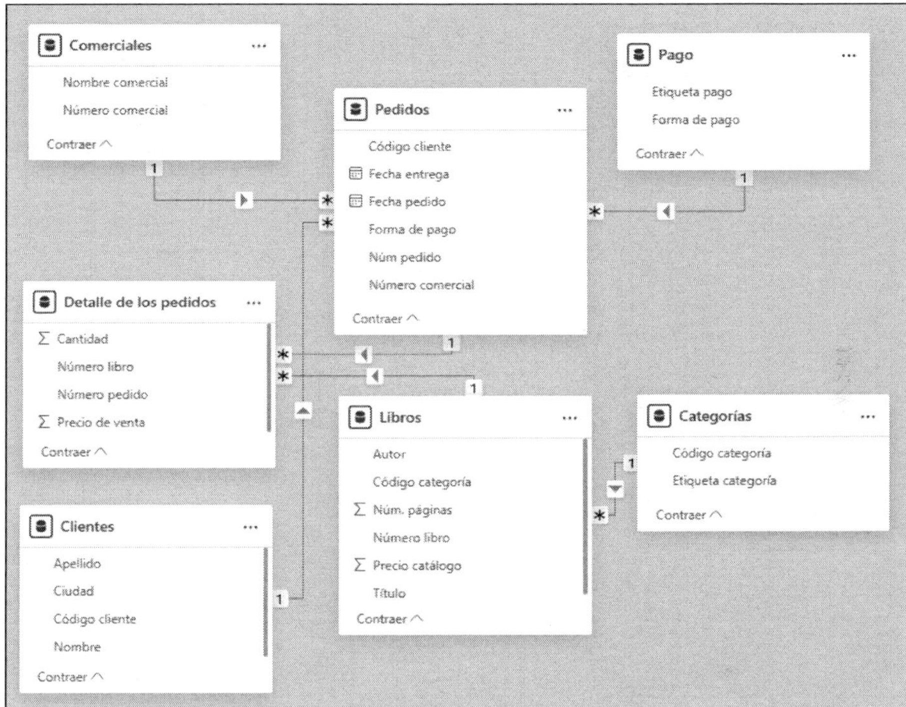

Todas las tablas están vinculadas, pero el modelo es difícil de leer

Power BI a veces crea relaciones innecesarias o inadecuadas.

✎ Para eliminar una relación, utilice la ventana **Administrar relaciones** o haga clic con el botón derecho en la relación en la Vista de modelo y seleccione **Eliminar**:

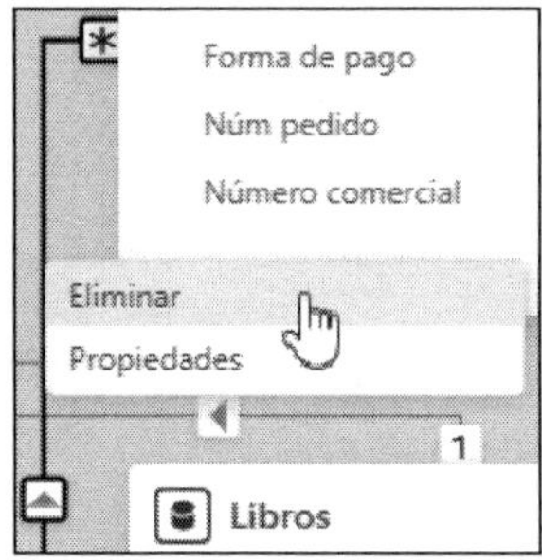

E. Organizar tablas en la Vista de modelo

En la sección anterior, he señalado que el modelo, en este punto, es poco claro: no es fácil «leer» el flujo del filtro.

Por esta razón, se recomienda en la Vista de Modelo colocar las tablas de modo que la tabla del lado 1 esté por encima de la tabla del lado N: con este diseño, el filtro solo puede «bajar» y no puede «subir». Esto será muy práctico para escribir fórmulas en DAX, que dependen inherentemente del flujo de filtro:

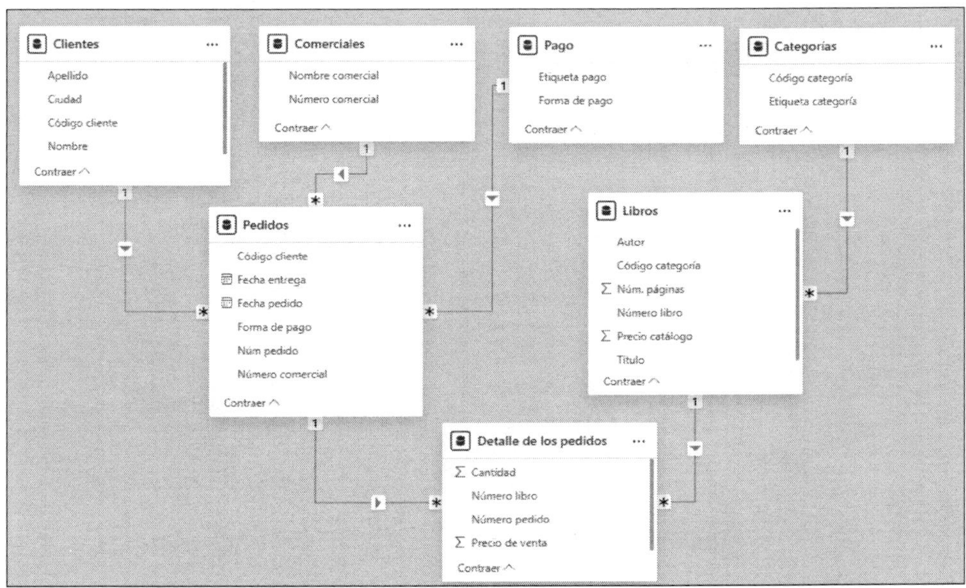

Esta disposición deja claro cómo se propagará el filtro, de arriba abajo

F. Crear la tabla de fechas (un calendario)

Una **tabla de fechas** completa e independiente de las propias transacciones (fecha del pedido, fecha de la factura, etc.) es una garantía de calidad para el modelo de datos y el análisis en el tiempo (time intelligence en el lenguaje de Power BI). La idea es poder referenciar todas las fechas, incluidas aquellas en las que no ha ocurrido nada (la ausencia de pedido es en sí misma información).

Esta tabla suele estar disponible en una base de datos, pero es posible que otras fuentes no dispongan de ella.

En este caso, es fundamental saber cómo crear una tabla de fechas. Resulta bastante sencillo, pero, antes de continuar, debemos verificar la configuración de las opciones.

- Abra el menú **Archivo**, luego haga clic en la opción **Opciones y configuración**, y luego en **Opciones**.
- En la sección **GLOBAL**, haga clic en **Carga de datos** y asegúrese de que la casilla de **Fecha y hora automáticas para archivos nuevos** en la sección **Inteligencia de tiempo** esté desmarcada.
- Ahora vaya a la sección **ARCHIVO ACTUAL**, haga clic en **Carga de datos** y verifique que la casilla de **Fecha y hora automáticas**, en la sección **Inteligencia de tiempo**, esté desmarcada.
- Haga clic en **Aceptar**.

Esta configuración ya no tendrá que realizarse. Evita un mecanismo automático de Power BI, que ahora se ha vuelto obsoleto.

Para crear la tabla de fechas, seguiremos un proceso de tres pasos:

- Copiar y pegar una fórmula DAX para generar la tabla.
- Marcar la tabla como tabla de fechas.
- Conectar esta tabla al modelo.

Encontrará en el directorio **Origen** un archivo de texto, **Calendario.txt**.

- Abra el archivo y, a continuación, copie su contenido.
- En la Vista de modelo, en el grupo **Cálculos** de la pestaña **Inicio**, haga clic en **Nueva tabla**.
- Se abre la barra de fórmulas: elimine lo que contenga y pegue la fórmula en DAX.
- Pulse [Entrar] para confirmar.

```
1 Calendario =
2
3 // Cambiar los años según las transacciones
4
5 ADDCOLUMNS(
6     CALENDAR(
7         DATE(2023,1,1),
8         DATE(2024,12,31)
9     ),
10    "Año", FORMAT([Date],"YYYY"),
11    "Trimestre", "T"&FORMAT([Date],"Q"),
12    "Año mes", FORMAT([Date],"YYYYMM"),
13    "Nombre del mes", FORMAT([Date],"MMM"),
14    "Número del mes", MONTH([Date]),
15    "Semana", YEAR([Date])&"S"&WEEKNUM([Date],21),
16    "Nombre del día", FORMAT([Date],"DDDD"),
17    "Número del día", WEEKDAY([Date],2),
18    "Día laborable", IF(WEEKDAY([Date],2)>6,"Fin de semana")
19 )
20
21 /*
22
23 La fecha de inicio y la fecha de fin pueden calcularse dinámicamente a partir de la fecha principal ('Fecha1') y la función CALENDAR.
24         CALENDAR ( DATE ( YEAR ( MIN ( Fecha1 ) ) , 1 , 1 ),
25                    DATE ( YEAR ( MAX ( Fecha1 ) ) , 12 , 31 ) )
26
27 Después de su creación, ordenar la tabla según la columna [Date] para mayor comodidad.
28
29 En la pestaña Modelado, marcar la tabla como tabla de fechas.
30
31 Usar la función Ordenar por columna para:
32         - ordenar la columna Nombre del mes por la columna Número del mes
33         - ordenar la columna Nombre del día por la columna Número del día
34
35 Además, puedes modificar el formato del campo Fecha para que no muestre las horas.
```

El texto verde (el de la línea 3 y el que comienza en la línea 21) indica comentarios

La tabla que acabamos de crear se llama Calendario, comienza el 01/01/2023 (línea 7) y se extiende hasta el 31 de diciembre de 2024 (línea 8). Puede cambiar fácilmente el año de inicio y el año de finalización (pero deje el 1 de enero para el inicio y el 31 de diciembre para el final).

- Para cerrar la barra de fórmulas, puede hacer clic en el botón en forma de punta de flecha que hay a la derecha:

```
1 Calendario =
2
3 // Cambiar los años según las transacciones
4
5 ADDCOLUMNS(
```

La tabla **Calendario** aparece en el lado derecho de la ventana.

- Para definir la tabla de fechas en Power BI, haga clic derecho sobre su nombre y seleccione **Marcar como tabla de fechas**.

- Seleccione la opción y elija la columna **Date**; luego, haga clic en **Guardar**:

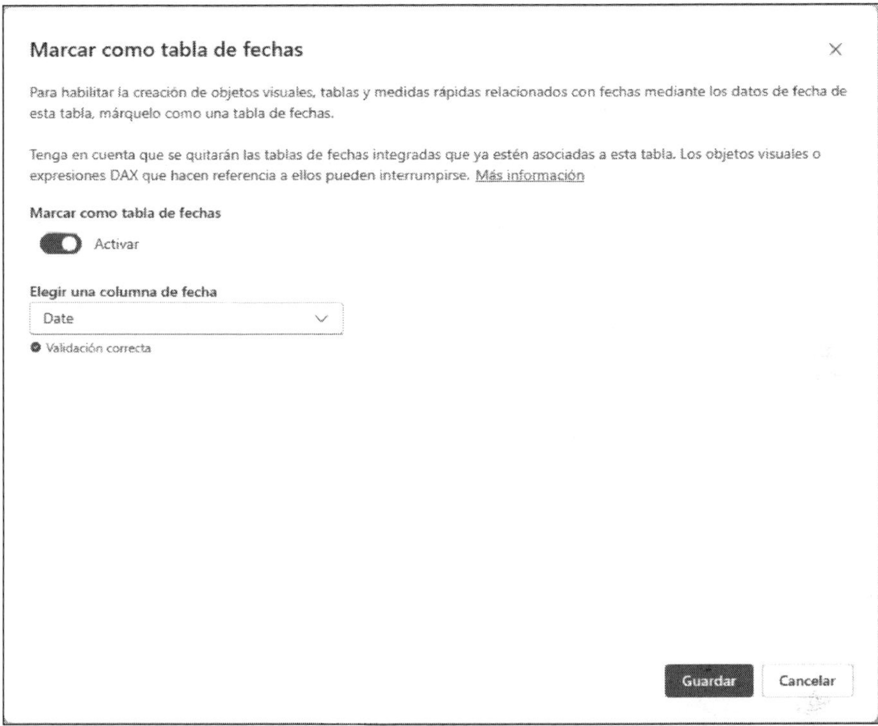

- Por último, en la Vista de modelo, vincule la tabla **Calendario** a la tabla **Pedidos** arrastrando el campo **Fecha pedido** al campo **Date**. Tenga cuidado, la tabla de fechas puede estar en el lado derecho de la ventana, tal vez un poco escondida.
- Guarde el archivo.

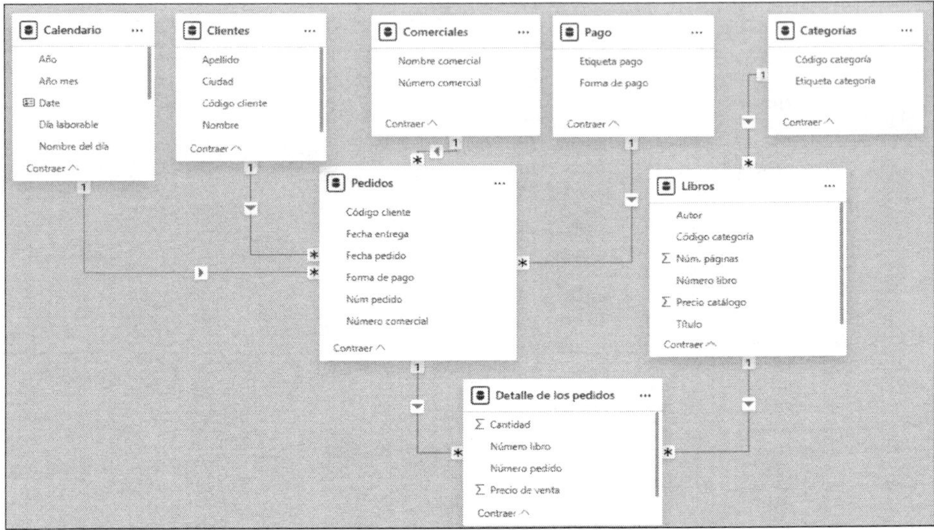

Desde el punto de vista del funcionamiento, nuestro modelo ya está listo. Sin embargo, algunas pequeñas operaciones adicionales lo harán más agradable y fácil de usar.

G. Crear las medidas explícitas

A partir de este punto del ciclo de trabajo hacia el cuadro de mandos, las **medidas** se convierten en el centro de atención. En pocas palabras, una medida es una fórmula. Todos los análisis que vaya a crear utilizando DAX, las sumas, los promedios, los recuentos, los análisis más complejos..., todos se almacenarán en medidas. Tendremos mucho tiempo para volver a estos conceptos en el capítulo Analizar los datos con o sin DAX.

Por ahora, nos centraremos en los dos indicadores clave de nuestro modelo: las cantidades vendidas y los importes asociados.

Cuando arrastramos un campo numérico a un gráfico, ese campo se agrega, es decir, se le aplica un cálculo, generalmente la suma, para reflejar el nivel de detalle definido por el gráfico: por ejemplo, en un gráfico con los campos **Año** y **Cantidad**, este último representa la cantidad anual total. Pero este mismo campo, colocado en un visual con el Cliente, indicará la cantidad total por cliente. Esto muestra que la definición del campo **Cantidad** no es fija, sino que depende del nivel de detalle (el contexto) donde se muestra.

Power BI añade automáticamente la función **Suma**: esta operación se realiza de forma implícita, sin que tenga que preocuparse, pero también sin que sea consciente de ello.

En general, es importante controlar este mecanismo creando, desde el principio, medidas explícitas para los campos numéricos que lo justifiquen. Es decir, medidas que construirá usando el lenguaje DAX.

Afortunadamente, este DAX es muy simple y se reduce a dos casos.

En nuestro modelo, podemos estimar que dos datos son particularmente importantes: las cantidades vendidas y el importe de la línea de pedido (siempre podemos agregar otras medidas explícitas más adelante si es necesario).

La medida explícita basada en la cantidad es simplemente la suma del campo **Cantidad**:

- En la Vista de modelo, en el panel **Datos**, haga clic con el botón derecho en la tabla **Detalle de los pedidos** y elija **Nueva medida**.
- En la barra de fórmulas, pegue la fórmula que encontrará en el archivo **Medidas.txt**, en el directorio **Origen**:

```
ctd = SUM('Detalle de los pedidos'[Cantidad])
```

- Confirme con la tecla ⏎.

Acaba de crear su primera medida de DAX.

- Para el importe de la línea de pedidos, repita la operación con la fórmula:

```
importe = SUMX('Detalle de los pedidos', [ctd] * 'Detalle de
los pedidos'[Precio de venta])
```

Recuerde que debe evitar los acentos al principio de los nombres de las columnas o de las medidas; se trata de una buena práctica relacionada con la escritura de fórmulas en DAX.

Esta fórmula es un poco más compleja, pero la explicaremos en detalle en el capítulo sobre DAX. En pocas palabras, el importe se ha obtenido multiplicando, en cada línea de la tabla **Detalle de los pedidos**, el precio de venta por la cantidad y sumando los resultados (para un pedido, por ejemplo, hay que sumar todos los importes de las líneas de pedido que lo componen). Para ello se ha utilizado una función específica del lenguaje DAX, `SUMX()`.

Ambas fórmulas son canónicas: las encontrará y las usará en todos sus documentos.

Por último, es importante ocultar las dos columnas iniciales **Cantidad** y **Precio de venta**, que ya no son útiles. Para ello, haga clic en el icono del ojo o haga clic con el botón derecho en el nombre de la columna y seleccione **Ocultar** en la Vista de informe:

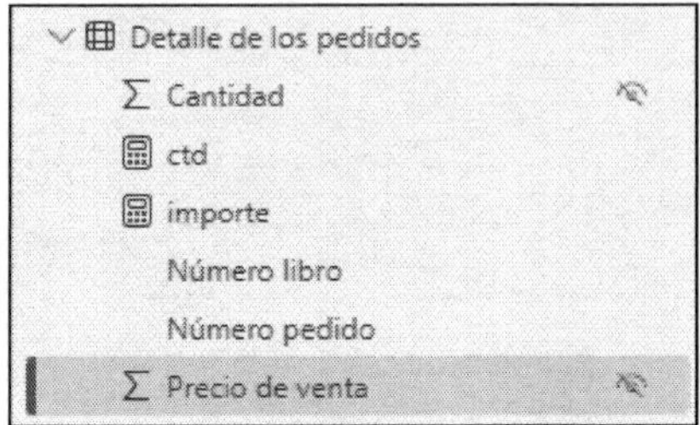

H. Organizar las columnas dentro de una tabla

A partir de aquí, las operaciones que vamos a realizar son menos fundamentales, pero ayudan a que el modelo sea más fácil y agradable de usar.

1. Agrupar campos en una tabla

Una herramienta para ayudar a que el modelo sea legible es crear grupos (carpetas) que reúnan diferentes campos dentro de una tabla. A modo de ejemplo, vamos a crear un grupo con algunos datos relacionados con los libros:

- En la Vista de modelo, abra el panel **Propiedades** en el lado derecho de la pantalla.
- En el panel **Datos**, abra la tabla **Libros** para ver sus columnas.
- Mantenga pulsada la tecla Ctrl y haga clic en los campos **Autor**, **Núm. páginas** y **Precio catálogo** para seleccionarlos.
- En el panel **Propiedades**, despliegue el área **General** y escriba **Detalles** en el cuadro **Carpeta para mostrar**.
- Confirme con la tecla ↵.

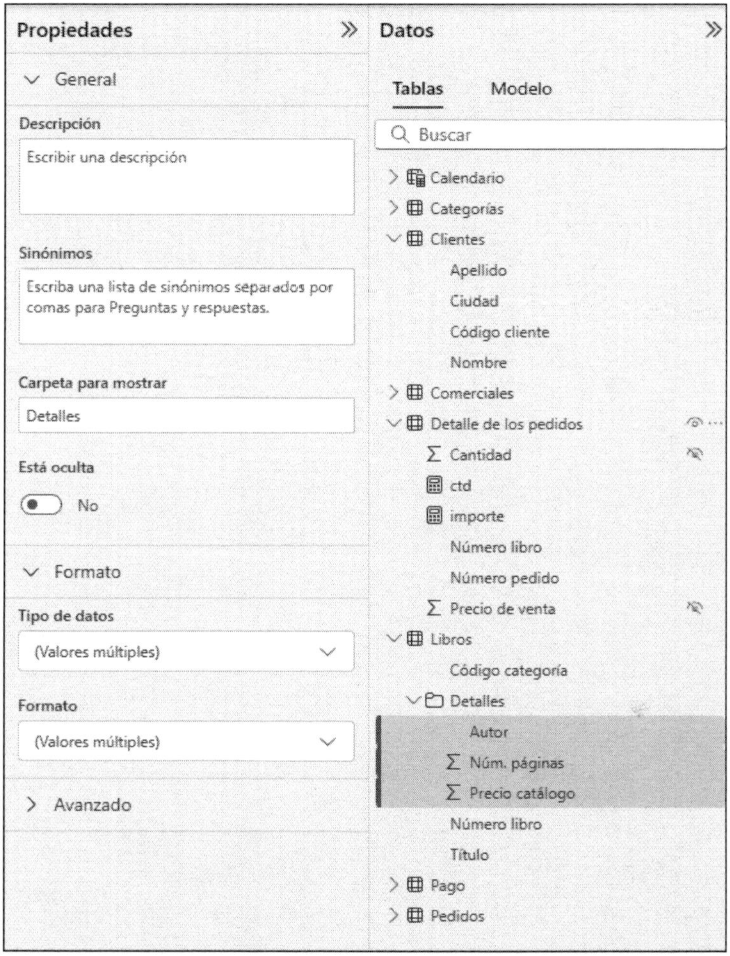

Dentro de la tabla Libros, ahora los datos se agrupan en una carpeta Detalles

También es posible crear subcarpetas: para ello, escriba el nombre de la carpeta principal, luego \ (barra invertida) y luego el nombre de la subcarpeta.

2. Ocultar o quitar tablas y columnas

Mejorar la presentación de los datos también significa ocultar o eliminar los campos que no se utilizarán o que son redundantes.

Este puede ser el caso de las columnas «técnicas» (al igual que ciertos identificadores, presentes para establecer la relación). Se trata de ponerse en el lugar del futuro usuario y simplificar el uso de los datos.

✎ Para ocultar un campo en la Vista de modelo, haga clic con el botón derecho del ratón en su nombre y elija **Ocultar** en la vista de **informes** (sigue estando visible en la Vista de modelo, pero oculto en la **Vista de informe**). También puede hacer clic en el pictograma del ojo situado a la derecha del nombre del campo.

En nuestro modelo, sugiero ocultar las columnas:

- **Código cliente**, **Número comercial** y **Forma de pago** de la tabla **Pedidos** (si necesita esta información, puede recuperarla de las tablas de origen, **Clientes**, **Comerciales** y **Pago**)
- **Número pedido**, **Número libro**, **Precio de venta** y **Cantidad** en la tabla **Detalle de los pedidos**
- **Código categoría** en la tabla **Libros**

3. Ordenar una columna en función de otra

Si desea mostrar un campo de texto en un orden específico (diferente del orden alfabético), será útil tener una columna en la tabla que asigne un número de orden a cada valor.

En Power BI, en la Vista de modelo y en el área **Avanzado** del panel **Propiedades**, se usa el menú desplegable **Ordenar por columna** para realizar esta ordenación (puede encontrar esta herramienta en la **Vista de informe**, pestaña **Herramientas de columnas**; aparece al hacer clic en el nombre de la columna en el panel **Datos**).

✎ Seleccione el campo **Nombre del mes** en la tabla **Calendario**.

✎ Elija **Número de mes** en el menú desplegable **Ordenar por columna**.

✎ Repita el procedimiento para **Nombre del día**, ordenado por **Número del día**.

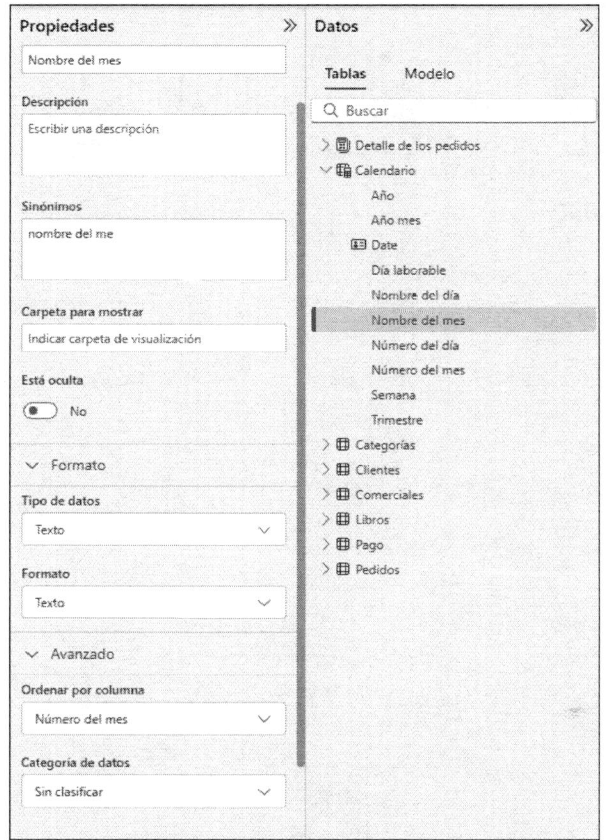
Propiedades
Nombre del mes
Descripción
Escribir una descripción
Sinónimos
nombre del me
Carpeta para mostrar
Indicar carpeta de visualización
Está oculta
No
Formato
Tipo de datos
Texto
Formato
Texto
Avanzado
Ordenar por columna
Número del mes
Categoría de datos
Sin clasificar
Datos
Tablas
Modelo
Buscar
Detalle de los pedidos
Calendario
Año
Año mes
Date
Día laborable
Nombre del día
Nombre del mes
Número del día
Número del mes
Semana
Trimestre
Categorías
Clientes
Comerciales
Libros
Pago
Pedidos

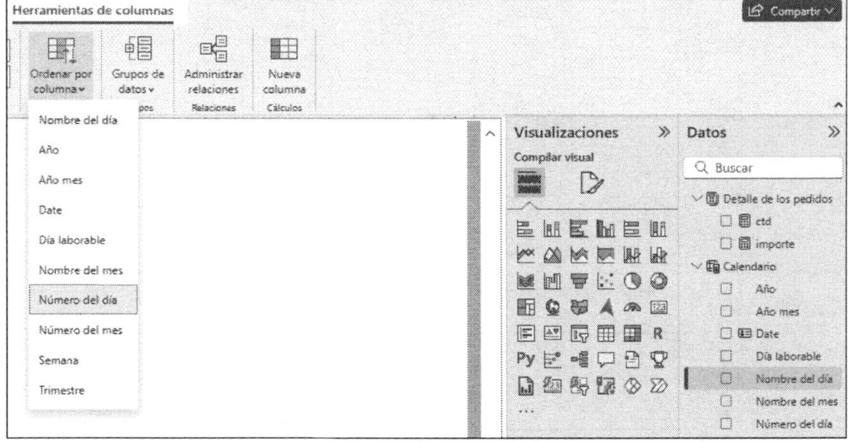
Herramientas de columnas
Compartir
Ordenar por columna
Grupos de datos
Administrar relaciones
Nueva columna
Relaciones
Cálculos
Nombre del día
Año
Año mes
Date
Día laborable
Nombre del mes
Número del día
Número del mes
Semana
Trimestre
Visualizaciones
Compilar visual
Datos
Buscar
Detalle de los pedidos
ctd
importe
Calendario
Año
Año mes
Date
Día laborable
Nombre del día
Nombre del mes
Número del día

Puede optar por ocultar el **número de mes** y el **número del día**.

4. Crear jerarquías

Una **jerarquía** define un vínculo entre diferentes campos organizados de mayor a menor (por ejemplo, **Año**, **Nombre del mes** y **Fecha**). Su interés es doble:

- organizar los datos («ordenarlos»);
- permitir la exploración de datos, una técnica que hace posible «descender» en los datos para mostrar un nivel de detalle más fino (véase el capítulo Sacar el máximo partido a las interacciones, cuya sección Explorar los datos se dedica específicamente a este punto): por ejemplo, partir de una tarjeta Año-Importe y hacer zoom para mostrar Mes-Importe.

✎ Para crear la jerarquía en la tabla **Calendario**, haga clic con el botón derecho en el campo **Año** y elija la opción **Crear jerarquía**.

Se crea una copia del campo original, junto con un nuevo objeto **Año Jerarquía**.

✎ Arrastre los campos **Nombre del mes** y luego **Date** a este objeto **Año Jerarquía** para completarlo.

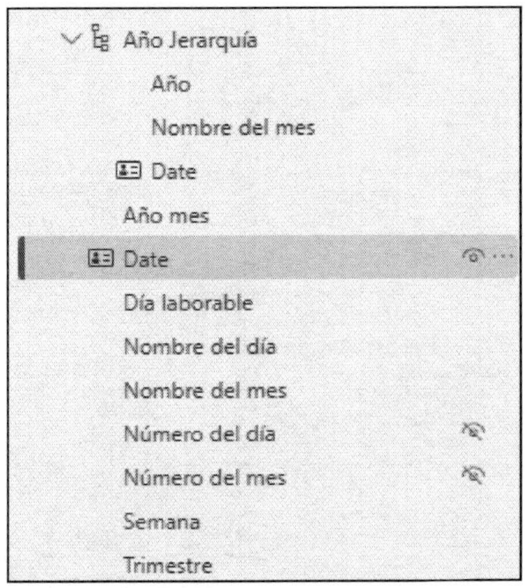

En este caso, le sugiero que oculte los campos iniciales (**Año**, **Nombre del mes** y **Date**), que se han vuelto redundantes.

5. Formato predeterminado de los campos numéricos

- Aplique directamente en la Vista de modelo un formato a los datos numéricos (especialmente a las cantidades) para acelerar la implementación de los visuales.
- En el panel **Datos** de la Vista de modelo, abra la tabla **Detalle de los pedidos** y la tabla **Libros**.
- Con la tecla Ctrl presionada, seleccione los campos **Cantidad, Precio de venta** y **Precio catálogo** (trabajaremos en los tres campos simultáneamente).
- En el área **Formato** del panel **Propiedades**, especifique que desea un **Formato Moneda**, cero decimales y el símbolo **€** para estas cifras:

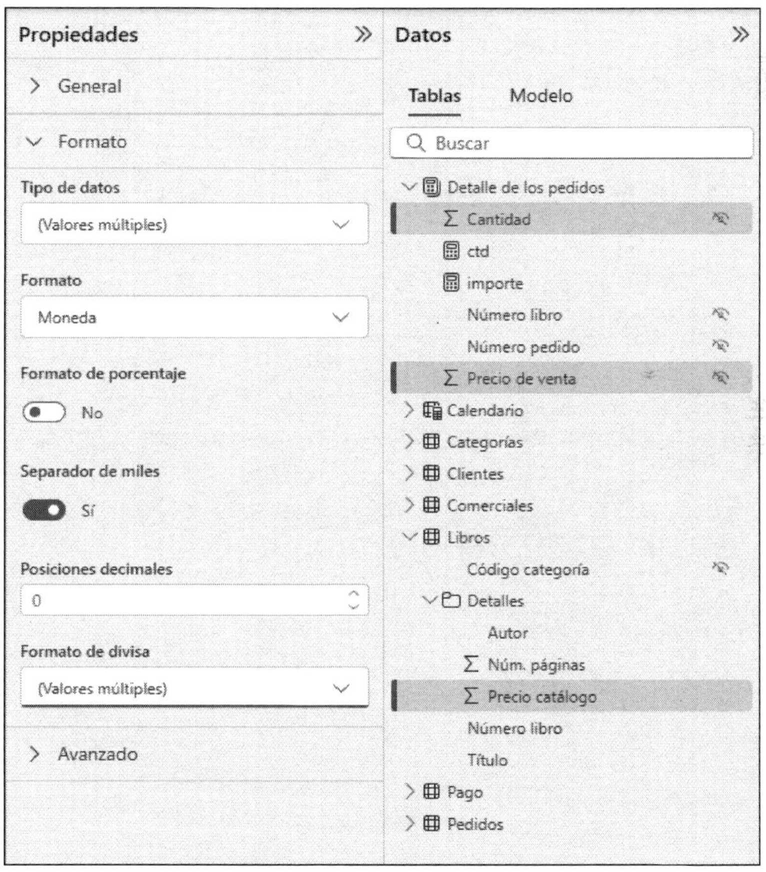

Formatear los datos numéricos evita tener que cambiar el formato de visualización cada vez que se utilizan: poder hacerlo a la vez para varios campos ahorra mucho tiempo. Esto también se puede hacer en otras partes, pero de manera menos eficiente; por ejemplo, en la **Vista de informe**, en la pestaña **Herramientas de columnas** o **Herramientas de medición** que aparecen después de seleccionar un campo:

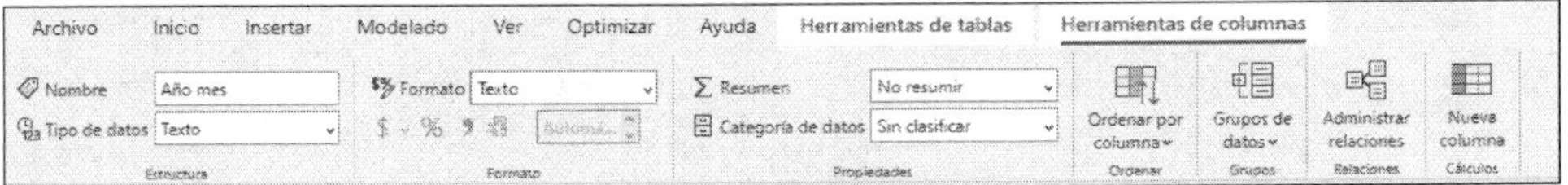

Puede establecer de ambas maneras las propiedades de visualización predeterminadas:

- el tipo de datos se hereda de la consulta (pero se puede cambiar aquí),
- el formato (moneda, decimal, número entero, etc.),
- la divisa de la moneda,
- el formato porcentual,
- el separador de miles,
- y, finalmente, el número de decimales.

I. Usar la vista Diseño

En el caso de modelos con muchas tablas, puede ser útil crear vistas que muestren solo una parte de ellas para mejorar la claridad del modelo.

- En la Vista de modelo, haga clic en el botón **Nuevo diseño**, ubicado en la parte inferior izquierda de la ventana, para crear un nuevo diseño (una nueva pestaña en la Vista de Modelo).
- Cambie el nombre de esta pestaña a **Vista Libros** (haga clic con el botón derecho en la pestaña y luego en **Cambiar nombre**).
- Desde el panel **Datos**, en el lado derecho de la ventana, arrastre las tablas **Categorías**, **Libros** y **Detalle de los pedidos**.

Acaba de crear una vista cuya función es simplemente dar mayor claridad a la visión del conjunto (en nuestro ejemplo, sin embargo, esto es superfluo porque hay pocas tablas). No tiene ningún impacto en el conjunto «real» de tablas y relaciones de la pestaña **Todas las tablas**; es solo una vista:

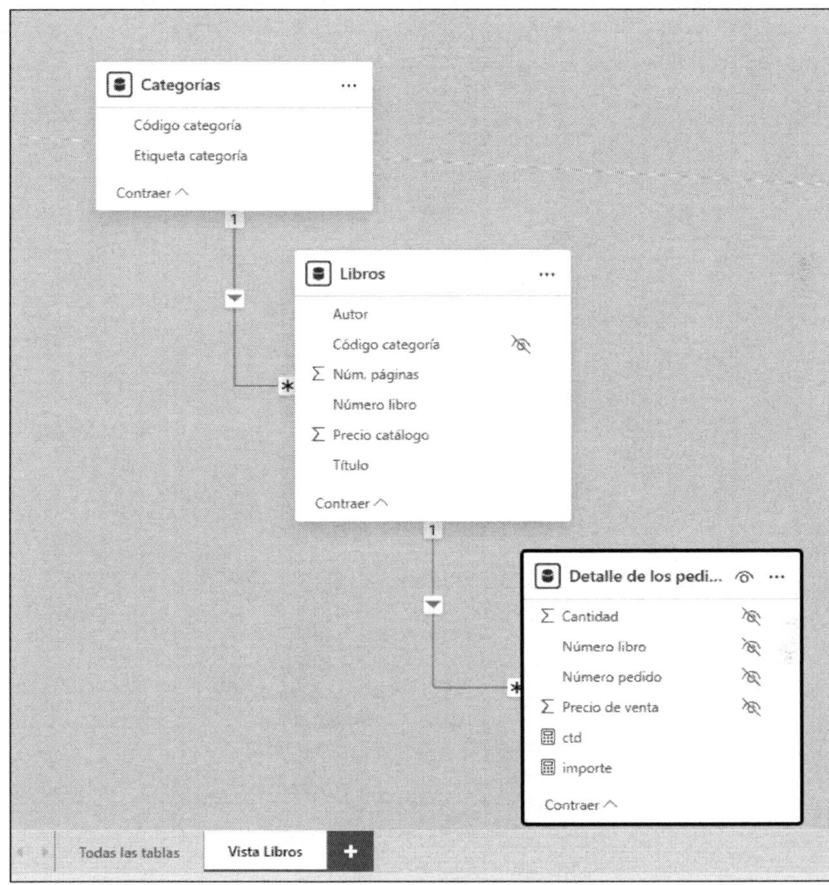

J. Otros aspectos de la Vista de modelo

La Vista de modelo realiza muchas otras funciones que llevaría demasiado tiempo detallar aquí.

Un pequeño apunte sobre la pestaña **Modelo** en el panel **Datos**. Es una incorporación muy reciente y actúa como un centro de control de todo lo relacionado con el modelo (relaciones, medidas, tablas, roles de seguridad, jerarquías, etc.).

En esta pestaña, los conocedores de DAX encontrarán una herramienta especialmente interesante: los grupos de cálculo.

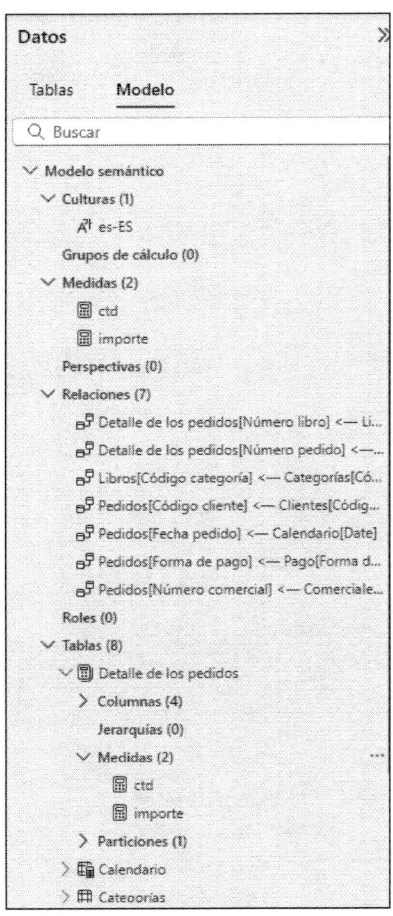

El archivo **Libros04.pbix**, que se encuentra en el directorio Ejemplos, recoge todo el trabajo realizado durante este capítulo.

Capítulo 5
Visualizar los datos

A. Introducción

En este capítulo, la construcción del informe mediante la exploración de una variedad de objetos visuales (que en este libro llamamos simplemente «visuales») se basa en el archivo **Libros.pbix** que usó en el capítulo anterior.

También puede partir del archivo **Books04.pbix** que encontrará en el directorio **Ejemplos**. El resultado final de este capítulo se guardará en **Libros05.pbix**.

Analizaremos juntos el método general de creación de visuales, las reglas para crear un informe y, por supuesto, una selección de los visuales más útiles e importantes en Power BI.

B. Conceptos clave

El diseño de gráficos y tablas (los visuales) y de sus interacciones no representa la parte más difícil de Power BI, ni mucho menos, y es probablemente la más gratificante: los datos adquieren rápidamente forma a través de la variedad de visuales disponibles en la herramienta, complementadas con una amplia selección de visuales adicionales descargables desde el Marketplace.

La creación de visuales puede llevar, de manera natural, a definir nuevas medidas o columnas, e incluso a revisar la consulta inicial. Del mismo modo, las interacciones se pueden ajustar de forma progresiva. La división del análisis en tres etapas es más una guía que una regla estricta.

1. Archivo, informe, objeto visual, interacciones y marcador

El archivo generado por Power BI tiene la extensión. PBIX: Se compone de un conjunto de pestañas, o **páginas**, en las que se crean los **informes** mediante el ensamblaje de elementos visuales (que aquí abreviamos como «visuales»).

*El término **panel de control** se usa a menudo como equivalente a informe, ya que ambos presentan un conjunto de visuales agrupados en una página, y usaré ambos términos en este capítulo. Sin embargo, tenga en cuenta que, en el entorno de Power BI Service, el panel es un objeto especial, independiente del informe. Abordaremos esto en el breve capítulo dedicado a este entorno.*

Los visuales son esencialmente de cuatro tipos:

- gráficos (por ejemplo, columnas, líneas, mapa);
- tablas simples o dinámicas (llamadas matrices);
- tarjetas (visualización de un dato muy resumido, una cantidad global, por ejemplo);
- segmentos (filtros gráficos, casillas de verificación, listas, que el usuario del informe podrá variar).

Los objetos gráficos (líneas, cuadros, imágenes, botones y cuadros de texto) se utilizan para completar y «vestir» el informe, así como los temas gráficos (paleta de colores, propiedad predeterminada de los visuales).

Las interacciones tienen lugar entre los visuales: en términos generales, un elemento visual puede filtrar o resaltar la totalidad o parte de los demás.

La configuración de las interacciones se puede cambiar para que corresponda exactamente con el comportamiento deseado para el informe. Este es un tema que desarrollaremos en el próximo capítulo.

Por último, los diferentes estados de un informe o de diferentes informes pueden formar una serie de instantáneas (marcadores) con la intención de introducir una forma de narración (contar los datos) o facilitar la navegación. Este tema se trata en el capítulo Sacar el máximo partido a las interacciones, que se centra en las interacciones mediante segmentos, marcadores y botones de navegación.

2. Método general

Para agregar un visual a un informe, la mayoría de las veces procederá del siguiente modo:

- selección de los datos en el panel **Datos**;
- elección del visual en el panel **Visualizaciones**;
- _Dar formato al visual mediante la pestaña **Formato** del panel **Visualizaciones**.

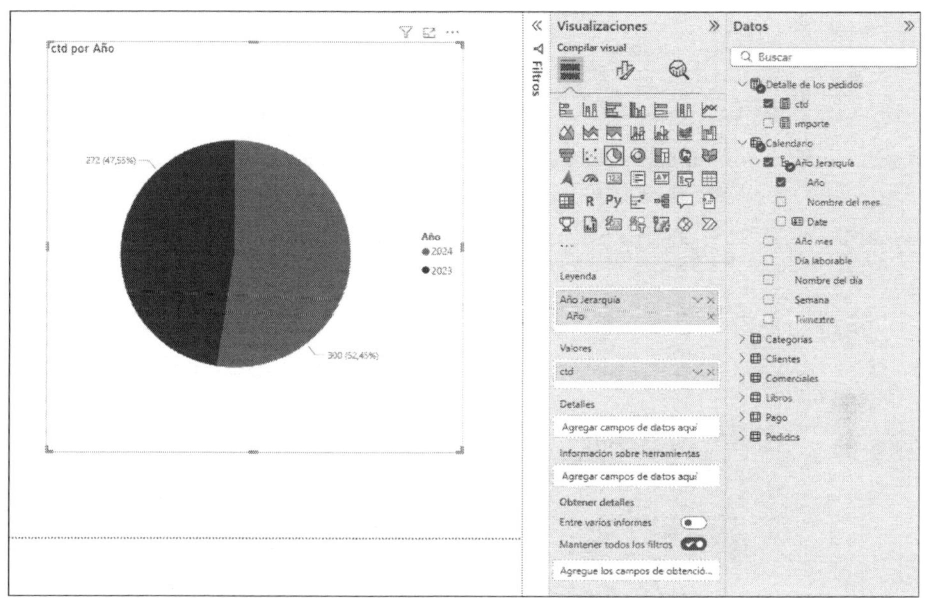

Un gráfico circular (sin ningún formato en particular), que muestra las cantidades anuales

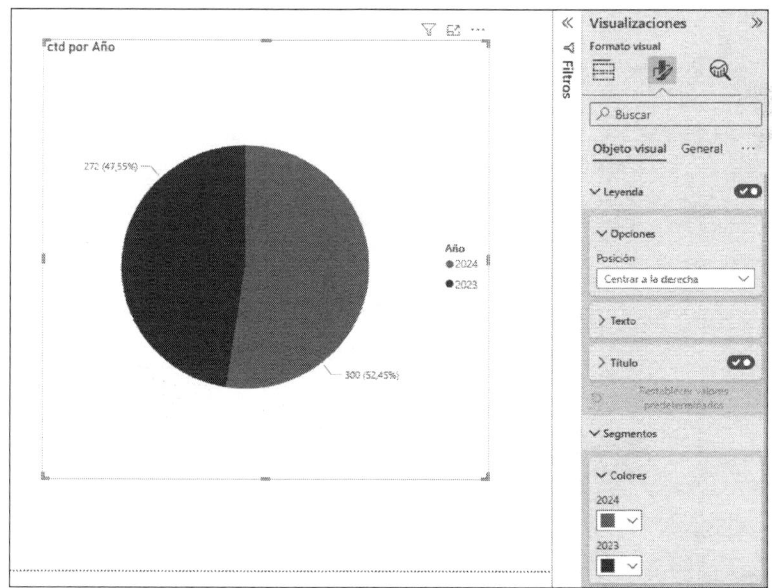

*Ejemplos de las propiedades del objeto visual (observe el pictograma de pincel en el panel **Visualizaciones** que proporciona acceso a las propiedades)*

- A continuación, cancele la selección del visual para poder crear otro.

¡No hay nada más complicado que eso!

3. El concepto nuclear de Power BI: el contexto del filtro

Ya hemos mencionado este concepto, el núcleo de Power BI, pero no dudo en explicarlo aquí, ya que esta noción determina todo lo que se ve en el informe.

Imagine el siguiente informe:

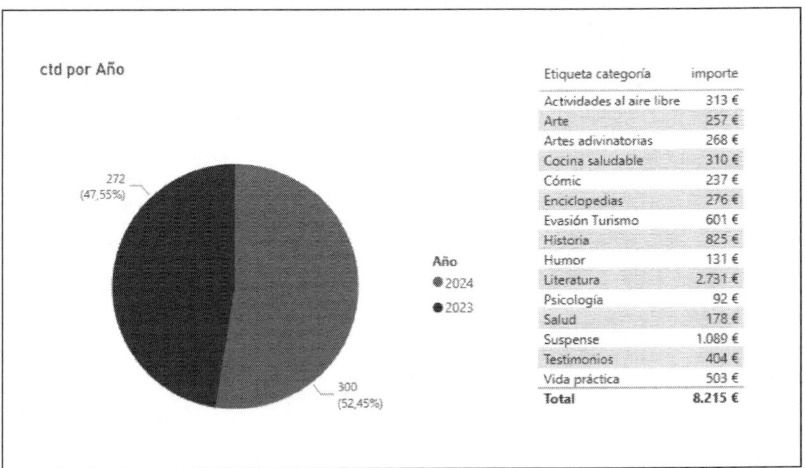

Etiqueta categoría	importe
Actividades al aire libre	313 €
Arte	257 €
Artes adivinatorias	268 €
Cocina saludable	310 €
Cómic	237 €
Enciclopedias	276 €
Evasión Turismo	601 €
Historia	825 €
Humor	131 €
Literatura	2.731 €
Psicología	92 €
Salud	178 €
Suspense	1.089 €
Testimonios	404 €
Vida práctica	503 €
Total	**8.215 €**

Un clic en uno de los sectores (**2024**, por ejemplo) activa un filtro en los demás visuales. Observe el resultado en la tabla:

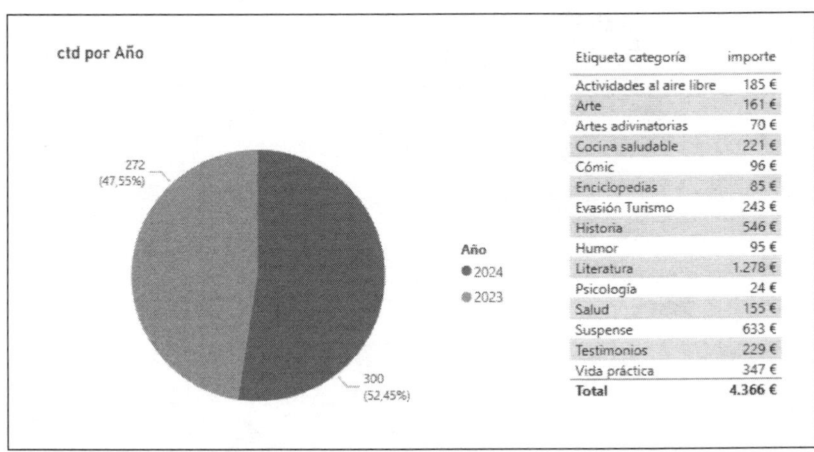

Etiqueta categoría	importe
Actividades al aire libre	185 €
Arte	161 €
Artes adivinatorias	70 €
Cocina saludable	221 €
Cómic	96 €
Enciclopedias	85 €
Evasión Turismo	243 €
Historia	546 €
Humor	95 €
Literatura	1.278 €
Psicología	24 €
Salud	155 €
Suspense	633 €
Testimonios	229 €
Vida práctica	347 €
Total	**4.366 €**

Los valores han cambiado y ahora solo muestran los datos de 2024

Si vuelve a hacer clic en el mismo sector, el filtro se deshabilita y la tabla vuelve a mostrar los importes originales (**2023** y **2024**).

Lo mismo ocurre si se hace clic en una fila de la tabla (**Literatura**):

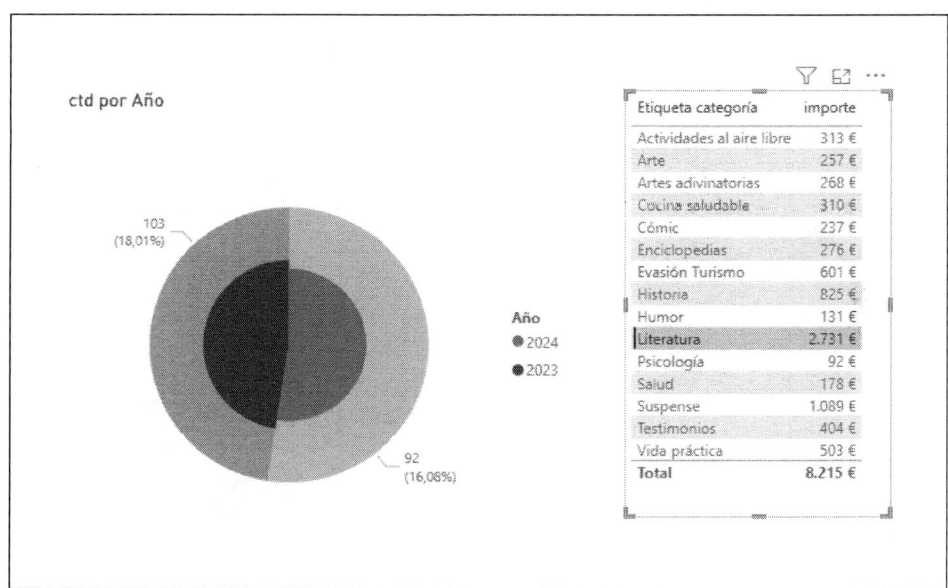

Etiqueta categoría	importe
Actividades al aire libre	313 €
Arte	257 €
Artes adivinatorias	268 €
Cocina saludable	310 €
Cómic	237 €
Enciclopedias	276 €
Evasión Turismo	601 €
Historia	825 €
Humor	131 €
Literatura	2.731 €
Psicología	92 €
Salud	178 €
Suspense	1.089 €
Testimonios	404 €
Vida práctica	503 €
Total	**8.215 €**

El filtro **Literatura** destaca la parte de cada sector que se relaciona con esa categoría.

Este comportamiento es una característica propia de Power BI y se conoce como interacciones entre los visuales. Estas interacciones se pueden ajustar con gran precisión o desactivar por completo.

En principio, se trata de activar un filtro. En términos de Power BI, esto significa añadir un filtro al contexto (en el primer caso, se añade **Año = 2024;** en el segundo, **Etiqueta categoría = Literatura**). Por lo tanto, hablaremos del **contexto de filtro**.

Este concepto, que es realmente central en Power BI, no solo explica las interacciones entre los objetos visuales, sino también el resultado proporcionado por las fórmulas en DAX.

Observe que **Año** y **Etiqueta categoría** son columnas de las tablas: de hecho, el papel de las columnas es definir el contexto del filtro. Las medidas no tienen esta capacidad.

4. Cómo crear un visual (primera aproximación)

Echemos ahora un vistazo a la creación de un visual. Aparte de ciertas propiedades específicas de cada visual, el proceso es idéntico independientemente del tipo de visual creado.

La idea es crear un gráfico circular que muestre las cantidades por año y personalizarlo utilizando las siguientes propiedades:

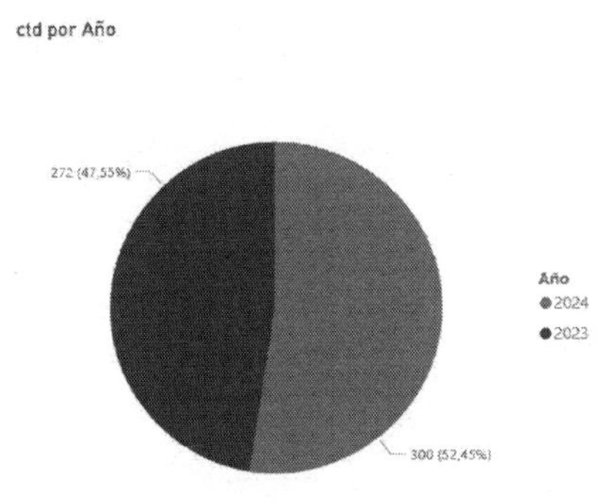

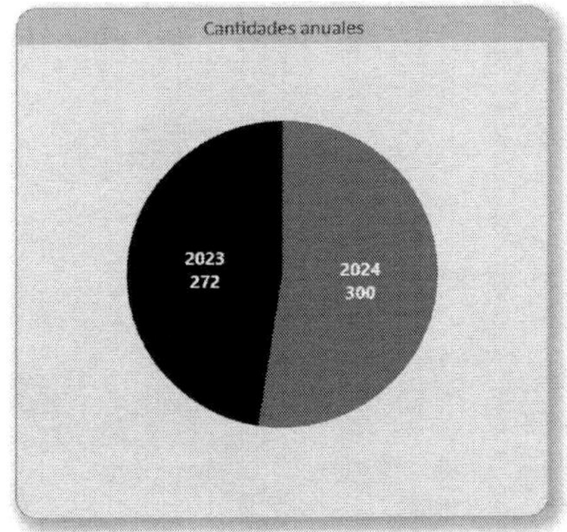

A la izquierda, el formato predeterminado; a la derecha, el gráfico personalizado

Para llevar a cabo este trabajo:

- Abra el archivo **Libros.pbix** (o el archivo **Libros04.pbix** en el directorio **Ejemplos**).
- En el panel **Datos**, seleccione **Año** y la medida ctd marcando las casillas de verificación correspondientes:

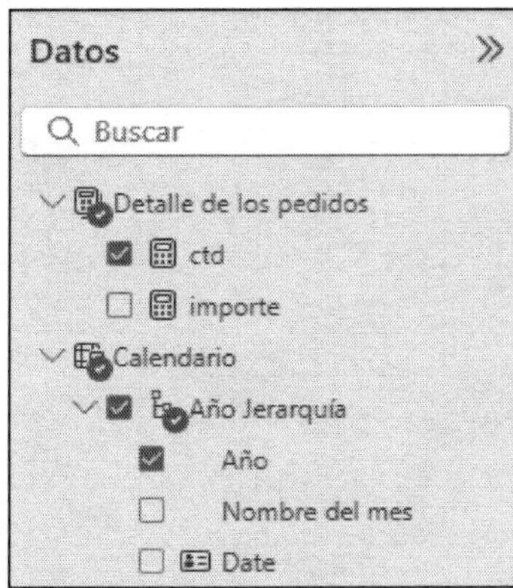

En la página del informe, el resultado se presenta como una tabla simple.

✎ En el panel **Visualizaciones**, haga clic en el pictograma del **gráfico circular**:

La tabla se cambia inmediatamente a un gráfico circular.

✎ Ahora, experimentemos con las propiedades para personalizar el gráfico. Para ello, asegúrese de que esté seleccionado (aparece un pequeño borde gris alrededor del gráfico y, en los paneles **Datos** y **Visualizaciones**, los campos están seleccionados y visibles). Si no está seleccionado, haga clic en el gráfico.

✎ En el panel **Visualizaciones**, haga clic en el botón **Dar formato al diseño** para ver las propiedades de formato:

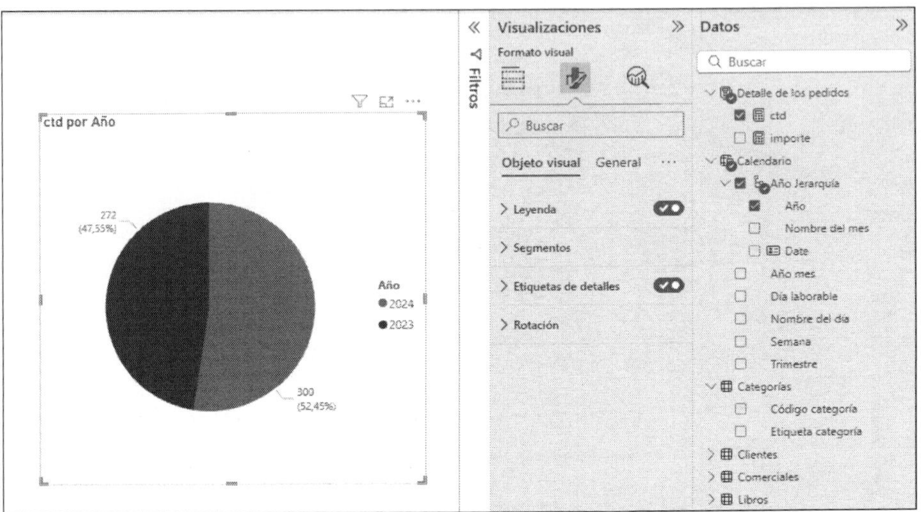

Se selecciona el gráfico y el panel **Visualizaciones** *muestra las opciones de formato*

Las propiedades se organizan en dos categorías: las que son específicas de ese visual (pestaña **Objeto visual**) y las que también encontrará con la mayoría de los demás visuales, como el título o el borde (pestaña **General**).

Para lograr el resultado deseado, en la pestaña **Objeto visual**:

- desactive la leyenda;
- cambie el color de un segmento;
- edite las etiquetas (lo que se muestra en el gráfico, el año y la cantidad).

A continuación, iremos a la pestaña **General** para:

- cambiar el título;
- añadir un fondo;
- añadir un borde;
- añadir una sombra.

- Comience por desactivar la leyenda haciendo clic en el botón de alternancia. Como puede ver, el resultado se aplica inmediatamente.
- Abra la sección **Segmentos** y cambie el color del segmento **2023** usando el menú desplegable.
- Abra la sección **Etiquetas de detalles** y, en el menú desplegable **Posición**, elija **Interna**.
- En la misma zona, elija **Categoría, valor de los datos** en el menú desplegable **Contenido de la etiqueta**.
- Abra la subzona **Valores** para ajustar la fuente y su color.

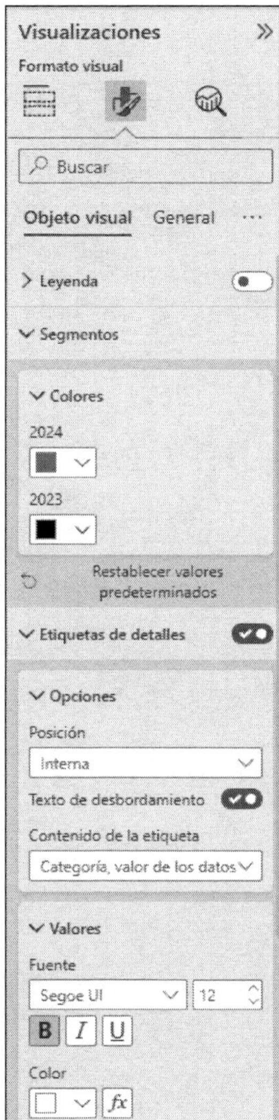

Ahora pasemos a las propiedades generales:

- Con el gráfico aún seleccionado, en la pestaña **General** del panel **Visualizaciones**, abra el tema **Título**. En la subzona **Título**, cambie el texto, la fuente, agregue un color de fondo y centre el título.
- Vaya a **Efectos**. En la subzona **Fondo**, cambie el color y juegue con la transparencia.
- Active la subzona **Borde visual**, elija un color y ajuste la propiedad **Esquinas redondeadas** como desee.

- Activa la subzona **Sombra**.
- Guarde el archivo.

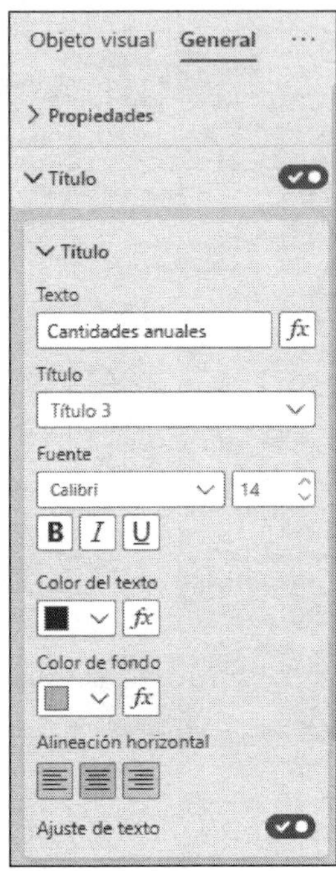

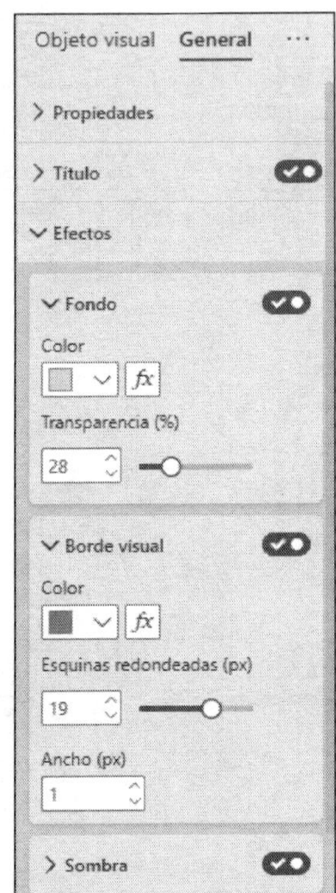

¡Eso es todo! La creación de todos los demás visuales se basa en el mismo principio.

En Power BI existe también la noción de **tema**. *En el nivel básico, un tema es una paleta de colores y características tipográficas. Pero también es habitual crear un tema mucho más detallado, donde se pueden establecer las propiedades de cada tipo de visual. En este caso, el trabajo que acabamos de realizar se aplica automáticamente: ¡un ahorro de tiempo importante! Veremos este punto en uno de los siguientes apartados.*

5. Ejemplos de visuales

El objetivo aquí es simplemente mostrar diferentes ejemplos de los visuales más comunes, para que se haga una idea de las posibilidades. Su construcción es el tema del resto de este capítulo.

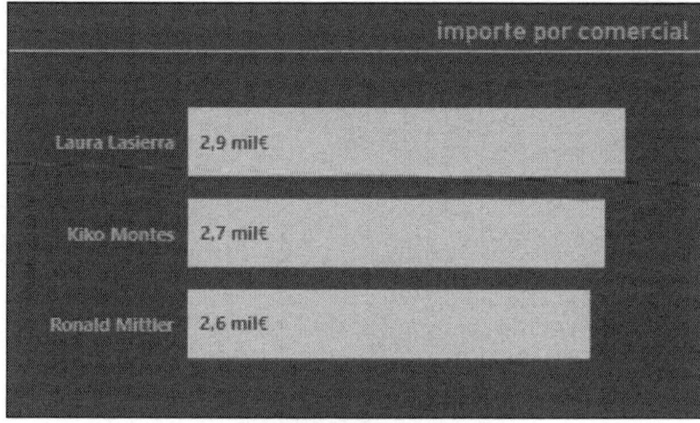

Gráfico de barras agrupadas

Año mes	importe
202307	959 €
202308	761 €
202309	550 €
202310	690 €
202311	515 €
202312	372 €
202401	438 €
202402	336 €
202403	1.001 €
202404	247 €
202405	445 €
202406	368 €
202407	965 €
202408	338 €
202409	228 €
Total	8.215 €

Tabla sencilla

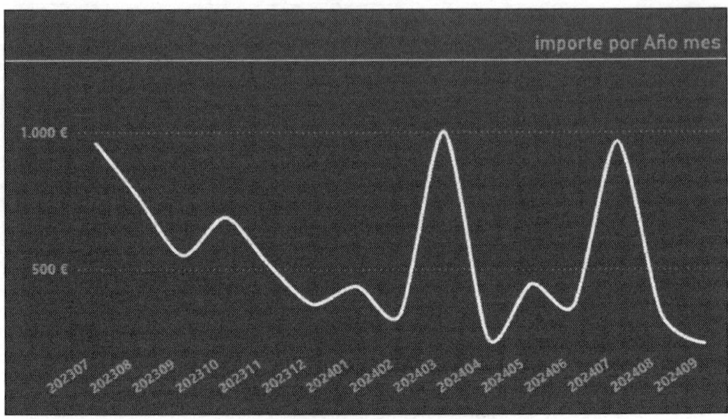

Gráfico de líneas

Tarjeta

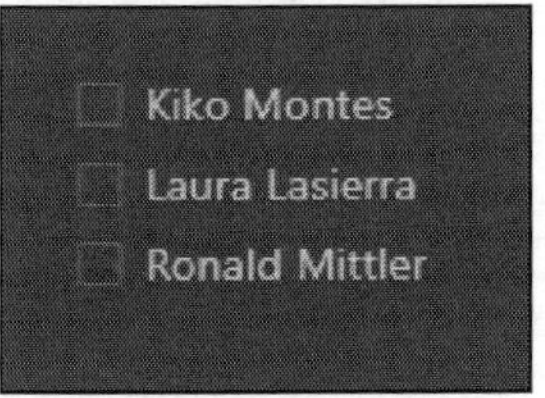

El segmento, que le permite filtrar

C. Componer un informe

1. Analizar la necesidad y el objetivo general

La simplicidad y rapidez en la creación de visuales tiene un inconveniente: es fácil excederse y perder de vista el objetivo principal del informe, que es transmitir información clara y lo suficientemente precisa, generalmente más resumida que detallada (al menos en la apertura del informe), adaptada al medio en el que se va a consultar (papel, tableta, teléfono, ordenador), haciendo un uso acertado de los colores e introduciendo las interacciones necesarias con el usuario.

En el lenguaje de los desarrolladores, hablaremos de *un framework*. De forma más prosaica, se trata de hacerse una idea clara de lo que se quiere mostrar en el informe, qué métricas (importes, cantidades, números, etc.), qué fuentes de datos están disponibles y cómo va a interactuar el usuario con el informe, cómo navegará entre las diferentes páginas y otros marcadores.

Un framework puede ser un documento complejo y detallado. En un nivel inferior, puede ser útil un pequeño storyboard.

La fase de análisis de necesidades acelera la creación del informe y ayuda a evitar los escollos mencionados anteriormente.

He aquí, a título de ejemplo, algunas cuestiones que deberían tenerse en cuenta:

- ¿A quién va dirigido el informe?
  - ¿A la Dirección? El resultado será global y transversal.
  - ¿A los mandos intermedios? El resultado será concreto.
  - ¿A los analistas? El informe permitirá una exploración detallada.
  - ¿Al público general? El informe debe ser muy sencillo y rápido de leer, y proporcionar muchas explicaciones.
- ¿Qué decisión se debe tomar usando el informe? ¿Qué pregunta debería responderse?
  - ¿Se trata de informar y comunicar?
  - ¿De seguir objetivos y progresiones?
  - ¿De destacar y alertar?
- ¿Cuáles son los indicadores clave y sus reglas de cálculo?
  - ¿Existen vínculos entre los indicadores de tipo causa y efecto?
  - ¿Podrá el usuario interactuar con el informe?
  - ¿Conoce los datos?
- ¿Con qué frecuencia y cómo se actualizará el informe?
  - ¿Manualmente?
  - ¿Automáticamente?

- ¿Cómo se consultará el informe?
  - ¿En la pantalla de un ordenador?
  - ¿En una tableta?
  - ¿En un teléfono?
  - ¿En papel?

2. Reglas de ergonomía

La ergonomía del informe se refiere a su eficacia en el cumplimiento del objetivo que se le ha marcado.

Desde este punto de vista, la regla de oro es la legibilidad, que la mayoría de las veces es sinónimo de simplicidad: un estilo gráfico discreto, un fondo neutro, colores utilizados de manera juiciosa y homogénea en todos los visuales elegidos y en todas las páginas, la eliminación de información inútil o redundante (un título o un eje a menudo duplica la información visible en el gráfico).

Una vez creados los visuales, el informe necesita algunos ajustes. He aquí algunas sugerencias generales que puede seguir:

- nombrar claramente lo que se muestra;
- colocar los visuales acorde al sentido de lectura;
- alinearlos entre sí;
- no multiplicar los tipos de visuales;
- evitar las tablas con demasiadas filas;
- simplificar las cifras en millones o en miles tanto como sea posible;
- eliminar toda la información redundante;
- usar los colores con moderación y solo para aportar significado (categoría particular, alerta, alcanzar un umbral);
- agrupar y colocar en un lateral las herramientas que permiten la interacción.

Desde un punto de vista global, existe una dirección natural de lectura: el ojo parte de un punto situado en la parte superior izquierda y llega a otro punto situado en la parte inferior derecha. Por lo tanto, es en el cuadrante superior izquierdo donde habitualmente se colocan los datos considerados más importantes, en forma resumida si se trata de números, así como las herramientas de interacción (llamadas segmentos); en el resto de la página se colocan visuales explicativos o más detallados.

3. Los componentes visuales: textos, botones, formas e imágenes

Además de los visuales que muestran datos del origen, un informe contiene elementos sin datos que también son importantes.

Los enumeramos a continuación; veremos en las siguientes secciones cómo implementarlos.

a. El lienzo

Empecemos por el fondo de la página o lienzo. Como ha visto, el fondo estándar es de un blanco que aburre rápidamente. Es habitual vestir este fondo, ya sea aplicando un color plano (un negro intenso o un verde pastel, por ejemplo), ya sea insertando una imagen para rellenar el fondo de la página.

La creación de esta imagen puede ser responsabilidad del departamento gráfico de la empresa, como es el caso, por ejemplo, de los diseños gráficos utilizados en PowerPoint.

Una técnica simple, rápida y efectiva para crear un fondo de página: compóngalo usando PowerPoint y luego exporte la diapositiva en formato SVG.

El fondo de la página debe ser homogéneo: puede optar por un fondo oscuro o un fondo claro, pero no mezcle los dos, ya que eso haría que algunos de los datos resultasen ilegibles.

Al insertar un fondo de página, puede jugar con la transparencia. Cuanto más transparente sea, más discreto resultará y más conseguirá que destaquen sus imágenes.

b. Los cuadros de texto, las formas y las imágenes

Se utilizan para dos propósitos: para dar un título a su página y para agregar áreas de explicaciones, comentarios, instrucciones de uso.

Los cuadros de texto pueden contener elementos dinámicos, lo que hace que insertarlos sea particularmente interesante.

Las formas son formas geométricas muy simples (rectángulo, flecha, círculo), muy similares a lo que se encuentra en PowerPoint.

Por último, las imágenes se pueden utilizar para añadir un toque gráfico a su informe, y muy a menudo se emplean para añadir un logotipo (el de su empresa, su departamento, etc.).

c. Los botones

Por simple que resulte, este objeto juega un papel importante en la navegación de su informe (la «experiencia de usuario») y se ha desarrollado mucho. Hay diferentes tipos de botones, a los que se asocian acciones que permiten pasar de una página a otra, de un marcador a otro, abrir una página web, etc.

Los botones integrados en Power BI Desktop se pueden usar ahí, pero su implementación está pensada principalmente para informes publicados en Power BI Service.

4. Configuración del entorno gráfico del informe

Esto incluye el fondo y el tamaño de la página, el tema y otros elementos de ajuste del informe.

Hay dos formas de abordar este aspecto del trabajo: hacerlo a mano, es decir, establecer las propiedades de la página y los diferentes visuales individualmente (utilizando la herramienta **Formato** , esa que conoce de otras aplicaciones de Office) o hacerlo mediante un tema, donde se puede predefinir un conjunto de propiedades. Este enfoque es particularmente efectivo: lo abordaremos en la sección correspondiente.

Veremos el primer método con fines educativos.

5. Preparar la página y crear una página de plantilla

El tamaño de la página se establece en 16:9 de forma predeterminada: este es el tamaño de una pantalla, que es probablemente el medio en el que consultará sus informes.

Sin embargo, es posible cambiar esta propiedad para necesidades específicas (por ejemplo, crear un póster).

✎ Para agregar una página, haga clic en el signo + a la derecha de la pestaña **Página 1** en la parte inferior de la pantalla.

- Para personalizar el tamaño de la página, vaya al panel **Visualizaciones**, pestaña **Dar formato a la página del informe**. En la sección **Configuración del lienzo**, en la lista desplegable **Tipo**, elija **Personalizado** y ajuste el alto y el ancho:

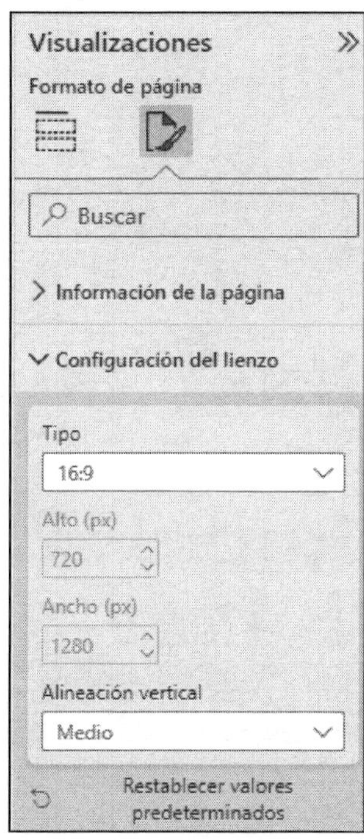

La relación de aspecto 16:9 es la más común

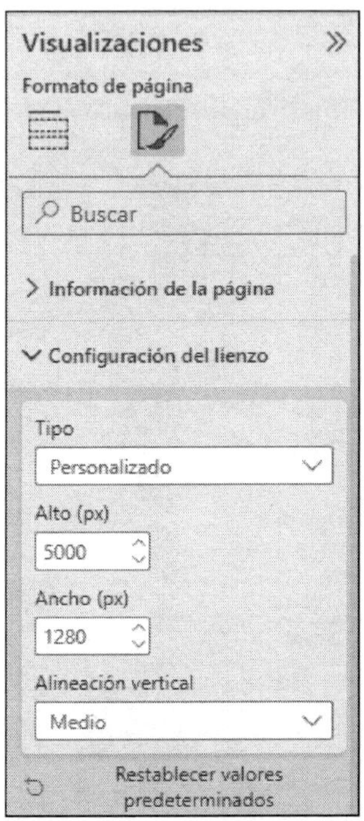

Un ejemplo de formato personalizado (aquí, un póster)

El fondo de la página se define en el mismo lugar, en la sección **Fondo del lienzo**. Puede optar por aplicar un fondo de color sólido o agregar una imagen. Eso es lo que vamos a hacer aquí.

El archivo **fondo.svg** se preparó en PowerPoint. Se trata de una diapositiva con un fondo oscuro que contiene imágenes y un trazo que luego se exportó a formato SVG. Está disponible en el directorio **Origen**.

Para aplicar este fondo:

- En la página en blanco, en el panel Visualizaciones, haga clic en la pestaña **Dar formato a la página del informe**. Abra la sección **Fondo del lienzo**.
- Haga clic en el área **Imagen** para examinar sus carpetas. Busque **fondo.svg** y haga clic en **Abrir**.
- En la lista desplegable **Ajuste de imagen**, puede dejar **Normal** (dado que la imagen original ya está en una relación de aspecto de 16:9) o elegir **Ajustar**.

Tenga en cuenta que la transparencia, que por defecto es del 100 %, debe establecerse en el 0 % para que aparezca la imagen. También puede aumentar este factor para que la imagen sea más discreta.

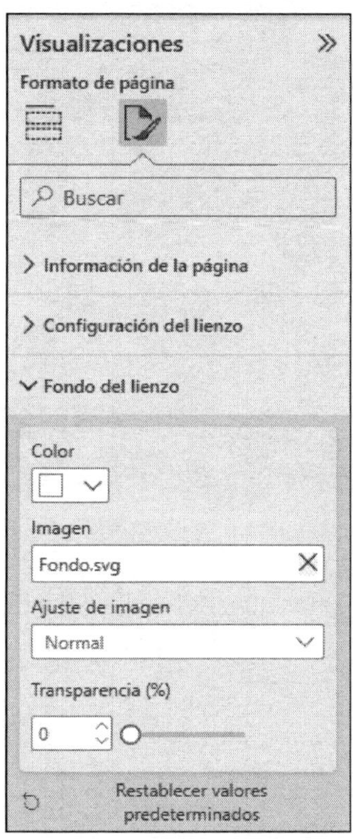

Obtendrá el siguiente resultado:

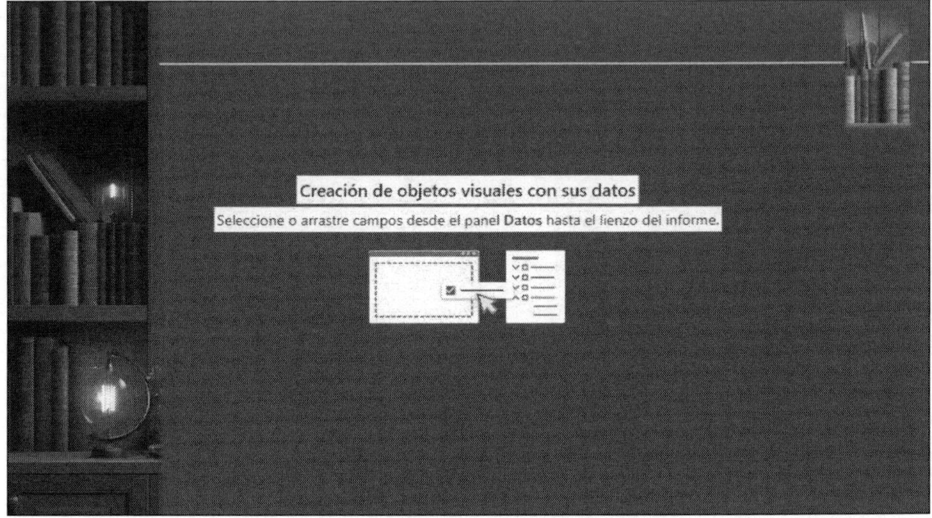

La presentación es mucho más atractiva

*En caso de que su informe contenga varias páginas (algo habitual), le sugiero que nombre esta página como **Plantilla** (un doble clic en el nombre de la pestaña, en la parte inferior de la pantalla, le permite cambiarlo). Cada vez que necesite agregar una página al informe, simplemente duplique esta página de plantilla (haga clic con el botón derecho en la pestaña de la página y seleccione **Duplicar**).*

6. Usar y crear un tema

Tomado en su acepción más simple, un **tema** es una paleta de colores. Es fácil personalizar un tema y aplicar una identidad gráfica específica a cada organización (que puede haber sido definida por el departamento de Comunicación, a menudo asociada a presentaciones en PowerPoint). El uso del código HEX del color (definido por seis caracteres precedidos de #; por ejemplo, #E66C37 para el naranja) permite una elección muy precisa.

Sin embargo, un tema también puede contener información de formato muy detallada para cada tipo de visual. Si llevamos esta lógica al extremo, significa que todo el formato puede automatizarse por completo, lo que resulta en un ahorro significativo de tiempo y en una mayor homogeneidad. Un tema, de hecho, es un simple archivo de texto (en formato JSON), que es fácil de compartir con otros usuarios de Power BI.

Es importante tener en cuenta que un tema se aplica a todas las páginas de su documento.

a. Elegir un tema

Para elegir su tema o cambiar de tema:

✎ Haga clic en la pestaña **Ver** y abra la galería **Temas**.

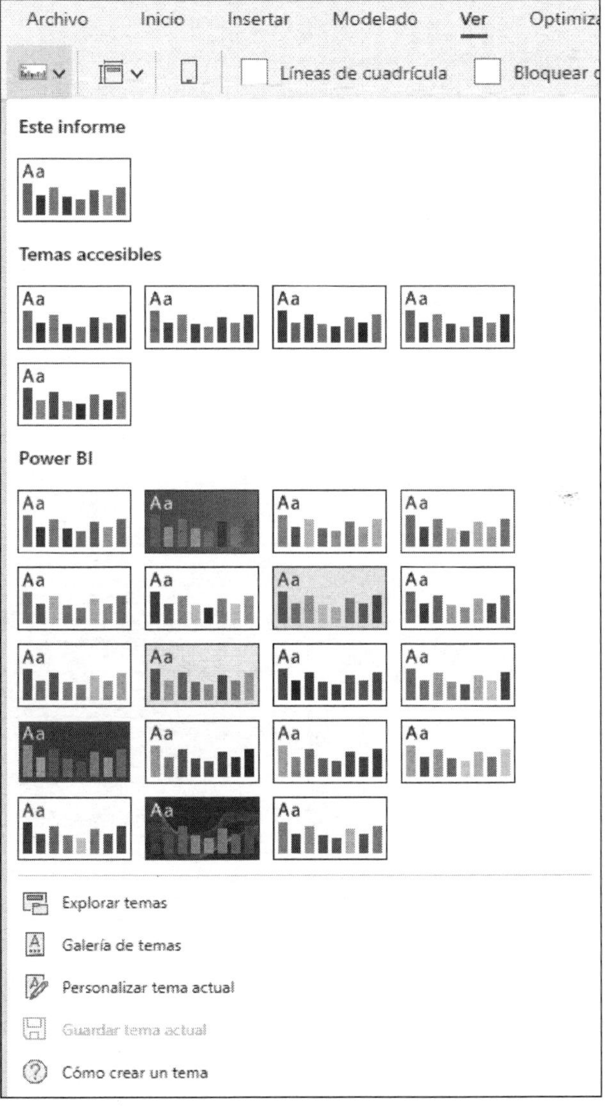

Si tenemos en cuenta el tono general de nuestro fondo, el tema **Neutral accesible**, el cuarto de la segunda fila, con sus marrones y grises, parece una buena elección.

✎ Seleccione este tema.

b. Personalizar y guardar un tema

El objetivo de usar un tema es reducir el tiempo dedicado a formatear sus visuales e informes.

Personalizar o crear un tema implica, al menos, definir la paleta de colores. Nada podría ser más simple y rápido, especialmente si dispone de los códigos de colores.

✎ En la pestaña **Ver**, abra la galería **Temas** y seleccione la opción **Personalizar tema actual**.

✎ Asigne un nuevo nombre al tema: **Personalizado 1**.

✎ Abra el menú desplegable **Color 1** y escriba #DFD1C7 en el cuadro **Hexadecimal**:

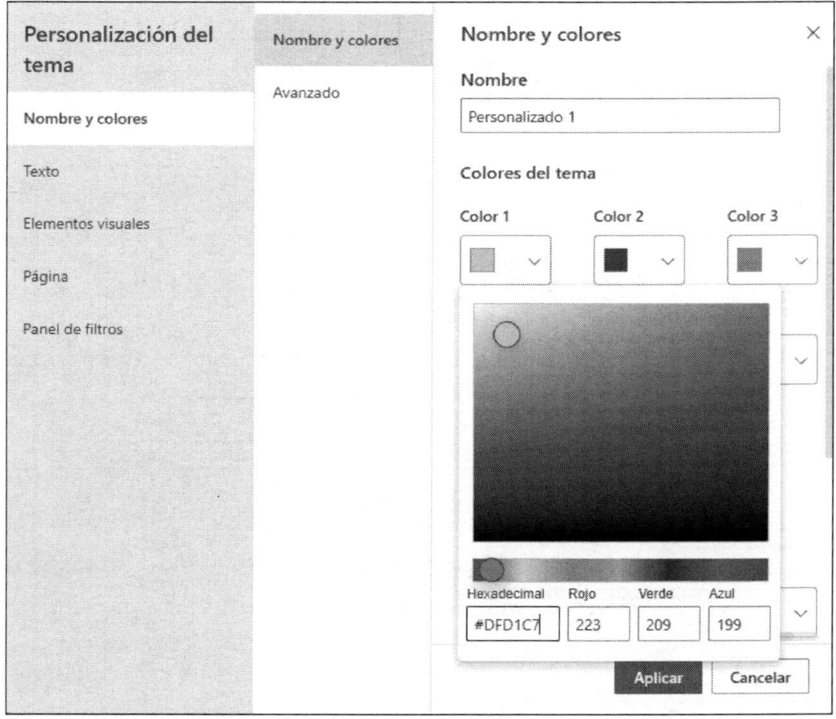

✎ Repita el procedimiento para el **Color 2** (código HEX #9EADB0) y el **Color 4** (código HEX #E6E6E6).

- Antes de aplicar, haga clic en la sección **Texto**, en el lado izquierdo de la ventana, para cambiar el color general del texto.
- Abra el menú desplegable **Color de fuente** y escriba #DFD1C7 en el cuadro **Hexadecimal**.
- Por último, en la sección **Elementos visuales**, zona **Fondo**, lleve la transparencia al 100 %: se trata del fondo de los visuales. Lo hacemos transparente para que las imágenes encajen de forma más natural en nuestra página (por defecto, el fondo es blanco).
- Haga clic en **Aplicar**.
- Coloque el cursor sobre el primer tema en la galería **Temas** de la pestaña **Ver**.

Una descripción emergente confirma que estamos utilizando el tema **Personalizado 1**:

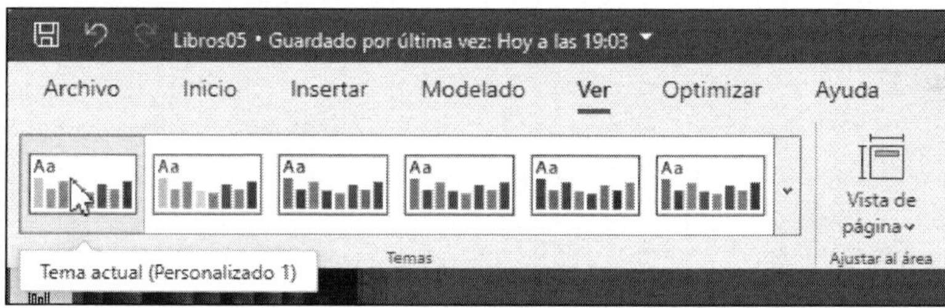

Es posible que desee reutilizar este tema, mejorándolo cada vez, para otros informes. Basta con que lo guarde:

- Abra la galería **Temas** y seleccione la opción **Guardar tema actual**.
- Asigne un nuevo nombre al archivo **Personalizado 1** y haga clic en **Guardar**.
  Acaba de crear un archivo JSON.

El método que acabamos de ver es sencillo y directamente accesible desde Power BI. No obstante, existe otro método, más completo, que permite definir de forma muy precisa la apariencia general del informe y la específica de cada tipo de visual.

Un sitio web como https://themegenerator.point-gmbh.com/de/Home permite crear visualmente un tema completo de Power BI sin necesidad de código y descargar el archivo JSON.

*El sitio no es muy complicado de utilizar, ya que cada sección que contiene corresponde a las propiedades que se encuentran en la pestaña **Dar formato** del panel **Visualizaciones** de Power BI.*

c. Importar un tema

Y ahora que ha creado el tema, ¿cómo lo importa a la hora de crear un nuevo archivo? El procedimiento es sencillo (¡pero no es necesario hacerlo aquí!).

- Una vez que haya abierto su nuevo archivo, haga clic en la pestaña **Ver** y luego abra la galería **Temas** y seleccione la opción **Explorar temas**.
- Busque en su disco duro la ubicación del archivo JSON (el tema que desea usar), seleccione el archivo y haga clic en **Abrir**.
- Un mensaje confirma que el tema está listo. Haga clic en **Entendido**.

El tema ahora se aplica a todas las páginas del informe.

D. La elección del tipo de visual

1. Las familias de visuales

En la parte superior del panel **Visualizaciones**, los aproximadamente cuarenta tipos de visuales se dividen en cuatro familias:

- Visuales comunes, barras, líneas, segmentación, tabla, entre otros. En la siguiente ilustración, los visuales enmarcados son las más importantes.

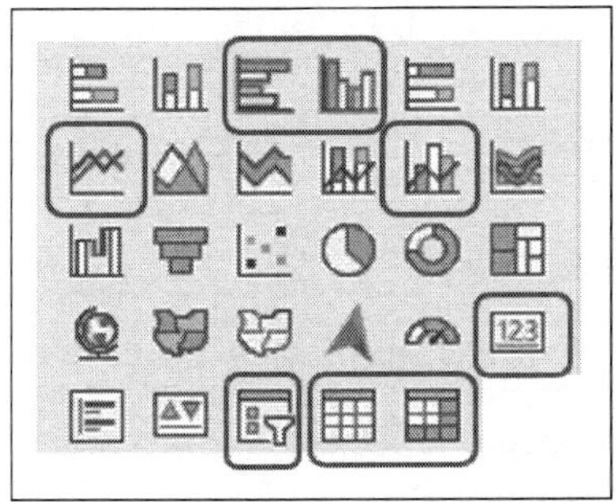

- Visuales avanzados: son más complejos, o incluso implican el uso de código (Python o R).

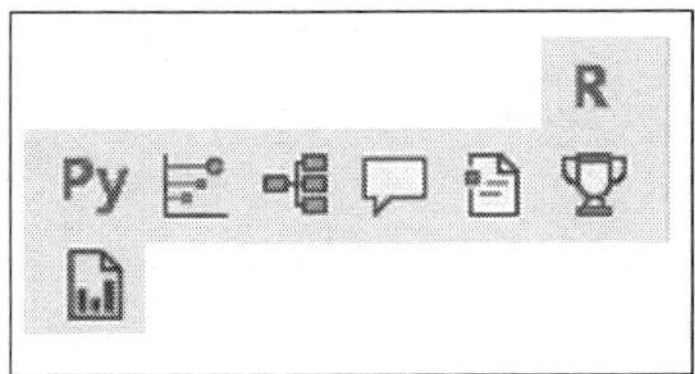

- Estos visuales resultan interesantes porque son una versión modernizada de los objetos comunes (los dos visuales con un rayo) o porque están asociados a aplicaciones de terceros (a la derecha, por ejemplo, Power Apps y Power Automate).

- Por último, los visuales agregados: con Power BI, tiene acceso a una biblioteca de miles de visuales y puede importar un visual para complementar la galería existente. Abordaremos este punto al final de este capítulo.

Por supuesto, estos visuales no aparecerán en su ventana de Power BI

2. Elegir el visual adecuado

Una vez identificado el indicador que se va a seguir y analizar, la elección del tipo de visual es decisiva: las ventas de una docena de categorías de productos suelen representarse en forma de histograma o gráfico de columnas, donde las diferencias son más perceptibles que en un gráfico circular, por ejemplo; Este último, en cambio, es adecuado cuando se comparan dos o tres categorías. La línea se usa más a menudo para representar el tiempo.

Cada tipo de representación (una comparación, una evolución a lo largo del tiempo, una clasificación o una correlación) tiene, en cierto modo, un visual propio.

Para uno (o más) indicador(es), los tipos de representaciones son:

- la comparación de su nivel entre diferentes categorías,
- la evolución a lo largo del tiempo y la tendencia,
- la clasificación o el orden,
- representación geográfica,
- la contribución de cada valor al total,
- el dato aislado,
- pero también la distribución, el flujo, la correlación, los filtros.

De una manera algo simplificada, la siguiente tabla le proporciona una base:

Comparación	Gráfico de barras agrupadas, Gráfico de columnas agrupadas
Evolución a lo largo del tiempo	Gráfico de líneas
Clasificación	Gráfico de barras agrupadas, Gráfico de columnas agrupadas
Representación geográfica	Mapa, Mapa coroplético, Mapa de formas
Contribución	Gráfico de barras agrupadas, Gráfico de columnas agrupadas
Datos aislados	Tarjeta, Tarjeta de varias filas y KPI
Doble eje (varios indicadores de diferente naturaleza en el mismo visual)	Gráfico de columnas agrupadas y de líneas

A estos visuales hay que sumar los dos tipos de tablas, simples o matrices:

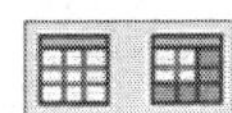

E. Usar la interacción en el objeto

El objetivo de esta característica reciente es acercarse a la forma como se crean gráficos en Excel. Las modificaciones en un gráfico (por ejemplo, cambiar el título) se realizan en parte directamente en él (haciendo doble clic en el título para editarlo) en lugar de pasar por los paneles de la derecha.

✎ Para elegir los datos, haga clic en el botón **Agregar o quitar los elementos visuales** 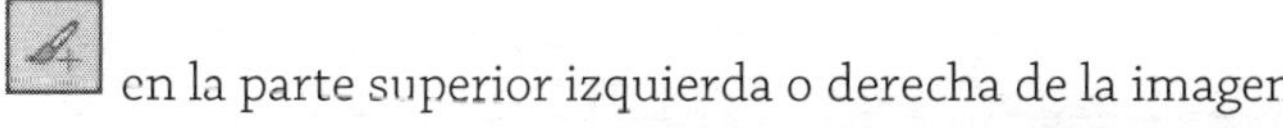 en la parte superior izquierda o derecha de la imagen:

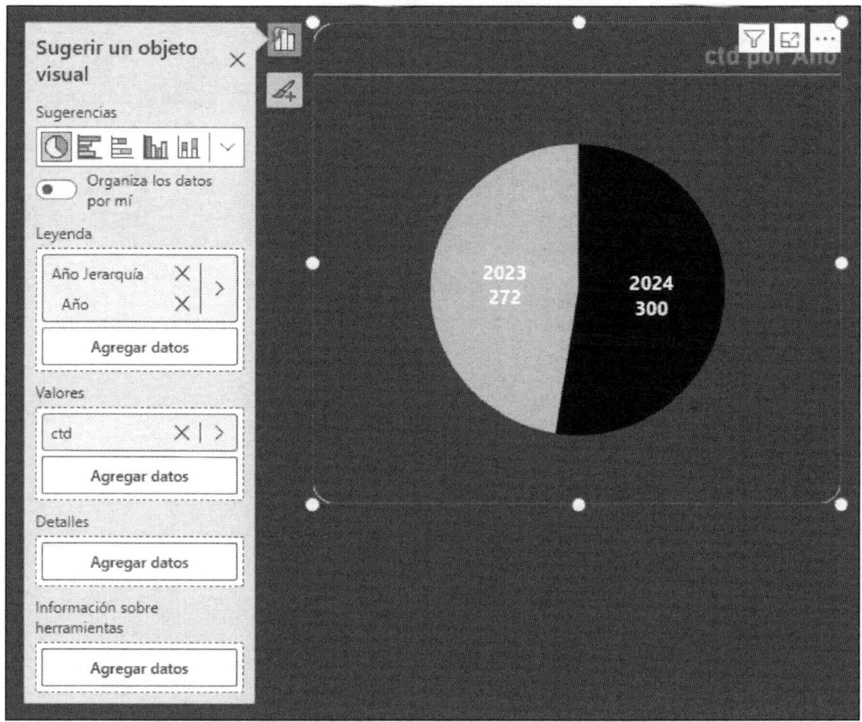

✎ Para cambiar el título, basta con hacer doble clic:

Con el botón podrá formatear el visual:

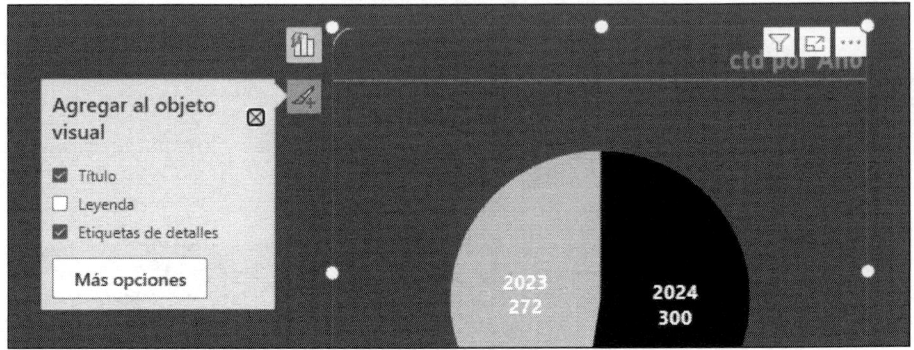

Observe que el botón **Más opciones** abre el panel **Formato** a la derecha. A continuación, encontrará el funcionamiento clásico de Power BI.

Esta característica ha estado en versión preliminar durante mucho tiempo y aún no se considera lo suficientemente madura como para entrar en producción (*General Availability*). Dado que su uso en empresas es limitado, opté por no activarlo en este libro.

El hecho es que todo lo que se muestra en el resto de este capítulo es válido independientemente de lo que usted elija.

F. Los visuales clave de Power BI

Vimos anteriormente el proceso de creación de un visual: elegir los datos, luego elegir el tipo de visual y luego acceder a las propiedades para darle formato.

*Si ha habilitado la opción **Interacción en el objeto**, empezará eligiendo el tipo de visual.*

En las páginas siguientes, vamos a examinar los visuales más comunes, los visuales clave. Nos enfocaremos en las propiedades de formato, presentándolas progresivamente según su uso más frecuente. Cabe destacar que una propiedad explicada para un visual (como, por ejemplo, la adición de un subtítulo en el caso del gráfico de líneas) generalmente puede aplicarse también a otros visuales.

Con la instalación de Power BI, se incluyen algo más de cuarenta visuales. Describirlos todos sería largo y repetitivo, y es fácil encontrar tutoriales sobre ellos en Internet. Por lo tanto, aquí solo se presentarán los visuales más importantes.

Así, analizaremos juntos y en detalle:

- el gráfico de barras agrupadas;
- el gráfico de líneas;
- el visual llamado tarjeta (Traducción del inglés card) y su versión modernizada, el nuevo visual de tarjeta;
- la tabla y la matriz (en otras palabras, tablas dinámicas);
- el gráfico circular;
- Mapa de Azure.

Un poco aparte, pero esencial en un informe de Power BI, el visual de segmentación y su versión modernizada se tratarán en el capítulo dedicado a las interacciones.

1. Gráficos de barras agrupadas

El gráfico de barras agrupadas (horizontal) y de columnas agrupadas (su contraparte vertical) son los dos objetos visuales que permiten una comparación precisa entre varias categorías.

Las posibilidades de cambiar el punto de inicio del eje para acentuar las diferencias, colorear cada barra individualmente o incluso de agregar etiquetas (el valor de la medida) hacen que estos visuales resulten muy inteligibles.

a. Crear

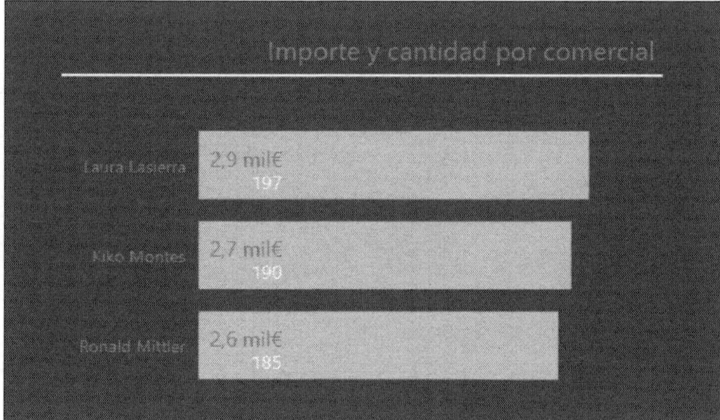

- En la pestaña **Ver**, elija el tema **Neutral accesible** (su tono general se adapta bien al fondo de nuestra página).

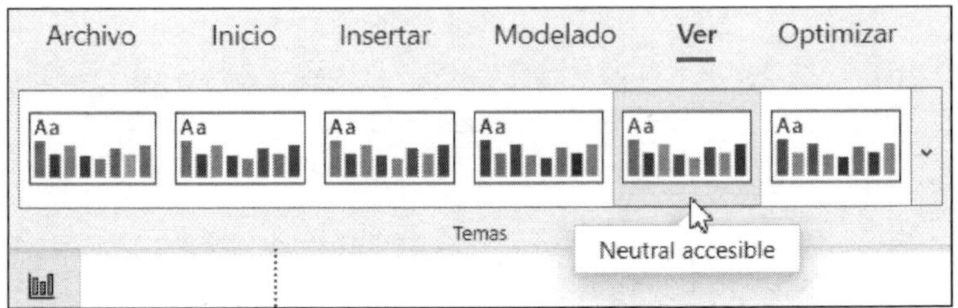

- Haga clic con el botón derecho en la pestaña de la página **Plantilla** y elija **Duplicar**.
- Cambie el nombre de la nueva página a **Gráfico de barras** (haga doble clic en la pestaña de la página para cambiar el nombre).
- Para este primer ejemplo, seleccione los datos **Nombre comercial** y la medida **importe**.
- Mueva el visual (en este punto, probablemente sea una tabla) al centro de la página: simplemente haga clic en él y arrastre hasta el lugar que prefiera. Las líneas punteadas rojas, como en PowerPoint, le ayudan a ubicar el visual.
- Elija el tipo de visual **Gráfico de barras agrupadas** (el tercero de la primera fila).

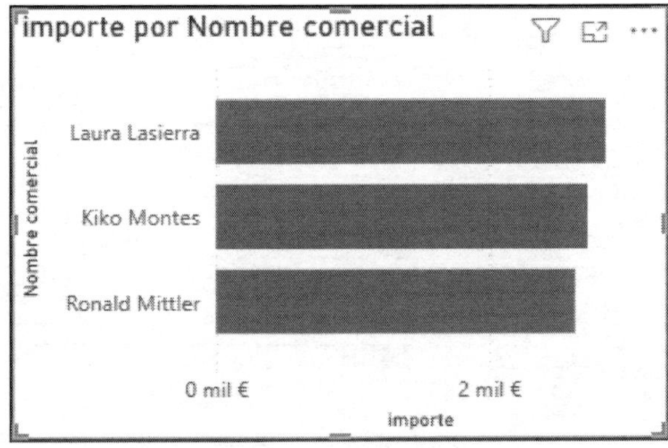

El gráfico, con sus propiedades predeterminadas

b. Dar formato

Ahora pasemos al formato.

El estilo que le dé a su visual es, por supuesto, una cuestión subjetiva: aquí le voy a mostrar cómo me gusta formatear mis visuales, pero siéntase libre de probar otras configuraciones.

- Asegúrese de que el visual esté seleccionado (simplemente haga clic en él).
- En el panel **Visualizaciones**, haga clic en el **botón Dar formato a su objeto visual**  para acceder a las propiedades de formato del visual:

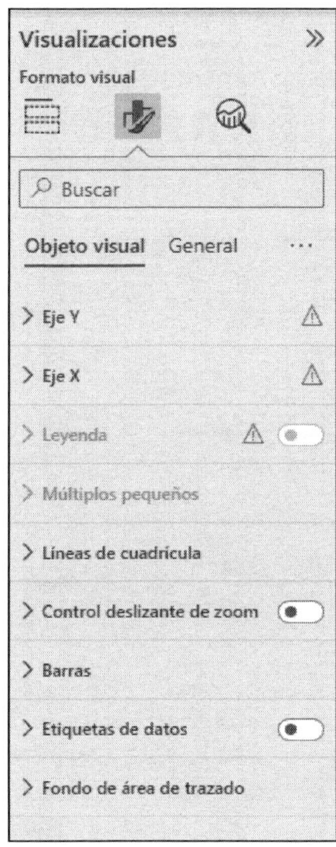

- Empecemos por el eje Y, es decir, el eje vertical. En este eje, puede personalizar los valores (en este caso, los nombres de los comerciales) y el título (que es el nombre del campo **Nombre comercial**).

- Abra la zona **Valores** y cambie el color usando el menú desplegable: seleccione el color 3 del tema (caramelo).

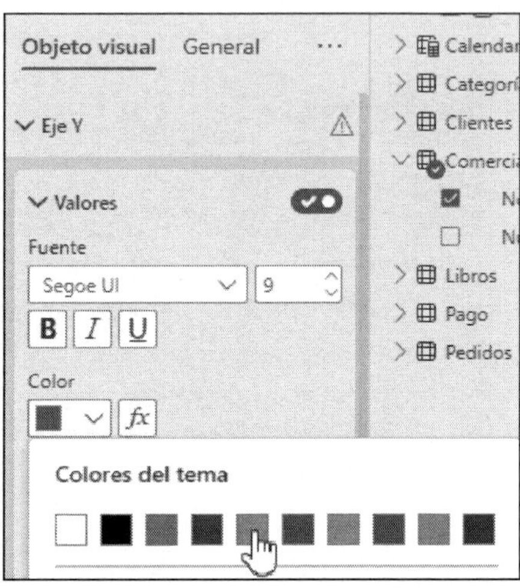

El símbolo fx a la derecha de una propiedad permite definir valores dinámicos: se trata del formato condicional, del cual veremos un ejemplo más adelante en este capítulo.

*La propiedad **Ancho máximo** permite aumentar el espacio asignado a los valores: si son demasiado largos, se truncarán. Puede incrementar este factor en consecuencia.*

Siéntase libre de probar las demás propiedades.

- Ahora pasemos al **Título**: no es necesario abrir esta zona; simplemente desactívela haciendo clic en el botón de alternancia. De hecho, es obvio que estos tres valores corresponden a los comerciales, por lo que no es necesario recordarlo.

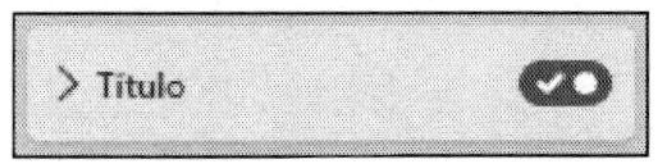

La propiedad está activa

La propiedad está desactivada

- Ahora pasemos al eje X. Desactive las zonas **Valores** y **Título** para quitar este eje por completo.

*La zona **Rango** le permite determinar manualmente el punto inicial del eje (**Mínimo**), así como el punto **Máximo**. Esta propiedad puede ser interesante para forzar el mínimo, por ejemplo, a 0.*

- Ahora abra la zona **Barras**. Cambie el color de las barras usando el menú desplegable (elija, por ejemplo, **color del tema 3, 60 % más claro**, en la segunda fila del tercer color del tema).

*También es posible, utilizando el menú desplegable **Categorías**, colorear una de las barras para que se destaque de las demás.*

Asimismo, puede optar por agregar un borde alrededor para cada barra, con objeto de mejorar el aspecto gráfico.

- Cierre esta zona y pase a la siguiente.
- Active **Etiquetas de datos**. Esta propiedad es muy interesante: le permite mostrar, en cada barra, su valor preciso. Por lo tanto, reemplaza el eje X, y es por eso por lo que lo desactivamos antes.
- En la zona **Opciones**, en el menú desplegable **Posición**, elija **Base interior**.
- En la zona **Valor**, elija un color oscuro (el mismo que para los nombres de los comerciales) y un tamaño de fuente de **11**.
- Agreguemos también información adicional: active la sección **Detalle**, arrastre la medida **ctd** (la cantidad) al área **Datos**, cambie el tamaño a **10**, el color a **Blanco** y, para obtener la cifra exacta, elija **Ninguno** en el menú desplegable **Mostrar unidades**. Esto tiene el efecto de agregar esta información a las barras.
- Por último, en la zona **Presentación**, elija **Multilínea** y, en cuanto a la alineación, **Derecha**.

La unidad de visualización **Automático** depende del tamaño de la pantalla: para asegurarse de obtener un número como 2.9 K, debe elegir **Miles** en **Mostrar unidades** y **Número de decimales** en 1.

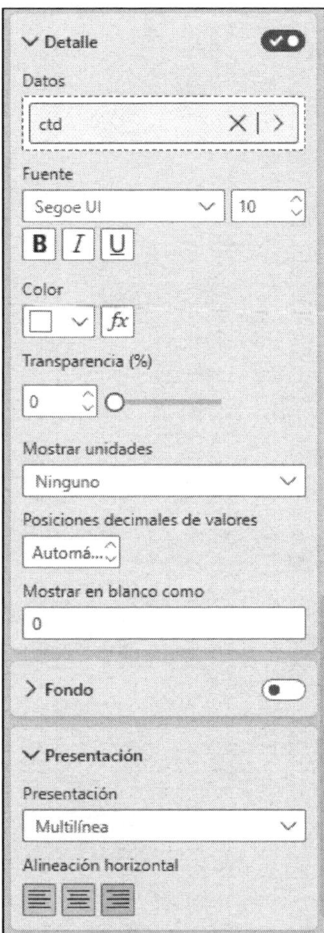

Hasta aquí las propiedades específicas de este visual. Ahora pasemos a las propiedades generales (comunes a todos los objetos visuales).

- Haga clic en la pestaña **General** del panel **Visualizaciones** y, a continuación, abra el campo **Título** (se trata del título del gráfico).
- Cambie el texto a **Importe y cantidad por comercial**, cambie la fuente (a **Segoe UI**, por ejemplo), el color del texto (el mismo que para el eje Y, de modo que todos los términos del gráfico sean del mismo color) y alinéelo a la derecha.
- Active la zona **Divisor** para agregar un trazo debajo del título (cambie el color a **Blanco** y el ancho a **2**).

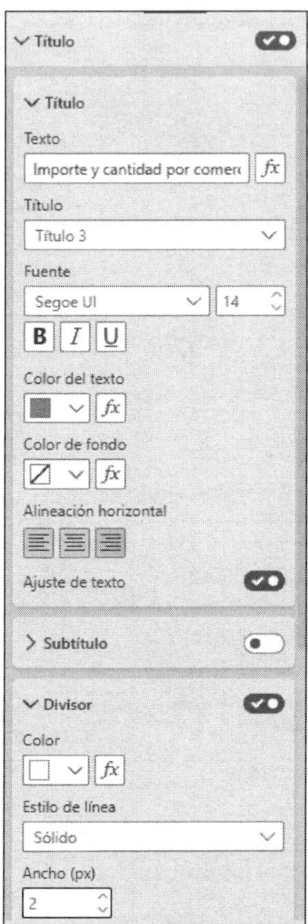

✎ Y, finalmente, abra la zona **Efectos** y desactive el fondo.

Aquí lo tiene: hemos cambiado profundamente el estilo del gráfico:

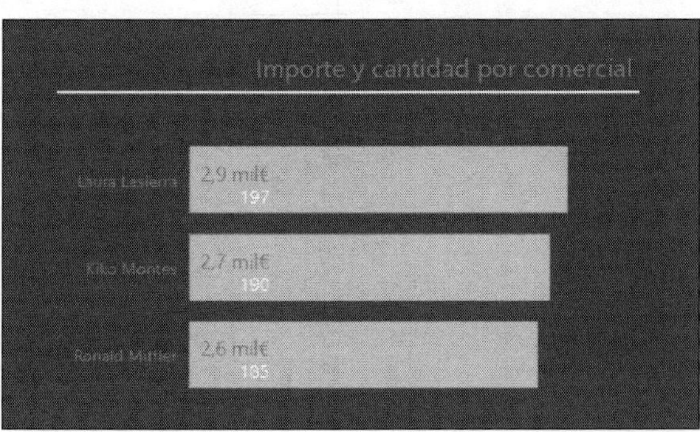

Una vez más, siéntase completamente libre de elegir otros formatos. Lo que busco sobre todo es que usted se familiarice gradualmente con las diferentes propiedades y sensibilizarlo en lo que respecta a la elección de los colores: siempre me aseguro de que mi gráfico se integre lo mejor posible con la página y el tema gráfico general.

c. Tabla resumen de las propiedades utilizadas

En resumen (y así es como se presentarán los cambios en las propiedades de formato para los siguientes gráficos):

Zona	Subzona	Propiedad	Valor
Eje Y	Valores	Color	Tema 3
		Título	Desactivado
Eje X	Valores		Desactivado
	Título		Desactivado
Barras	Color	Color	Claro tema 3
Etiquetas de datos	Opciones	Posición	Base interior
	Valor	Color	Tema 3
		Fuente	11
		Mostrar unidades	Miles
		Posiciones decimales de valores	1
	Detalle	Datos	Medida ctd
		Fuente	10
		Color	Blanco
		Mostrar unidades	Ninguno
	Presentación	Presentación	Multilínea
		Alineación horizontal	Derecha
Título (en General)	Título	Texto	Importe y cantidad por comercial
		Fuente	Segoe UI
		Color del texto	Tema 3
		Alineación horizontal	Derecha

Zona	Subzona	Propiedad	Valor
	Divisor		Activado
		Color	Blanco
		Ancho	2
Efectos (en General)	Fondo		Desactivado

d. Variantes

En esta sección, hablaremos rápidamente sobre algunas pequeñas variaciones de este visual, sin entrar en detalles.

✎ En el panel **Visualizaciones**, haga clic en el botón **Agregar datos a sus objetos visuales** y, a continuación, arrastre **Año** al área **Leyenda** para desglosar cada barra por año:

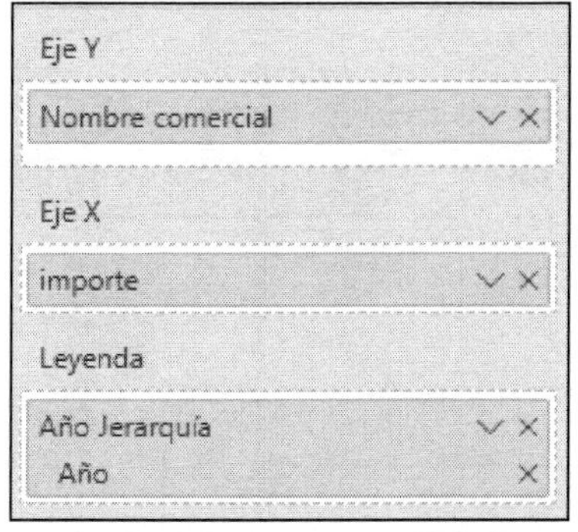

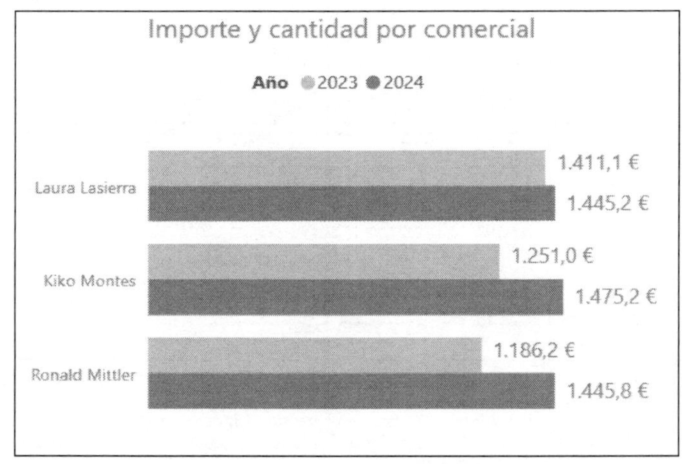

- Arrastre **Año** al área **Múltiplos pequeños** del visual para generar dos gráficos, uno por año:

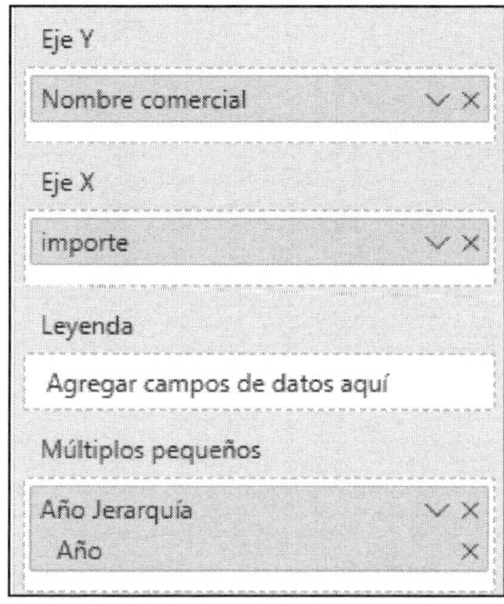

- Seleccione **Gráfico de barras apiladas** y arrastre **Año** al área **Leyenda** del visual para dividir cada barra en dos partes (una por año):

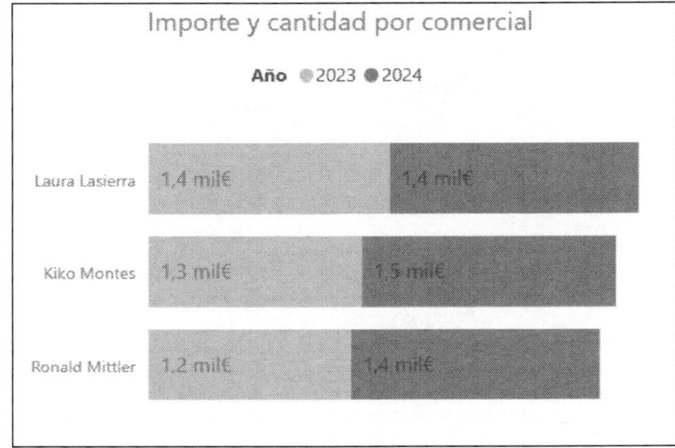

e. Ordenar el eje de un gráfico

De forma predeterminada, Power BI clasifica las barras de un gráfico en función del valor cuantitativo (el importe o la cantidad, por ejemplo) y no en función de datos cualitativos (o categoría, que en nuestros ejemplos es el comercial). Esto también se aplica a otros tipos de visuales y, en particular, a los gráficos de líneas.

En algunos casos, esta clasificación es bastante relevante; en otros, en cambio, resulta indeseable. Este es el caso, particularmente, de los datos de series temporales, como el año o el mes, por ejemplo, pero también cuando el orden aplicado a la categoría es importante.

Considere el siguiente ejemplo:

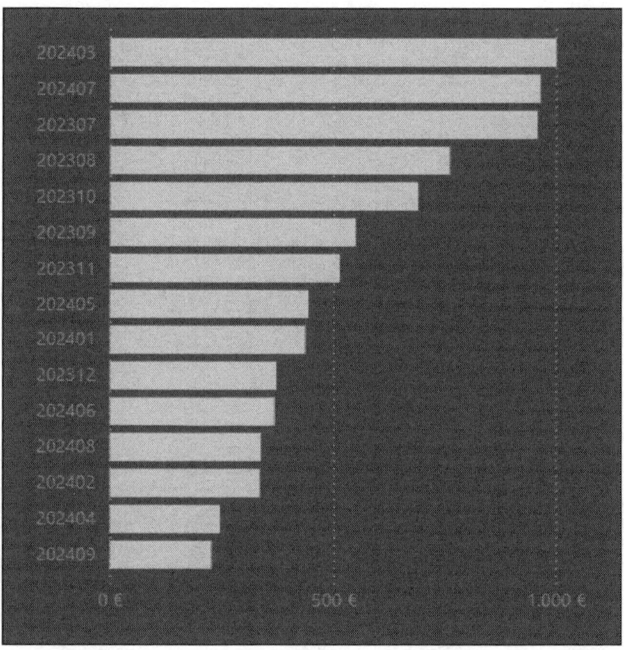

El orden cronológico no se respeta en absoluto

Este gráfico, tal y como está ordenado, no tiene mucho sentido. Sería deseable elegir como criterio de ordenación la categoría en lugar de la cantidad.

✎ Para ello, en las opciones del gráfico, haga clic en el botón **Más opciones**, disponible en la parte superior derecha o inferior derecha:

Se muestra el menú, donde se encuentra la opción de ordenar:

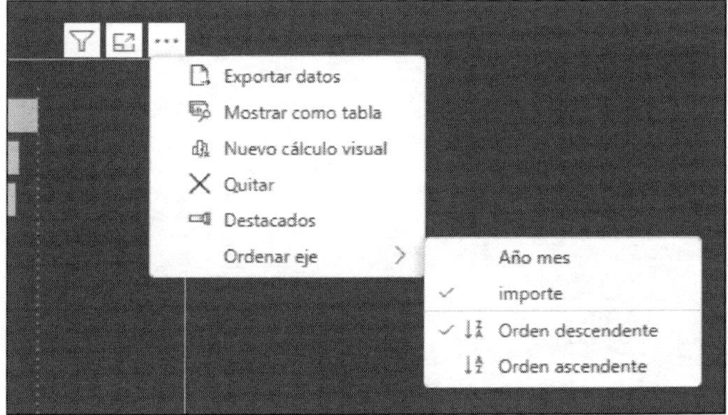

Para volver a una clasificación cronológica, haga clic en la opción **Ordenar eje** y luego elija **Año mes**, luego **Orden ascendente**:

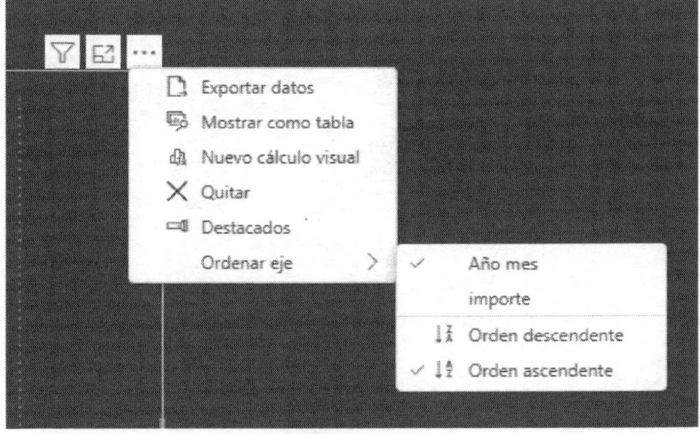

La percepción de los datos es muy diferente:

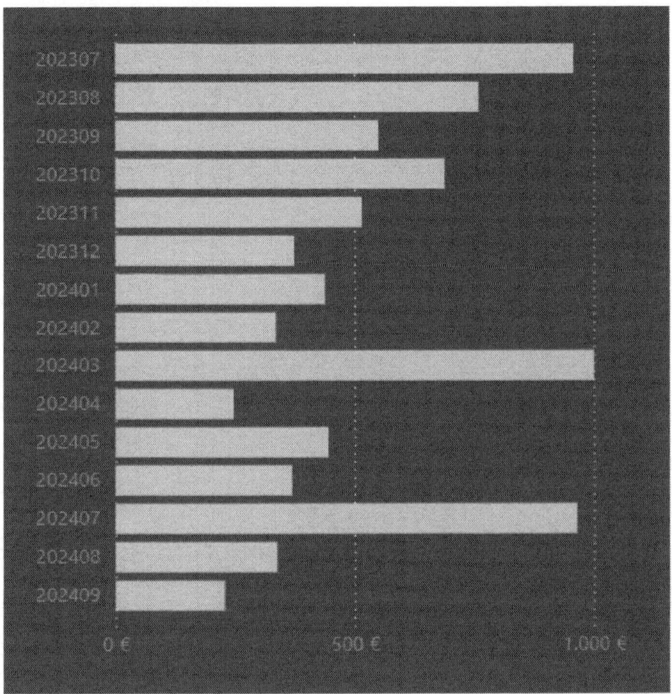

2. El gráfico de líneas

El gráfico de líneas es perfectamente adecuado para representar una evolución cronológica: la mayoría de las veces, el eje de categorías (o eje X, eje de abscisas) indica el tiempo, mientras que el eje de valores (o eje Y, eje de ordenadas) refleja datos cuantitativos.

a. Crear

- Haga clic con el botón derecho en la pestaña de la página **Plantilla** y elija **Duplicar**.
- Cambie el nombre de la nueva página a **Gráfico de líneas**.
- Seleccione **Año mes** y la medida **ctd** (cantidad).
- Elija el tipo de visual **Gráfico de líneas**.
- Expanda y mueva el gráfico a su gusto.
- Como vimos en la sección anterior, ordene el gráfico por **Año mes**, en orden ascendente: haga clic en **Más opciones**, luego haga clic en la opción **Ordenar eje** y elija **Año mes - Orden ascendente**.

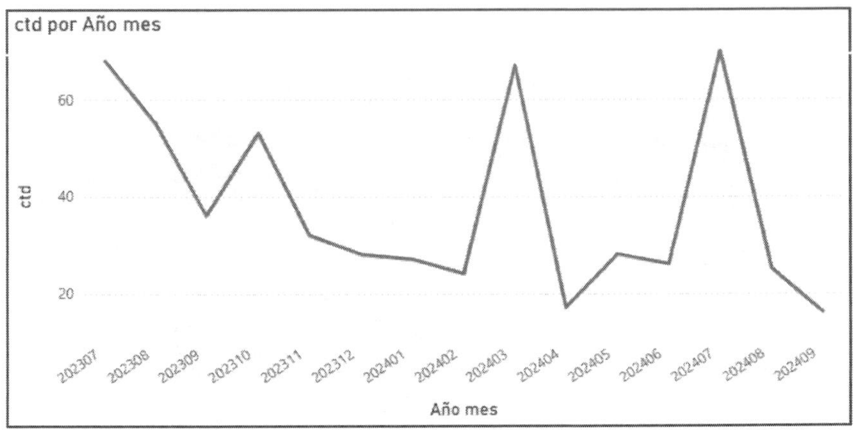

b. Formato: Tabla resumen

En la siguiente tabla, encontrará las propiedades que debe modificar para lograr este resultado:

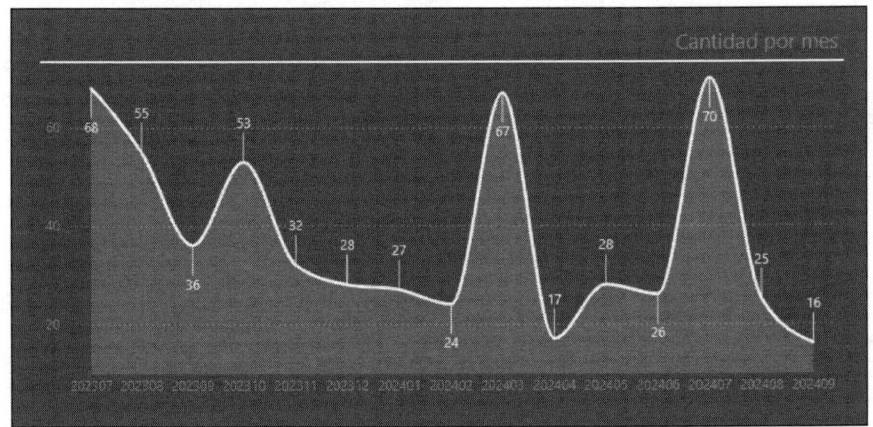

Zona	Subzona	Propiedad	Valor
Título (en General)	Título	Texto	Cantidad por mes
		Fuente	Segoe UI
		Color del texto	Tema 3
		Alineación horizontal	Derecha

Zona	Subzona	Propiedad	Valor
	Divisor		Activado
		Color	Blanco
		Ancho	2
Efectos (pestaña **General**)	Fondo		Desactivado
Eje X (pestaña **Objeto visual**)	Valores	Color	Tema 3
	Título		Desactivado
Eje Y	Valores	Color	Tema 3
	Título		Desactivado
Líneas de cuadrícula	Horizontal		Activado
		Color	Claro tema 1
Líneas	Línea	Ancho	3
		Tipo de interpolación	Suave (esto permite una curva suave, en lugar de angular)
	Color	Color	Blanco
Sombrear área	Color	Transparencia	75 %
Etiquetas de datos			Activado
	Opciones	Desplazamiento mínimo	30 (se adaptará según el tamaño de su gráfico, para permitir una buena lectura)
	Valor	Color	Blanco
	Líneas de guía		Activado
		Color	Blanco

Preste atención: para ahorrar espacio, la graduación del eje Y no comienza en cero. El rango mínimo es automático. Si desea forzar que el eje comience en cero, simplemente introduzca este valor en la propiedad Mínimo de la subzona Rango.

c. Variantes

Al igual que en el gráfico de barras, al agregar un campo en el área **Leyenda** del visual, la línea se divide en varias líneas. Aquí, por ejemplo, el campo **Etiqueta de categoría** se ha arrastrado al área **Leyenda** y luego se ha filtrado por **Literatura** y **Suspenso** (consulte el siguiente capítulo sobre este tema). Las etiquetas de datos y la leyenda se han desactivado, mientras que las etiquetas de serie se han activado:

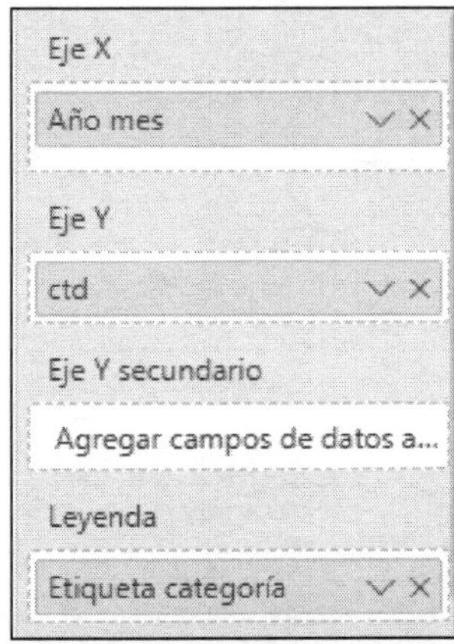

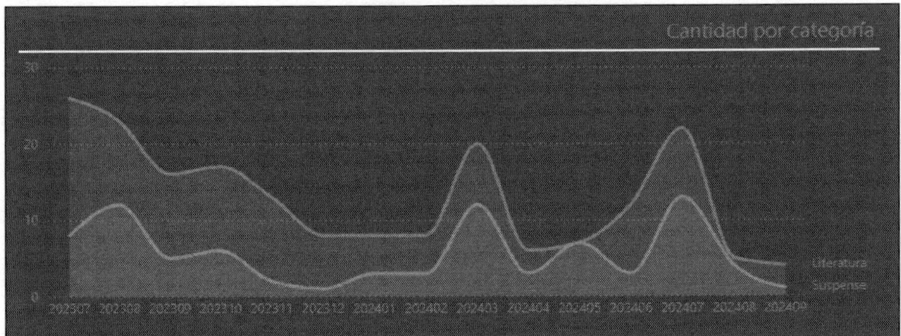

Al añadir un campo en el cuadro del **Eje Y secundario**, se agrega otro valor cuantitativo al gráfico. Aquí aparecen la cantidad y el importe, cada uno en su eje. Cada línea puede formatearse y mostrarse la leyenda:

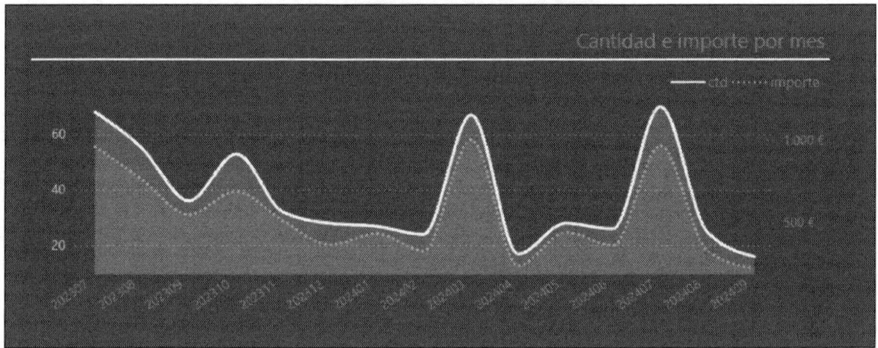

d. Usar el subtítulo del gráfico

El uso de un subtítulo puede aportar un beneficio real a cada gráfico, especialmente porque el subtítulo, cuando se basa en una fórmula (una medida), es dinámico.

Propongo aquí un ejemplo particularmente interesante. Volvamos al gráfico de líneas. Se trata de añadir, en el subtítulo, la cantidad total: esta información, de hecho, no es legible en el propio gráfico.

Para ello, comenzaremos creando una medida, nuestro subtítulo, y luego lo agregaremos al gráfico.

- Haga clic con el botón derecho en la tabla **Detalle de los pedidos** y elija **Nueva medida**.
- En la barra de fórmulas que se acaba de abrir, escriba la siguiente fórmula y, a continuación, escriba ↵:

```
subtítulo línea = "La cantidad total es: " & [ctd]
```

__subtítulo línea__ es el nombre de la nueva medida, "La cantidad total es:" es un cuadro de texto fijo, & permite concatenar (es decir, ensamblar) y __[ctd]__ es la medida.

En el panel **Datos**, observe la tabla **Detalle de los pedidos**: ha aparecido un nuevo objeto. Es la nueva medida.

- Ahora seleccione el gráfico de líneas y muestre las propiedades generales.
- Abra la zona **Título** y, a continuación, active la subzona **Subtítulo**.
- En la propiedad **Texto**, haga clic en **fx**.
- Se abre una ventana. En el cuadro **¿En qué campo debemos basar esto?**, utilice el menú desplegable para seleccionar la medida que acaba de crear:

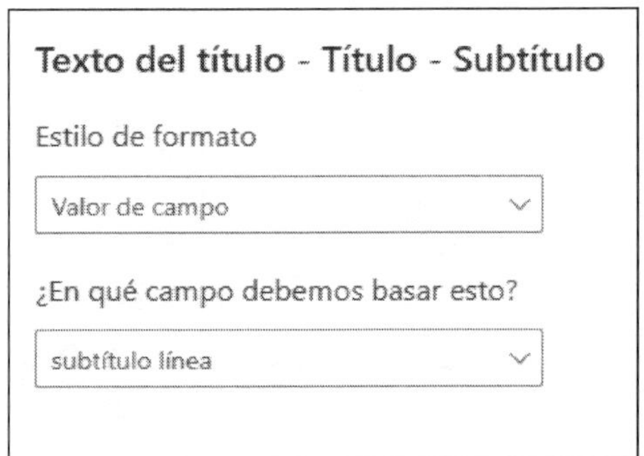

- Haga clic en **Aceptar**.
- Cambie el color del texto del subtítulo (a un color caramelo claro, por ejemplo) y alinéelo a la derecha:

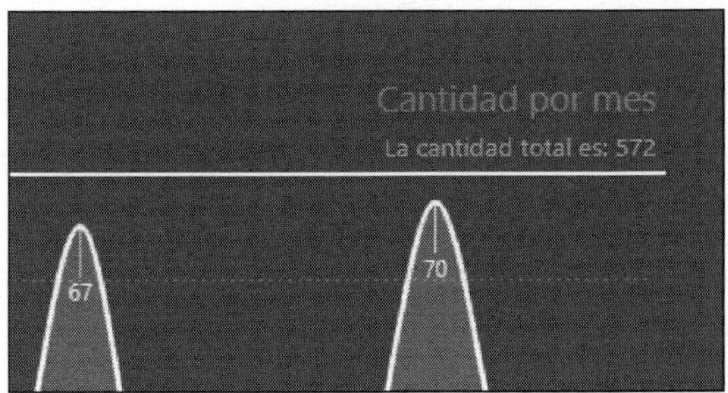

El número, 572, se calcula dinámicamente y se volverá a calcular cada vez que actualice el informe.

He aquí otro ejemplo de un subtítulo (la fórmula utilizada en la medida es más larga, pero se basa exactamente en el mismo principio):

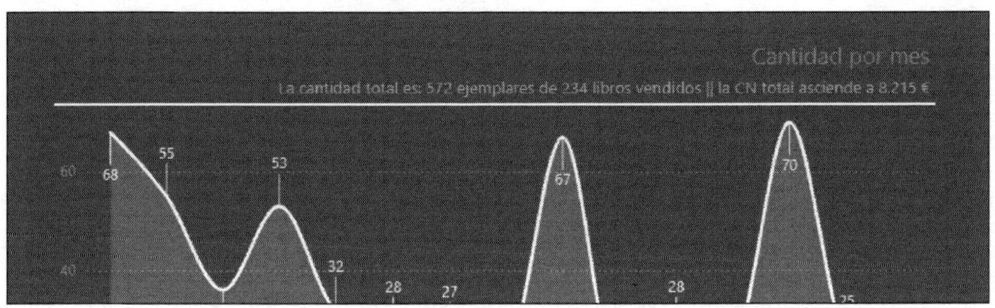

 *Encontrará esta medida en el archivo* ***Libro05.pbix****, con el nombre de* ***Subtítulo 2****.*

e. Agregar una línea de tendencia

En algunos gráficos, es posible agregar una línea de tendencia: una línea de valor fijo (un objetivo o umbral, por ejemplo), el promedio o la mediana son las más comunes.

Cuando el gráfico permite esta adición, el botón **Agregar más análisis a sus objetos visuales**  aparece en el panel **Visualizaciones**.

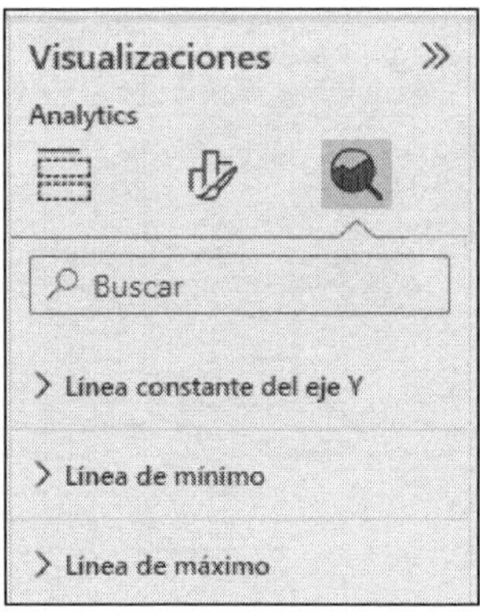

Agreguemos un objetivo mensual y un promedio a nuestro gráfico de líneas:

- Seleccione el gráfico y haga clic en el botón **Agregar más análisis a sus objetos visuales**.
- Abra la zona **Línea constante del eje Y**.

- Haga clic en **Agregar línea** y, a continuación, haga clic en el icono del cuadro de texto para cambiar el nombre de la línea.
- Escriba **Obj. mensual:** y confirme con la tecla ⏎.

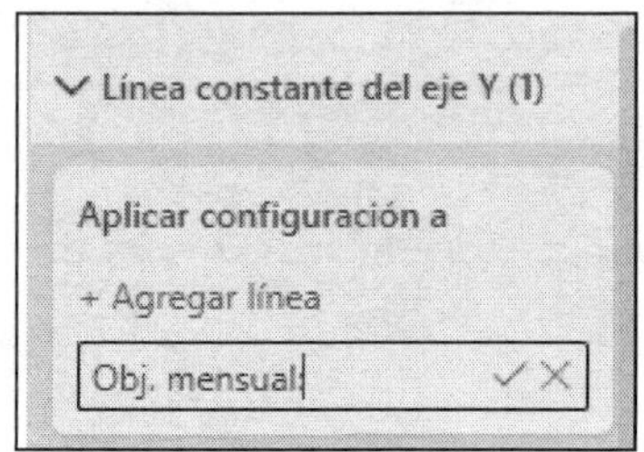

- En la subzona **Línea**, en el cuadro **Valor**, escriba **30** y, a continuación, cambie el color a **Blanco**.
- Active la subzona **Etiqueta de datos**.
- En el menú desplegable **Estilo**, elija **Ambas** (muestra el nombre y el valor de la línea).
- Cambie el color a blanco.

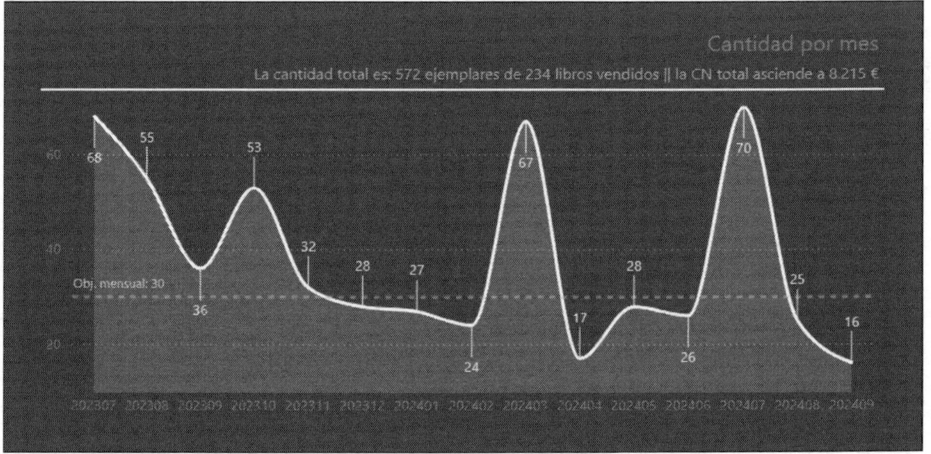

> *Para eliminar una línea de tendencia, haga clic en el icono del cuadro* ***Agregar línea****, a la derecha de su nombre.*

- Repita la operación, esta vez para agregar una línea promedio modificando la zona **Línea de promedio**.

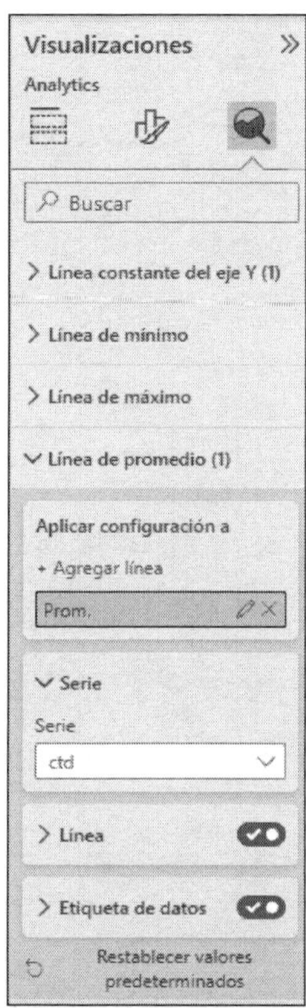

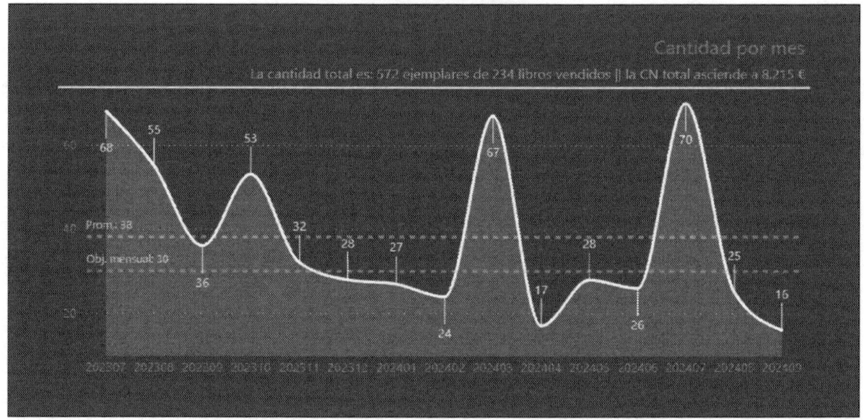

3. El visual Tarjeta

El dato aislado es muy característico de esta nueva forma de visualizar los datos: expresa, en un solo número, un indicador clave concreto. Permite una comprensión inmediata de la situación.

A menudo, es el punto de partida para la lectura del informe, razón por la cual el dato aislado se coloca en el cuadrante superior izquierdo de la página.

En Power BI se ofrecen dos visuales para cumplir esta función: por un lado, **Tarjeta** y, por otro lado, su variante modernizada, **Tarjeta (nueva)**, que proporciona una visión contextualizada de los datos.

Valoro la primera por su simplicidad y rapidez de implementación, y la segunda, por el nivel de detalle que permite añadir.

a. Crear la tarjeta

- Haga clic con el botón derecho en la pestaña de la página **Plantilla** y elija **Duplicar**.
- Cambie el nombre de la nueva página a **Tarjetas**.
- Seleccione la medida **importe**.
- Elija el tipo de visual Tarjeta .

8.215 €
importe

b. Formato: tabla de resumen

En la siguiente tabla, encontrará las propiedades que debe modificar para lograr este resultado:

Zona	Subzona	Propiedad	Valor
Efectos (pestaña **General**)	Fondo		Desactivado
	Borde visual	Color	Blanco
		Esquinas redondeadas	30
Valor de globo (pestaña **Objeto visual**)		Color	Blanco

c. Crear la nueva tarjeta

La tarjeta (nueva) ofrece muchas más posibilidades de formato y contextualización.

✎ En la misma página, vuelva a seleccionar la medida de importe.

✎ Elija el tipo de visual **Tarjeta (nueva)** .

Con este nuevo visual, es posible agregar varias medidas o columnas (nosotros no lo haremos aquí), crear varias tarjetas a la vez y ahorrar tiempo a la hora de aplicarles formato. Esto es lo que explica, en las propiedades, la noción de «serie»: indica que la acción, pongamos, la elección de la fuente se aplica a todos los campos. Por otra parte, un menú desplegable permite aplicar un cambio a solo uno de los campos.

Por ahora, la tarjeta presenta este estado:

En la siguiente tabla, encontrará las propiedades que debe modificar para lograr este resultado:

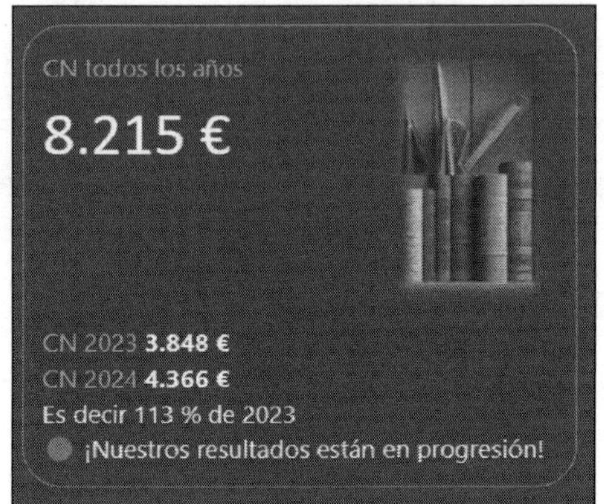

Para lograr este resultado, utilizaré nuevas medidas. Si lo desea, puede encontrar el código DAX en el archivo **medidas.txt**. Todo lo que tiene que hacer es clic con el botón derecho en la tabla Detalle de los pedidos, elegir **Nueva medida** y copiar el código en la barra de fórmulas, borrando lo que aparezca previamente allí.

Zona	Subzona	Propiedad	Valor
Efectos (pestaña **General**)	Fondo		Desactivado
Valores de llamada	Aplicar la configuración a	Serie	importe (esto proporciona acceso a todas las propiedades de esta medida)
	Valores	Fuente	Calibri, tamaño 30
		Color	Blanco
		Mostrar unidades	Ninguno
	Etiqueta	Texto	CN todos los años
		Color	Beige
Etiquetas de referencia	Una etiqueta de referencia es un dato que podrá añadir a la tarjeta, introduciendo así una contextualización de la cifra principal (en este caso, el importe de todos los años).		
	Aplicar configuración a	Seleccionar serie	importe

Zona	Subzona	Propiedad	Valor
		Agregar etiqueta	Haga clic en **Agregar datos**, abra la tabla **Detalle de los pedidos** en la ventana **Datos** y seleccione CN 2023, CN 2024, evolución importe 2024 / 2023 y comentario condicional, y seleccione CN 2023 en el menú desplegable **Seleccionar etiqueta**.

Zona	Subzona	Propiedad	Valor
Etiquetas de referencia	Valor	Mostrar unidades	Ninguno
		Fuente	B (negrita)
	Aplicar configuración a	Seleccionar etiqueta	CN 2024
	Valor	Mostrar unidades	Ninguno
		Fuente	B (negrita)
	Aplicar la configuración a	Seleccionar etiqueta	Evolución importe 2024 / 2023
	Título		Desactivado
	Aplicar configuración a	Seleccionar etiqueta	Comentario condicional
	Título		Desactivado
	Aplicar configuración a	Seleccionar serie	Todas
	Título	Color	Beige
	Valor	Color	Blanco
	Fondo		Desactivado
	Divisor		Desactivado
Imágenes	Serie		Todas
	Imagen		Activado
		Tipo de imagen	Examine y, a continuación, elija Picto_libros.png en el directorio Origen
Tarjetas	Forma		Elija Rectángulo redondeado usando el menú desplegable

Con sus múltiples propiedades, el nuevo mapa permite crear un visual muy completo, que aporta mucha información.

4. La tabla y la matriz

A pesar de ciertas reservas, las tablas siguen siendo un componente esencial y muy común en un informe de Power BI.

Este tipo de visual debe usarse con precaución: Power BI no es Excel y, aunque sea posible crear una tabla con cientos de miles de filas, ¿es realmente adecuado? No olvide que, a lo largo de su ciclo de vida, su informe se distribuirá en diferentes formatos, y algunos no se compatibles en absoluto con estas tablas interminables que implican el uso de una barra de desplazamiento (piense en una impresión en papel, una exportación a PDF o en la pantalla de un teléfono inteligente).

Afortunadamente, las matrices (tablas dinámicas) ofrecen soluciones para superar este inconveniente.

a. Crear una tabla

- Haga clic con el botón derecho en la pestaña de la página **Plantilla**y elija **Duplicar**.
- Cambie el nombre de la nueva página a **Tabla**.
- Seleccione los campos **Código categoría**, **Etiqueta categoría** e **importe**.

De forma predeterminada, los datos se presentan en formato tabular.

- Si no es así, elija el tipode visual **Tabla**.

Código categoría	Etiqueta categoría	importe
AA	Actividades al aire libre	313 €
AD	Artes adivinatorias	268 €
AR	Arte	257 €
CO	Cómic	237 €
CS	Cocina saludable	310 €
DI	Enciclopedias	276 €
EV	Evasión Turismo	601 €
HI	Historia	825 €
HU	Humor	131 €
LI	Literatura	2.731 €
PS	Psicología	92 €
SA	Salud	178 €
SU	Suspense	1.089 €
TE	Testimonios	404 €
VP	Vida práctica	503 €
Total		**8.215 €**

Algunas operaciones comunes en una tabla

✎ Para cambiar el orden de las columnas de una tabla, utilice la sección **Columnas** del panel **Visualizaciones** y arrastre los campos con el ratón:

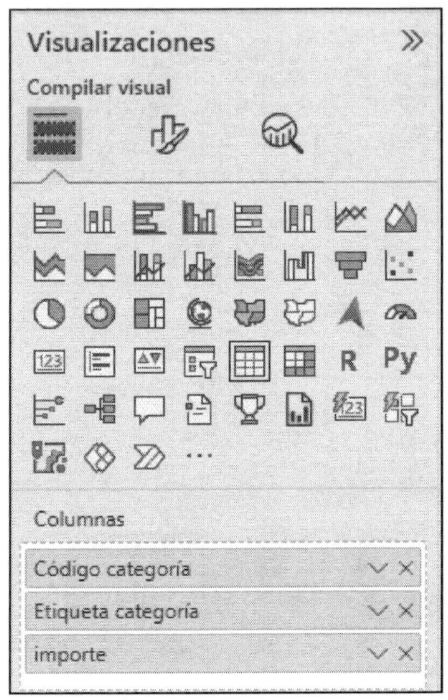

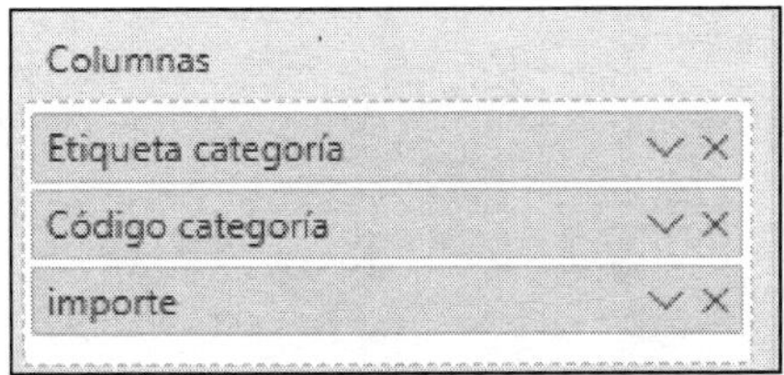

Desde aquí, también puede cambiar el nombre del encabezado de la columna, independientemente del nombre del campo.

✎ Haga doble clic en el objeto cuyo nombre desea cambiar, introduzca el nuevo nombre y confirme con ↵.

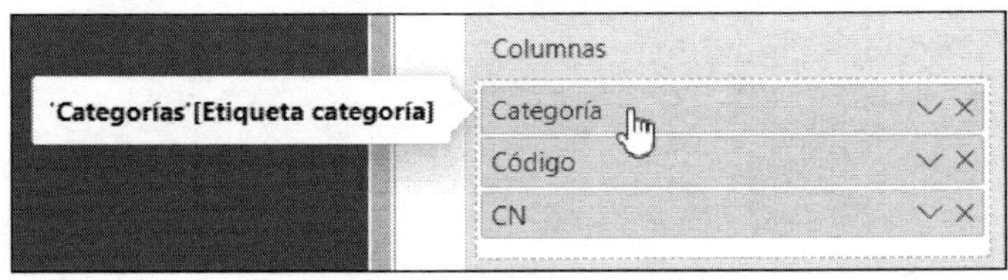

Finalmente, para cambiar el método de ordenación de la propia tabla (de forma predeterminada, corresponde al orden alfabético o alfanumérico de la primera columna), haga clic en el encabezado de la columna. Aparecerá una flecha (un triángulo) que indica el orden ascendente o descendente):

Categoría	Código	CN ▼
Literatura	LI	2.731 €
Suspense	SU	1.089 €
Historia	HI	825 €
Evasión Turismo	EV	601 €
Vida práctica	VP	503 €
Testimonios	TE	404 €
Actividades al aire libre	AA	313 €
Cocina saludable	CS	310 €
Enciclopedias	DI	276 €
Artes adivinatorias	AD	268 €
Arte	AR	257 €
Cómic	CO	237 €
Salud	SA	178 €
Humor	HU	131 €
Psicología	PS	92 €
Total		**8.215 €**

En este caso, es la columna CN la que determina el criterio de ordenación

Para ordenar teniendo en cuenta dos columnas, haga clic en el encabezado de columna que servirá como nivel de ordenación 1, luego use las teclas Ctrl *y* ⇧ *y haga clic en la segunda columna (aparece un segundo triángulo).*

Categoría	Código ▲	CN ▼
Literatura	LI	2.731 €
Suspense	SU	1.089 €

✎ Vuelva a hacer clic en el encabezado de la columna **Categoría** para ordenar por los nombres de las categorías.

b. Formato: tabla de resumen

En la siguiente tabla, encontrará las propiedades que debe modificar para lograr este resultado:

Categoría	Código	CN
Actividades al aire libre	AA	313 €
Arte	AR	257 €
Artes adivinatorias	AD	268 €
Cocina saludable	CS	310 €
Cómic	CO	237 €
Enciclopedias	DI	276 €
Evasión Turismo	EV	601 €
Historia	HI	825 €
Humor	HU	131 €
Literatura	LI	2.731 €
Psicología	PS	92 €
Salud	SA	178 €
Suspense	SU	1.089 €
Testimonios	TE	404 €
Vida práctica	VP	503 €
Total		8.215 €

Como recordatorio, muestro aquí mis preferencias de formato, con el fin de exponer un conjunto de propiedades, pero esto es solo indicativo.

Zona	Subzona	Propiedad	Valor
Valores preestablecidos de estilo	Estilo		Ninguno (esto permite una presentación depurada)
Cuadrícula	Líneas de cuadrícula horizontales		Desactivado
	Borde	Color	Beige
		Ancho	2
	Opciones	Espacio interno de las filas	2 (esto permite espaciar las líneas)

Zona	Subzona	Propiedad	Valor
		Tamaño de fuente global	12
Encabezados de columna	Texto	Color	Beige
Totales	Valores	Fuente	Desactive la negrita (haga clic en **B**)
		Color del texto	Beige
Columna específica	Aquí puede aplicar características específicas a cada columna		
	Aplicar configuración a	Serie	Categoría
	Valores	Color del texto	Beige
	Aplicar configuración a	Serie	Código
	Valores	Color del texto	Beige
	Aplicar configuración a	Serie	CN
	Valores	Color del texto	Blanco
Efectos (general)	Fondo		Desactivado

Recuerde: si crea varias tablas en la página, no es necesario que las formatee todas. Trabaje en el formato de la primera tabla y, a continuación, utilice la herramienta ***Formato*** *para aplicarla a otra tabla.*

c. Configurar una tabla dinámica (matriz)

La matriz tiene la particularidad de que permite contraer y expandir los diferentes niveles, lo que facilita la inclusión de mucha información, con numerosas filas, sin necesidad de usar la barra de desplazamiento. Además, una matriz, incluso una simple, siempre es muy compacta y ocupa poco espacio en la página.

- Haga clic con el botón derecho en la pestaña de la página **Plantilla** y elija **Duplicar**.
- Cambie el nombre de la nueva página a **Matriz**.
- Seleccione los datos **Etiqueta categoría**, **Título**, **Nombre comercial** e **importe**.
- Seleccione el tipo de visual **Matriz**.
- En el panel **Visualizaciones**, asegúrese de que la **Etiqueta categoría** y **el Título** estén en el cuadro **Filas**, **Nombre comercial** en el cuadro **Columnas** e **importe** en el cuadro **Valores** (es posible que tenga que arrastrar y soltar campos de un cuadro a otro):

Etiqueta categoría	Kiko Montes	Laura Lasierra	Ronald Mittler	**Total**
⊞ Actividades al aire libre	87 €	76 €	150 €	**313 €**
⊞ Arte	73 €	126 €	58 €	**257 €**
⊞ Artes adivinatorias	48 €	154 €	66 €	**268 €**
⊞ Cocina saludable	135 €	67 €	108 €	**310 €**
⊞ Cómic	38 €	96 €	104 €	**237 €**
⊞ Enciclopedias	129 €	64 €	83 €	**276 €**
⊞ Evasión Turismo	223 €	220 €	158 €	**601 €**
⊞ Historia	242 €	392 €	191 €	**825 €**
⊞ Humor	29 €	58 €	44 €	**131 €**
⊞ Literatura	867 €	907 €	957 €	**2.731 €**
⊞ Psicología	44 €		48 €	**92 €**
⊞ Salud	48 €	59 €	71 €	**178 €**
⊞ Suspense	438 €	389 €	262 €	**1.089 €**
⊞ Testimonios	156 €	137 €	112 €	**404 €**
⊞ Vida práctica	172 €	111 €	220 €	**503 €**
Total	**2.726 €**	**2.856 €**	**2.632 €**	**8.215 €**

Fíjese en los signos + delante de los nombres de las categorías: le permiten expandir o contraer cada categoría para ver los detalles de los títulos:

Etiqueta categoría	Kiko Montes	Laura Lasierra	Ronald Mittler	**Total**
⊞ **Actividades al aire libre**	**87 €**	**76 €**	**150 €**	313 €
⊟ **Arte**	**73 €**	**126 €**	**58 €**	257 €
El arte jemer		35 €		**35 €**
El cartel deportivo en el mundo		21 €	21 €	**43 €**
Historia mundial del cartel político	21 €	21 €		**43 €**
Las grandes tragedias	51 €			**51 €**
Los tesoros encontrados			37 €	**37 €**
Nuestro siglo en imágenes		48 €		**48 €**
⊞ **Artes adivinatorias**	**48 €**	**154 €**	**66 €**	268 €
⊞ **Cocina saludable**	**135 €**	**67 €**	**108 €**	310 €
⊞ **Cómic**	**38 €**	**96 €**	**104 €**	237 €

d. Formato: Tabla resumen

En su mayor parte, el formato de la matriz se basa en las mismas propiedades que la tabla simple, por lo que puede usar la tabla anterior como guía.

Pero la matriz ofrece algunas propiedades específicas:

Encabezado	Subtítulo	Propiedad	Valor
Valores preestablecidos de estilo y diseño	Estilo		Ninguno
	Presentación		Compacto

Hay tres posibilidades para la presentación:

- **Compacto**: los títulos están debajo de la categoría, ligeramente sangrados. Puede ajustar la importancia de la sangría con la propiedad del mismo nombre.
- **Esquema**: los títulos están en una columna separada, los totales se muestran en la parte superior. Puede repetir la categoría en cada fila mediante la propiedad **Repetir encabezados de fila**.
- **Tabular**: Los títulos están en una columna separada, los totales se muestran en la parte inferior. También puede repetir la categoría en cada fila.

Encabezado	Subtítulo	Propiedad	Valor
Filas en blanco			Activado (esta propiedad agrega una fila en blanco entre cada categoría)
Valores	Valores	Color del texto	Blanco
		Color de texto alternativo	Blanco
Encabezados de columna	Mensaje de texto	Color del texto	Beige
Encabezados de línea	Texto	Color del texto	Beige
Subtotales de columna			Desactivado (Activado, le permite ver el total en el lado derecho de la matriz)
Subtotales de fila			Activado (en nuestro caso, este es el total por categoría y comercial)

Encabezado	Subtítulo	Propiedad	Valor
	Filas	Posición	Inferior (para mostrar el total en la parte inferior de la categoría)
	Valores	Color del texto	Beige
Total general de fila	Valores	Color del texto	Beige (este es el total en la parte inferior de la matriz)
		Aplicar a etiquetas	Activado (el total es del mismo color que los valores)

Este es el resultado obtenido:

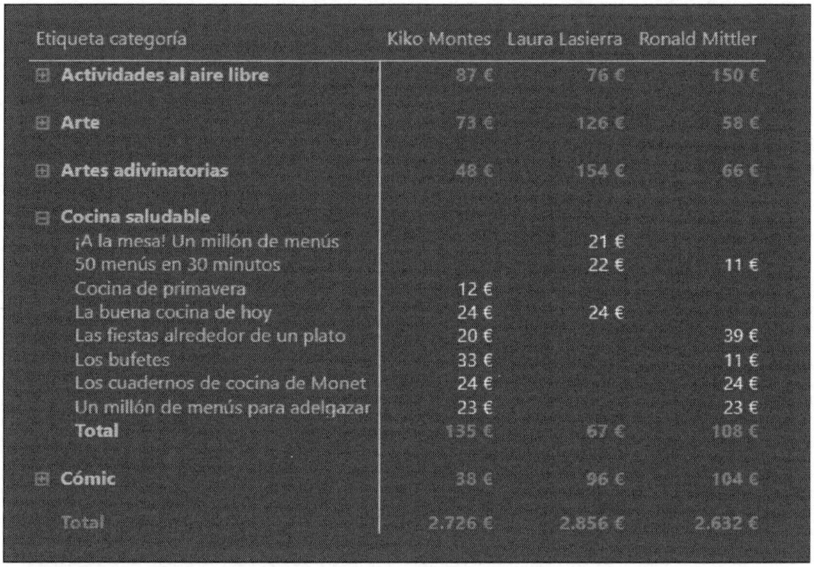

Etiqueta categoría	Kiko Montes	Laura Lasierra	Ronald Mittler
⊞ **Actividades al aire libre**	87 €	76 €	150 €
⊞ **Arte**	73 €	126 €	58 €
⊞ **Artes adivinatorias**	48 €	154 €	66 €
⊟ **Cocina saludable**			
¡A la mesa! Un millón de menús		21 €	
50 menús en 30 minutos		22 €	11 €
Cocina de primavera	12 €		
La buena cocina de hoy	24 €	24 €	
Las fiestas alrededor de un plato	20 €		39 €
Los bufetes	33 €		11 €
Los cuadernos de cocina de Monet	24 €		24 €
Un millón de menús para adelgazar	23 €		23 €
Total	135 €	67 €	108 €
⊞ **Cómic**	38 €	96 €	104 €
Total	2.726 €	2.856 €	2.632 €

e. Formato condicional

La tabla es un visual con muchas opciones para utilizar un formato condicional en los datos. Esto se puede aplicar:

- a un campo de texto o fecha, dependiendo de un dato numérico, presente o no en el visual,
- a un campo numérico,

Además, se puede aplicar:

- a la celda: **Color de fondo**,
- a la fuente: **Color de la fuente**,

- o en forma de iconos,
- pero también en forma de barras en la tabla (barra con la cifra o solo barra) para campos numéricos: **barras de datos** e incluso de URL web.

Veamos algunos ejemplos.

Primero:

✎ Duplique la página **Tabla** (aquella en la que aparece la tabla simple).

✎ Cambie el nombre de la nueva página a **Formato condicional**.

Dar formato con una escala de colores

La escala de colores aplica un degradado continuo de color al fondo de la celda (caso más habitual) o al de la fuente (más raro).

Vamos a probar con nuestra tabla. Se trata de usar un fondo que va del amarillo pálido al naranja en función de la cantidad:

✎ Seleccione la tabla.

✎ En el panel **Visualizaciones**, en la sección **Columnas**, haga clic con el botón derecho en el campo **CN** (así es como hemos renombrado el campo importe en esta tabla) y, a continuación, seleccione **Formato condicional** y **Color de fondo**:

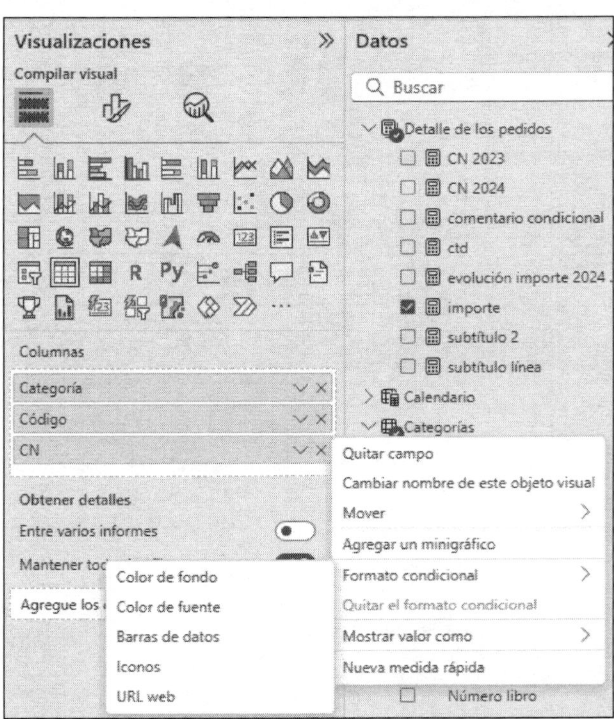

Se abre una ventana:

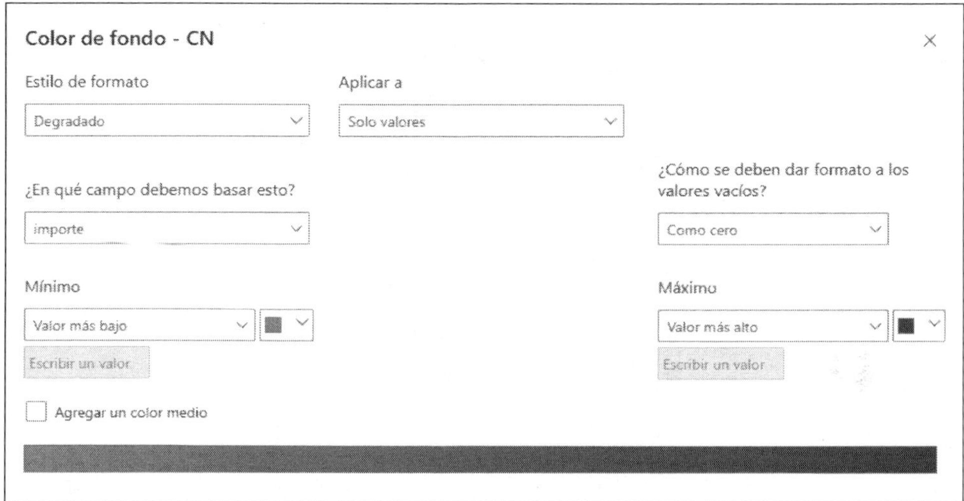

- Para el **Estilo de formato**, mantenga **Degradado**. En la lista desplegable **Aplicar a**, deje **Solo valores** (en contraposición a **Solo total**). El degradado se basará en el campo **importe**. Estas son las propuestas predeterminadas, no hay nada que cambiar aquí.
- Utilice el menú desplegable para elegir un color amarillo pálido en el valor **Mínimo**. Para seleccionarlo, haga clic en **Más colores**.
- A continuación, utilice el menú desplegable para elegir un color naranja para el valor **Máximo**.
- Haga clic en **Aceptar** para aplicar.
- En este ejemplo, vamos a cambiar el color de la fuente utilizando la zona **Columna específica** y la subzona **Valores**, y las propiedades **Color del texto**.

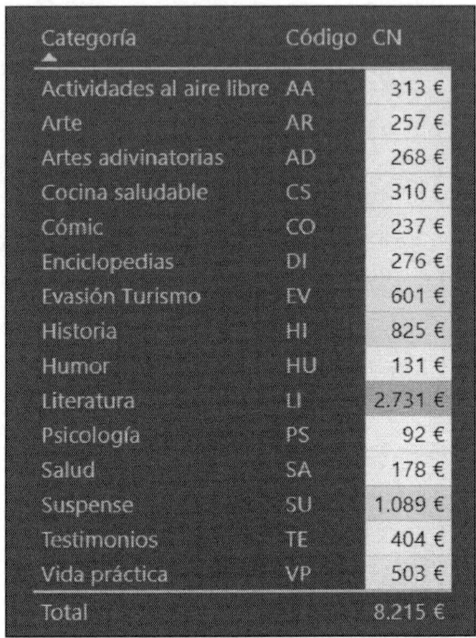

Categoría	Código	CN
Actividades al aire libre	AA	313 €
Arte	AR	257 €
Artes adivinatorias	AD	268 €
Cocina saludable	CS	310 €
Cómic	CO	237 €
Enciclopedias	DI	276 €
Evasión Turismo	EV	601 €
Historia	HI	825 €
Humor	HU	131 €
Literatura	LI	2.731 €
Psicología	PS	92 €
Salud	SA	178 €
Suspense	SU	1.089 €
Testimonios	TE	404 €
Vida práctica	VP	503 €
Total		8.215 €

La categoría Literatura se destaca claramente

Dar formato con reglas

El formato usando de reglas permite definir umbrales («aplicar un color específico si la cantidad es mayor/menor que...»).

Comience por eliminar el formato condicional aplicado al color de fondo de la celda:

- Seleccione la tabla.
- En el panel **Visualizaciones**, en la sección **Columnas**, haga clic con el botón derecho en el campo CN y, a continuación, seleccione **Quitar el formato condicional** y **Color de fondo**.
- Haga clic con el botón derecho en el campo **CN** y, a continuación, seleccione **Formato condicional** y **Color de fondo**.
- En **Estilo de formato**, use el menú desplegable y elija **Reglas** esta vez.
- Como hemos hecho con anterioridad, aplicaremos esto a los **Valores**, en función del campo de **importe** (tenga en cuenta que también puede referirse a otra medida).

En nuestro caso, se trata de aplicar el color naranja a cantidades superiores a 1 000€:

- En el área **Reglas**, aplique la siguiente regla:

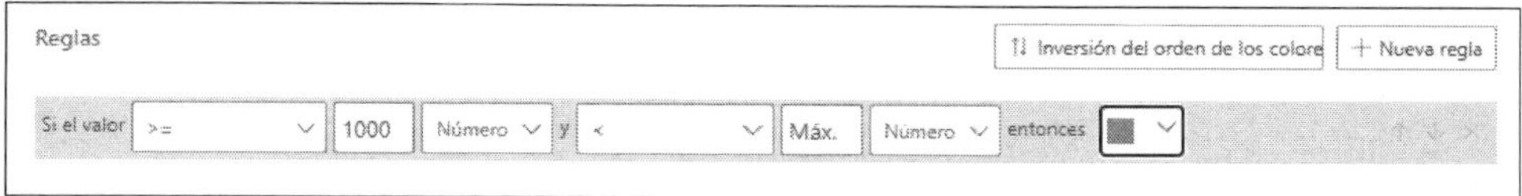

Asegúrese de que selecciona Número después del número 1 000, así como para el valor Máx.

- Haga clic en **Aceptar**.
- Vuelva a cambiar el color de la fuente a blanco, utilizando la zona y la subzona **Valores** las propiedades **Color del texto** y las propiedades **Color del texto alternativo**.

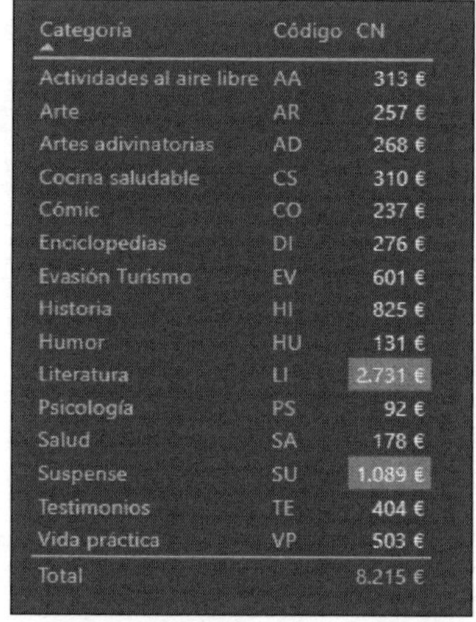

Categoría	Código	CN
Actividades al aire libre	AA	313 €
Arte	AR	257 €
Artes adivinatorias	AD	268 €
Cocina saludable	CS	310 €
Cómic	CO	237 €
Enciclopedias	DI	276 €
Evasión Turismo	EV	601 €
Historia	HI	825 €
Humor	HU	131 €
Literatura	LI	2.731 €
Psicología	PS	92 €
Salud	SA	178 €
Suspense	SU	1.089 €
Testimonios	TE	404 €
Vida práctica	VP	503 €
Total		8.215 €

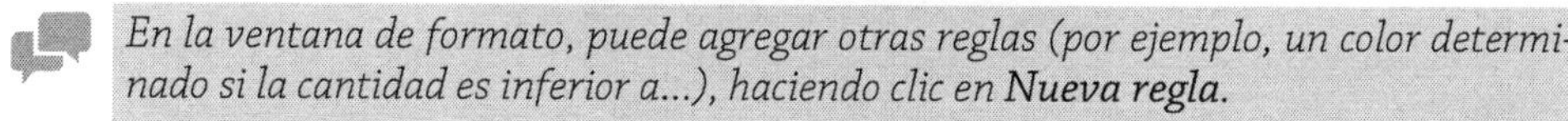

En la ventana de formato, puede agregar otras reglas (por ejemplo, un color determinado si la cantidad es inferior a...), haciendo clic en **Nueva regla.**

La regla = 0 ***Porcentaje*** *se utiliza para identificar el valor mínimo de la tabla.*

La regla = 100 Porcentaje se utiliza para identificar el valor máximo de la tabla.

Categoría	Código	CN
Actividades al aire libre	AA	313 €
Arte	AR	257 €
Artes adivinatorias	AD	268 €
Cocina saludable	CS	310 €
Cómic	CO	237 €
Enciclopedias	DI	276 €
Evasión Turismo	EV	601 €
Historia	HI	825 €
Humor	HU	131 €
Literatura	LI	2.731 €
Psicología	PS	92 €
Salud	SA	178 €
Suspense	SU	1.089 €
Testimonios	TE	404 €
Vida práctica	VP	503 €
Total		8.215 €

Las cantidades mínimas y máximas se muestran claramente

Dar formato con iconos

El formato con iconos se basa en reglas y permite agregar un icono a la celda.

Vamos a hacer que se muestre un círculo de color junto a la etiqueta de la categoría para los valores superiores a 1000 € y para los valores inferiores a 100 €.

- Seleccione la tabla.
- Haga clic con el botón derecho en el campo **Categoría** y seleccione **Formato condicional** e **Iconos**.
- En **Estilo de formato**, seleccione **Reglas** y, en la lista desplegable **Aplicar a**, deje **Solo valores**.
- Atención, en el apartado **¿En qué campo debemos basar esto?**, utilice el menú desplegable para elegir **importe**.

El menú desplegable **Diseño de los iconos** permite colocar el icono a la izquierda o a la derecha del texto.

✎ Defina dos reglas como se muestra a continuación y haga clic en **Aceptar**:

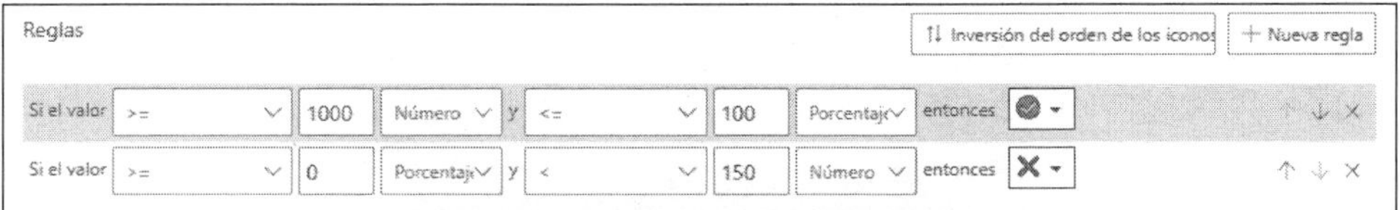

Categoría	Código	CN
Actividades al aire libre	AA	313 €
Arte	AR	257 €
Artes adivinatorias	AD	268 €
Cocina saludable	CS	310 €
Cómic	CO	237 €
Enciclopedias	DI	276 €
Evasión Turismo	EV	601 €
Historia	HI	825 €
Humor	HU	131 €
Literatura	LI	2.731 €
Psicología	PS	92 €
Salud	SA	178 €
Suspense	SU	1.089 €
Testimonios	TE	404 €
Vida práctica	VP	503 €
Total		8.215 €

Dos categorías superan los 1000 euros y otras dos están por debajo de los 150

5. El gráfico circular

Aunque no siempre sea pertinente, el gráfico circular sigue siendo común en un panel de control. Mi recomendación: úselo cuando el número de categorías (es decir, el número de sectores) sea reducido (3 o 4 es un buen umbral).

Te remito a la sección Cómo crear un visual (primera aproximación) para la implementación del gráfico circular.

El gráfico de anillos es una variante interesante, especialmente si se combina con una tarjeta que muestra el total.

Para realizar el siguiente visual, primero debe crear el gráfico de anillos, luego una tarjeta para el total y, a continuación, superponer los dos gráficos:

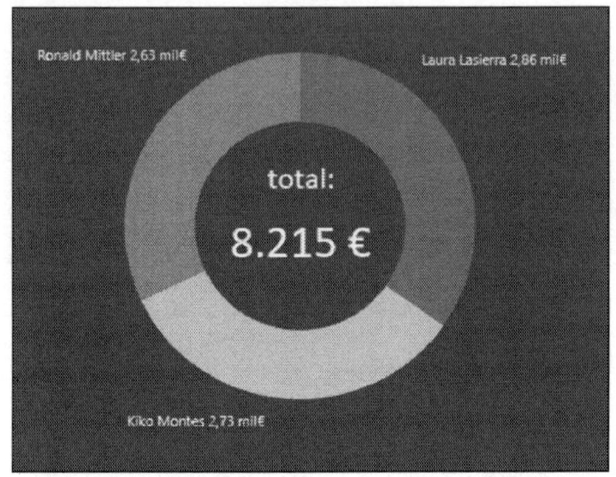

Encontrará este ejemplo en la página Anillo del archivo Libros05.pbix.

6. El mapa de Azure

La cartografía es un tipo de visualización que puede resultar compleja de implementar, dependiendo del nivel de precisión esperado o de los datos disponibles. También entran en juego cuestiones de seguridad, ya que el administrador de Power BI podría haber deshabilitado los mapas.

Por estas diferentes razones, aquí solo veremos un ejemplo sencillo.

Únicamente se presentará el mapa de Azure, ya que los otros tipos de visuales geográficos están llamados a desaparecer gradualmente.

Es posible que tenga que activar la propiedad ***Uso de elementos visuales de mapa y mapa coroplético*** *en la categoría* ***GLOBAL****, subsección* ***Seguridad****, en* ***Opciones*** *(****Archivo - Opciones y Configuración - Opciones****).*

a. Crear el mapa

- Haga clic con el botón derecho en la pestaña de la página **Plantilla** y elija **Duplicar**.
- Cambie el nombre de la nueva página a **Mapa**.
- Seleccione los campos **Ciudad** (tabla **Clientes**) e **importe**.
- Seleccione el visual **Mapa de Azure**:

*Este visual puede aparecer en blanco al principio, con un mensaje en el que se le pide que inicie sesión: en este caso, en el menú **Archivo**, en la parte inferior de este menú, elija **Conectar**.*

Es necesario que el administrador haya habilitado previamente las tarjetas de Azure en el portal.

Este es el aspecto del mapa de Azure predeterminado:

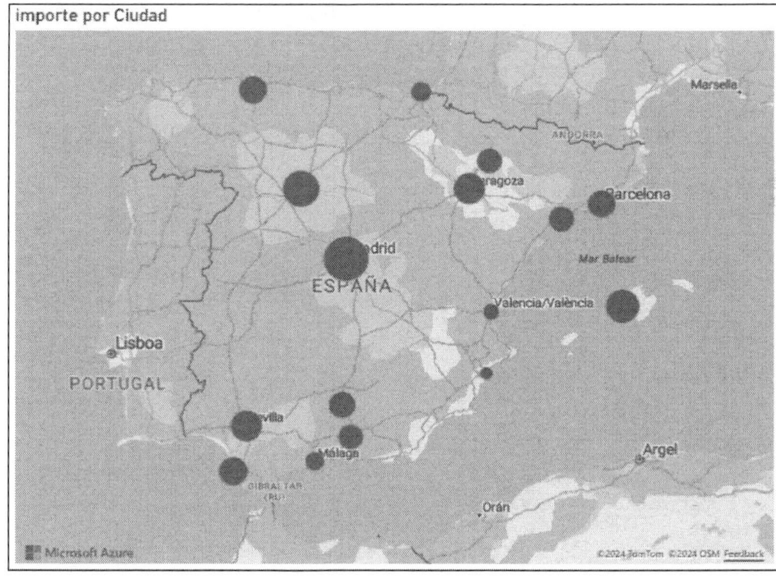

b. Formato: tabla resumen

He aquí algunas ideas de formato:

Zona	Subzona	Propiedad	Valor
Título (pestaña **General**)	Título		Desactivado
Configuración del mapa (pestaña **Objeto visual**)	Estilo	Estilo predeterminado	Carretera (puede probar los diferentes estilos)
		Mostrar etiquetas	Desactivado (son los nombres de las ciudades en general; usaremos un enfoque más preciso)
	Ver	Ampliar automáticamente	Desactivado
Capa de burbujas	Forma	Transparencia	30
	Colores	Valor predeterminado	Caramelo
Etiquetas de categoría			Activado
	Valores	Color	Negro
	Fondo		Desactivado

Y aquí, un resultado propuesto:

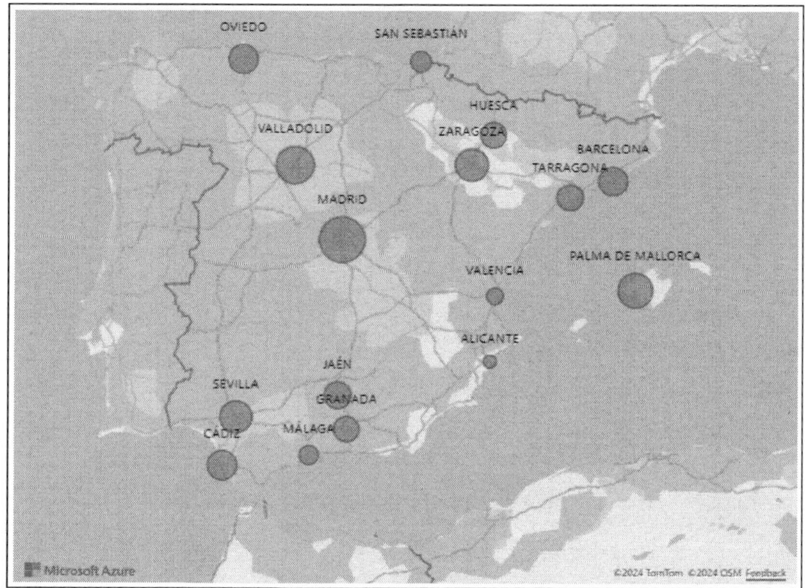

Las etiquetas de categoría permiten mostrar únicamente las ciudades con actividad

Nota para configurar los datos de latitud y longitud

Doy aquí algunos consejos a modo indicativo.

El uso de las coordenadas de latitud y longitud en los datos geográficos ofrece varias ventajas:

- precisión en la geocodificación del mapa,
- mejor rendimiento del informe,
- superación de un límite: en ausencia de estas coordenadas, Power BI tendrá que calcularlas él mismo para colocar los puntos en el mapa. Sin embargo, este cálculo está limitado a 1500 ubicaciones. El uso de las coordenadas de latitud y longitud permite superar con creces este número.

Se deben seguir algunas reglas:

- En la fuente, las coordenadas se indican con una coma:
  Latitud 43.037756 / Longitud -1.026488.
- Al importarlas a Power BI, debe aplicar el formato **Número decimal** a ambas columnas.
- Una vez ejecutada la consulta, en **Herramientas de columna**, opción **Categoría de datos**, recuerde categorizar estos campos como **Latitud** y **Longitud**, respectivamente.

- Por último, asegúrese de que estos campos no estén sumados o resumidos (en el mismo lugar, opción **Resumen: No resumir**).

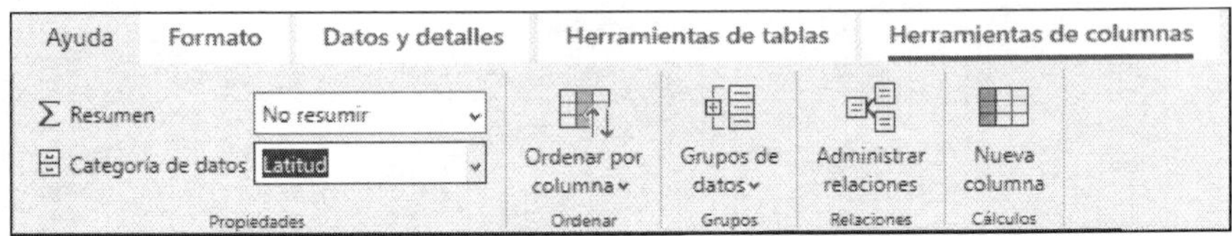

7. El informe o panel de control

Hasta ahora, en aras de una presentación progresiva, hemos creado los diferentes visuales en páginas separadas. En un informe, normalmente se colocan varios visuales en una misma página y se crean directamente en ella.

En esta sección, ensamblaremos rápidamente diferentes visuales en una sola página, utilizando la técnica de copiar y pegar.

- Haga clic con el botón derecho en la pestaña de la página **Plantilla** y elija **Duplicar**.
- Cambie el nombre de la nueva página a **Panel de control**.
- Vaya a la página **Gráfico de barras**, seleccione el visual y, a continuación, use Ctrl C para copiarlo.
- Vaya a la nueva página **Panel de control** y use Ctrl V para pegar el visual.
- Cambie el tamaño y la posición del visual.
- Repita la operación con el gráfico de líneas y la tarjeta (nueva).
- Inserte y dé formato a un cuadro de texto para el título de la página.
- Guarde.

He aquí una propuesta:

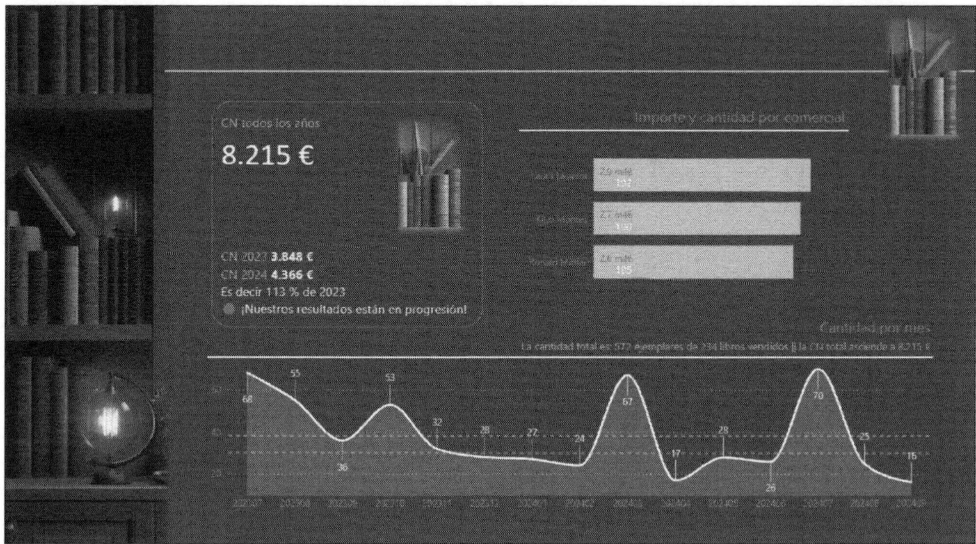

Note cómo los colores aportan equilibrio al diseño

Recuerde que, por defecto, los visuales están conectados y afectan entre sí. Así, al hacer clic en una barra, se filtrarán los otros dos visuales. Abordaremos las interacciones en detalle en el próximo capítulo.

Encontrará todo el trabajo realizado en este capítulo en el archivo **Libros05.pbix**.

Capítulo 6

Sacar el máximo partido a las interacciones

A. Introducción

Ha creado los visuales y los ha reunido: el informe está listo para la configuración de las interacciones.

Estas **interacciones** son de dos tipos: las que facilitan la navegación por el documento (pasar de una página a otra del informe) y las que permiten filtrar los datos.

Entre las posibilidades se incluyen:

- El panel **Filtros**, que permite filtrar fácilmente un visual, una página o incluso todo el informe.
- Dentro de un visual, otro tipo de interacción consiste en explorar los datos: pasar de un nivel general a uno más detallado, dependiendo de los campos presentes en el visual, o de una página a otra, más detallada, con los filtros de extracción.
- Otro tipo de interacción tiene lugar entre los diferentes visuales, que se filtran automáticamente entre sí (filtrado o resaltado, según los visuales), como vimos anteriormente. Pero es fácil configurar estas interacciones de forma precisa.
- El usuario puede interactuar con el informe a través de un visual específico, la segmentación.
- Por último, el uso combinado de marcadores y botones o imágenes permite una navegación rápida e intuitiva por el informe.

Controlar bien cómo se producen estas interacciones es esencial para que el informe logre su objetivo. Y, por lo tanto, este punto debe haber sido planificado de antemano y tenido en cuenta durante el proceso de construcción del informe.

Por supuesto, la posibilidad de usar interacciones depende de la consulta del informe en Power BI, ya sea Power BI Desktop o Power BI Service.

Para ilustrar todos estos temas, puede comenzar desde el archivo del capítulo anterior o abrir el archivo **Libros06-inicio.pbix**, disponible para descargar.

*Encontrará todas las operaciones ilustradas en este capítulo en el archivo **Libros06-final.pbix**.*

B. Botones, acciones, navegador

Los botones, así como las imágenes y las formas, se asocian con acciones de navegación dentro del documento (de una página a otra) o hacia el exterior (usando URL que apuntan a un sitio web o a cualquier objeto asociado a una dirección web).

1. El navegador de páginas

El **navegador de páginas** es un objeto específico: se trata de un conjunto de botones, cada uno de los cuales corresponde a una página y permite acceder a ella. La implementación es muy sencilla:

- Abra su archivo o abra el archivo **Libros06-inicio.pbix**.
- Duplique la página **Plantilla**.
- Cambie el nombre de la nueva página a **Inicio**.

*Desde la versión de mayo de 2024, al hacer clic con el botón derecho en la pestaña de esta página, se puede usar el menú **Mover a** y luego **Mover al frente** para cambiar la posición de la página al principio del documento.*

- En la pestaña **Insertar**, haga clic en el botón **Botones**, seleccione la opción **Navegador** y, a continuación, **Navegador de páginas**.

Aparece un nuevo objeto en la página, que consta de un conjunto de botones, uno para cada página del documento.

- Mueva y cambie el tamaño del objeto.

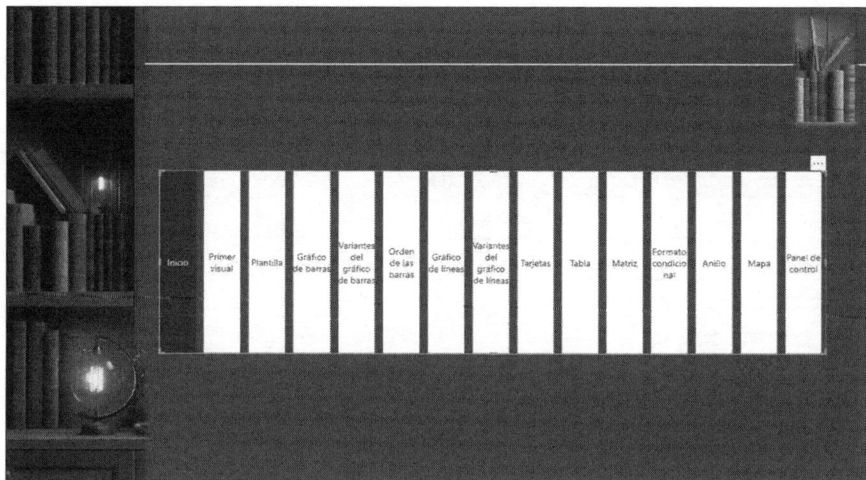

Ahora, configuraremos el objeto con sus propiedades de formato.

✎ Asegúrese de que el objeto esté seleccionado y, a continuación, vaya al panel **Explorador de formatos**, en el lado derecho de la pantalla.

Es posible configurar la forma de los botones, el estilo (cómo se ve el botón en reposo, o cuando pasa el cursor sobre él, o cuando hace clic en él), las páginas que deben mostrarse y el diseño de la cuadrícula.

He aquí una propuesta de formato:

Zona	Subzona	Propiedad	Valor
Diseño de cuadrícula		Orientación	Cuadrícula
		Filas	4
		Columnas	5
		Espaciado	5
Forma		Forma	Rectángulo redondeado
Estilo	Aplicar configuración a	Estado	Mantener el puntero (apariencia del botón cuando pasa el cursor sobre él)
	Texto	Color de fuente	Blanco
	Rellenar	Color	Caramelo (color del tema 3)
Páginas	Mostrar		Desactivar Inicio

Con esta configuración, los botones reaccionan al pasar el ratón y la página de **inicio** no es visible (es lo normal, ya que es la página en la que nos encontramos).

Acaba de crear una forma de sumario.

- Para probar el botón en Power BI Desktop, es decir, en modo de diseño, mantenga pulsada la tecla Ctrl y, a continuación, haga clic en el botón (este método no funcionará una vez que se publique el informe).
- Mantenga pulsada la tecla Ctrl y haga clic en **Panel de control**.

Ahora se encuentra en esta página.

2. El botón de inicio

Ahora que está en la página del **panel de control**, ¡es hora de agregar un botón para volver a la página de inicio!

- En la pestaña **Insertar**, haga clic en el botón **Botones** y, a continuación, seleccione el botón **Atrás**.

El botón aparece en la esquina superior izquierda de la página. Puede dejarlo ahí o colocarlo en la esquina inferior izquierda. También puede cambiar su tamaño.

Este botón, al igual que cualquier visual, se puede configurar (especialmente en cuanto a su color). Sin embargo, en este caso, no es necesario.

Una propiedad importante de los botones (esto también se aplica a las imágenes y las formas, que se pueden usar para el mismo propósito) es la acción asociada con ellos.

- En el panel **Formato del botón**, abra la zona **Acción** y, a continuación, abra la subzona **Acción**.

El botón **Atrás**, como su nombre indica, permite volver a la página anterior. Podríamos dejar esto como está, pero lo que queremos es volver a la página de inicio.

- Abra el menú desplegable **Tipo** y seleccione **Navegación de páginas**.
- Abra el menú desplegable **Destino** y seleccione **Inicio**.

El botón ahora lo lleva de regreso a esa página, asegurando una navegación fluida entre las páginas del documento.

Para una navegación coherente, copie el botón **Atrás** en todas las páginas, excepto la de inicio.

✎ Vuelva a la página de **inicio** e inserte un cuadro de texto **Sumario**:

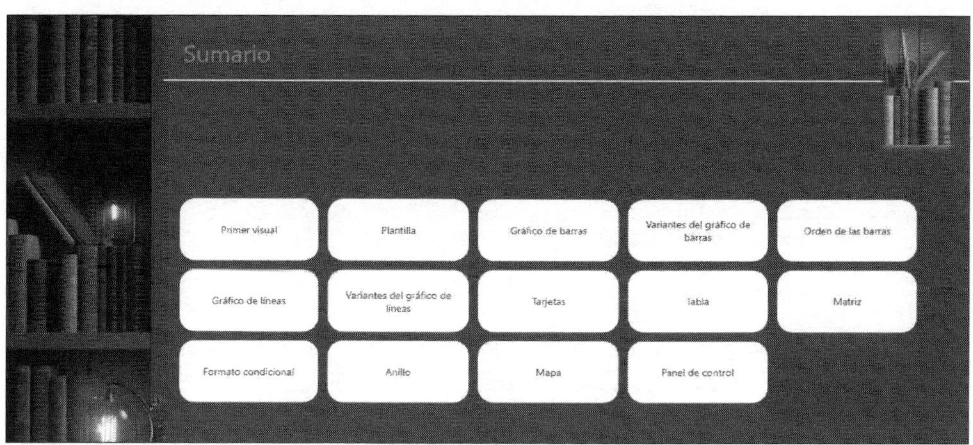

Los botones se pueden reemplazar por imágenes o formas; ambos disponen también de la propiedad ***Acción*** *para la navegación.*

El navegador de botones en la página de ***inicio*** *es dinámico: si crea una nueva página, se agregará automáticamente al sumario.*

C. La segmentación

La **segmentación** es el visual por excelencia para filtrar los demás visuales en una página o en todo el informe.

De forma predeterminada, una segmentación filtra todos los visuales de la página, pero veremos en el próximo capítulo que esto se puede configurar con mayor precisión.

Una segmentación puede basarse en uno o más campos, generalmente de tipo texto o fecha.

1. Crear una segmentación de datos

Vamos a configurar un filtro en el panel de control según la categoría de libros.

- Muestre la página **Panel de control**.
- En el panel **Datos**, seleccione el campo **Etiqueta categoría**.
- En el panel **Visualizaciones**, seleccione el tipo de visual **Segmentación de datos**.

- Mueva y cambie el tamaño de la segmentación para que ocupe la franja del lado izquierdo del informe, sin que tape los otros visuales.

A continuación, configuraremos el objeto utilizando las propiedades de formato.

- Asegúrese de que la segmentación esté seleccionada y, a continuación, abra el **panel Visualizaciones – Dar formato a su objeto visual**.

La característica principal de una segmentación es su **Estilo**:

- **Lista vertical**: todos los valores se muestran verticalmente, precedidos por una casilla de verificación;
- **Lista desplegable**: es un menú desplegable, útil cuando hay muchos valores;
- **Mosaico**: en este estilo, los valores de la segmentación tienen forma de botones rectangulares.

Otra propiedad importante es la configuración de la selección múltiple.

He aquí una propuesta de formato para una segmentación de selección múltiple:

Zona	Subzona	Propiedad	Valor
Efectos (General)	Fondo		Desactivar
Configuración de la segmentación	Opciones	Estilo	Lista vertical
	Selección	Selección múltiple con Control	Desactivar
		Mostrar la opción "Seleccionar todo"	Activar
Encabezado de segmentación			Desactivar (se trata del nombre del campo en la parte superior de la segmentación)
Valores	Fuente	Tamaño	10
	Color de fuente		Blanco
	Espaciado		3

Y eso es todo: su segmentación de datos está lista para usar.

✎ Pruébela eligiendo una o más categorías.

El panel de control ha sido diseñado teniendo en cuenta todas las categorías; Por lo tanto, serían necesarias algunas adaptaciones, que no se detallarán aquí.

Por ejemplo, en el gráfico de líneas, sería necesario desactivar la línea constante del eje Y (eliminar «**Obj. Mensual**»), que muestra un objetivo para todas las categorías combinadas (la línea de promedio, en cambio, sigue siendo válida, ya que se calcula en función de las categorías mostradas).

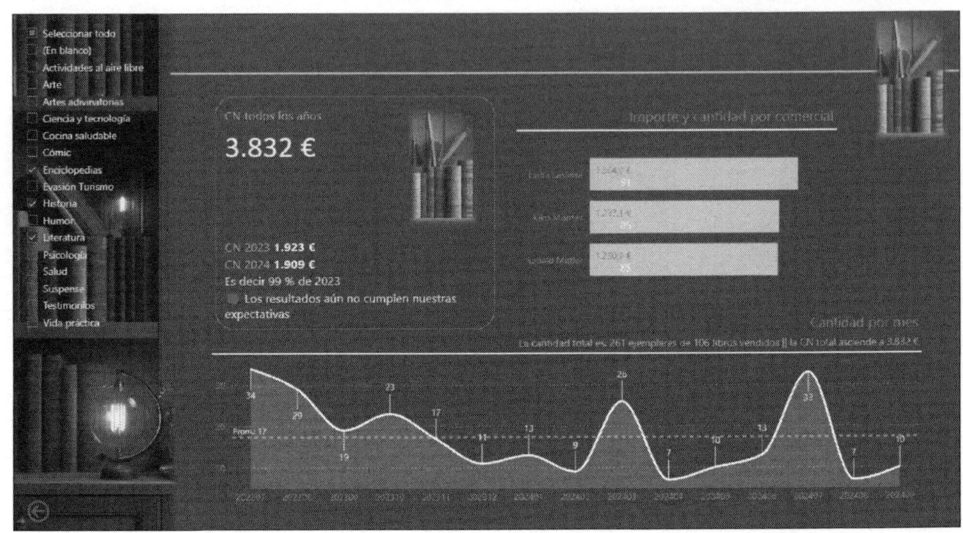

Aquí, por ejemplo, se han seleccionado tres categorías

Tenga en cuenta, asimismo, la presencia de un valor **(En blanco)** en la segmentación. Esto se debe a los datos. Aprenderemos a filtrar por este valor en la sección dedicada a los filtros en este capítulo.

Puede agregar tantas segmentaciones como desee en el informe, independientemente de si el campo se usa o no en los visuales.

2. Crear una segmentación jerárquica

Una **segmentación jerárquica** es una segmentación basada en varios campos, por lo general relacionados de forma jerárquica (aunque esto no es absolutamente necesario); por ejemplo, **Año** y **Mes**, o **Ciudad** y **Cliente**.

Veamos un ejemplo para entender el papel de una segmentación de este tipo.

- En la página **Gráfico de barras**, seleccione los campos **Ciudad** y **Código cliente** en la tabla **Clientes** y, a continuación, haga clic en el visual **Segmentación de datos** en el panel **Visualizaciones**.
- Aplique a la segmentación el formato que desee (por ejemplo, como vimos en la sección anterior).

Los códigos de cliente ahora están «ordenados» dentro de cada ciudad, lo que permite una selección más rápida. Observe que se pueden utilizar ambos niveles: puede optar por ver todos los clientes de una ciudad marcando la ciudad, o seleccionar uno o varios clientes:

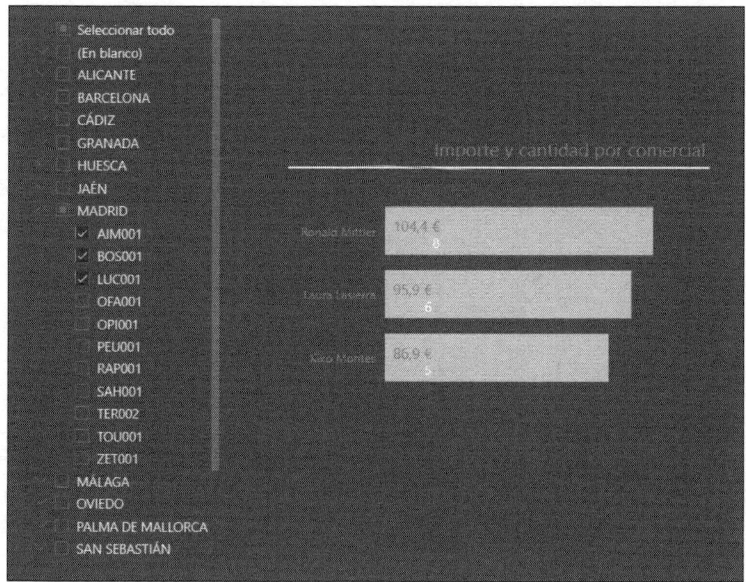

En este ejemplo, se han seleccionado tres clientes de Madrid

D. Comprender y configurar las interacciones entre visuales

El segundo tipo de interacción se produce automáticamente para la mayoría de los visuales: el hecho de hacer clic en una parte (barra, línea, sector) de un visual, afecta a los demás visuales de la misma página. La mayoría de las veces, tendrá que supervisar cómo se producen estas interacciones, ya que no todas están justificadas, dependiendo del objetivo de su informe.

✎ Para ilustrar este tipo de interacciones, muestre la página **Panel de control**.

Supongamos que queremos agregar una tarjeta en la esquina superior derecha que muestre los ingresos totales *incluso aunque se haya seleccionado una ciudad o un cliente* utilizando la segmentación.

Para agregar la tarjeta, seleccione la medida **importe**, luego elija el visual **Tarjeta** y ajuste el formato a su gusto. Coloque la tarjeta en la esquina superior derecha.

Para configurar las interacciones:

- Seleccione el visual **Segmentación de datos**.
- En la pestaña **Formato**, haga clic en el botón **Editar interacciones**.

Aparece un conjunto de pictogramas en la página: permiten activar o desactivar las interacciones con un simple clic:

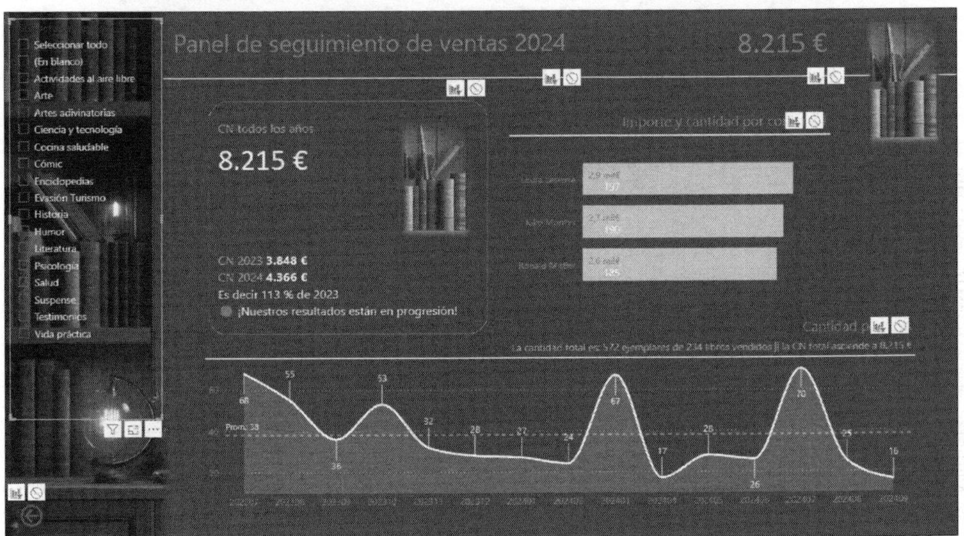

Hay hasta tres tipos de interacciones, dependiendo del botón seleccionado:

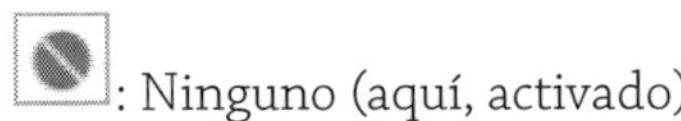

: Ninguno (aquí, activado)

: Resaltado (aquí, inactivo)

: Filtro (aquí, inactivo)

La configuración de las interacciones consiste, para cada visual en relación con cada uno de los demás, en hacer clic en una de estas tres opciones con objeto de activarla o desactivarla.

- Para desactivar la interacción entre la segmentación (seleccionada) y la tarjeta que acabamos de agregar, haga clic en el botón de tarjeta.

Éste, inicialmente blanco (inactivo), se vuelve negro (está activado):

A partir de ahora, no importa si se selecciona una ciudad o un cliente; la tarjeta siempre mostrará el importe total.

✎ Finalice esta operación haciendo clic en el botón **Editar interacciones nuevamente**.

E. Filtros

El panel **Filtros** juega un papel c197

lave: permite filtrar, de manera fácil y rápida, un visual, todos los visuales de la página o todos los visuales de todas las páginas.

De hecho, en todos los visuales que cree, Power BI prepara un filtro para cada campo que se usa en el visual. Por ejemplo, para la segmentación Ciudad/Código cliente de la página **Gráfico de barras**, el panel **Filtros** muestra ambos campos:

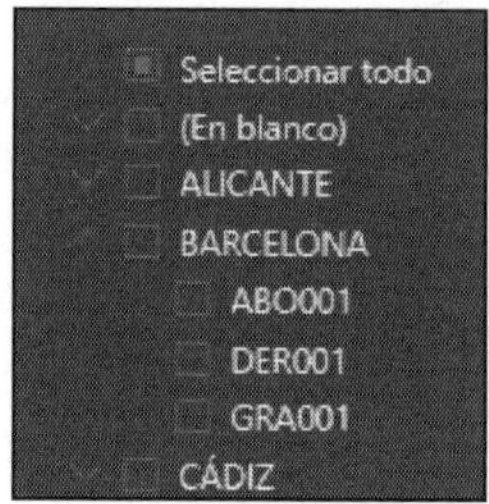

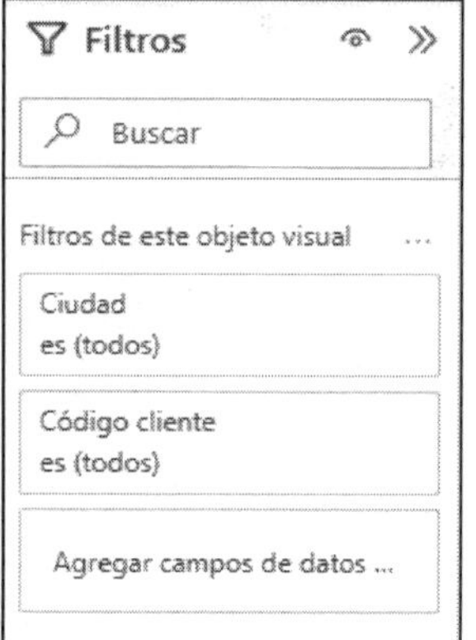

Hay tres tipos de filtros:

- **Filtrado básico**, que permite seleccionar valores marcando o desmarcando las casillas de verificación.

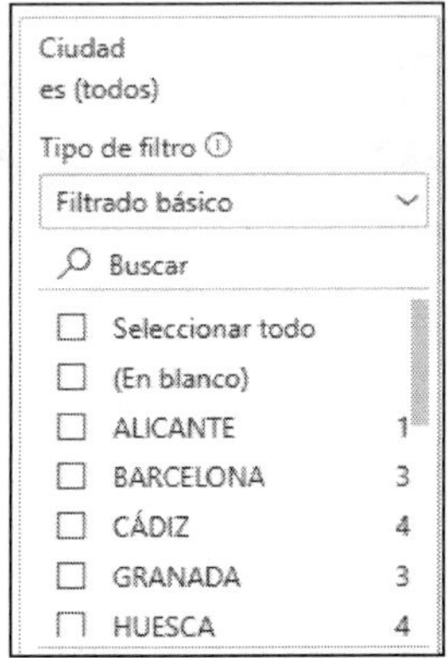

- **Filtrado avanzado**, que permite crear filtros dinámicos, en función de la naturaleza del campo (texto, fecha o número). En el caso de texto, por ejemplo, es posible mantener solo los valores que comienzan con una palabra determinada o que la contienen.

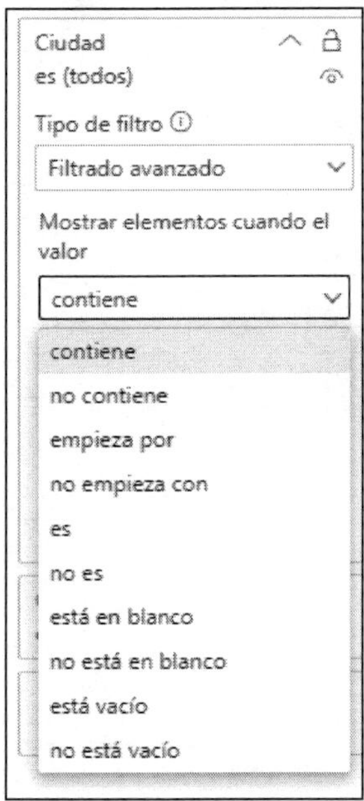

- El filtro **Top N**, que permite visualizar solo los N primeros (o los N últimos) valores en función de un campo numérico que habrá arrastrado desde el panel **Datos** hasta el área **Por valor**.

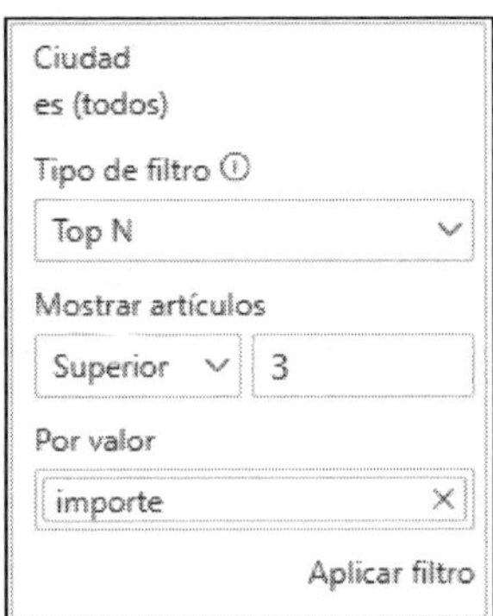

Aquí, solo se muestran las tres primeras ciudades en función del importe. Recuerde que, con este filtro, debe hacer clic necesariamente en ***Aplicar filtro***

Por último, usando el panel **Filtros**, también puede agregar más filtros arrastrando un campo al cuadro **Agregar campos de datos aquí**.

1. Filtrar en un visual

Para ilustrar el filtro a partir de un objeto visual, volvamos a nuestro panel de control.

Tenga en cuenta que hay un valor **(En blanco)** en la segmentación **Etiqueta categoría**. El origen de este valor está en los datos. Si le molesta, tiene la opción de filtrarlo.

- Seleccione la segmentación y abra el panel **Filtros**.
- Despliegue la tarjeta de filtro **Etiqueta categoría**.
- Marque **Seleccionar todo** y, a continuación, desactive **(En blanco)**.

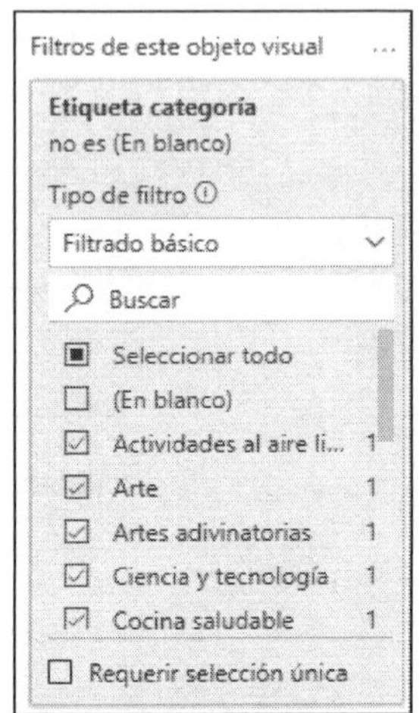

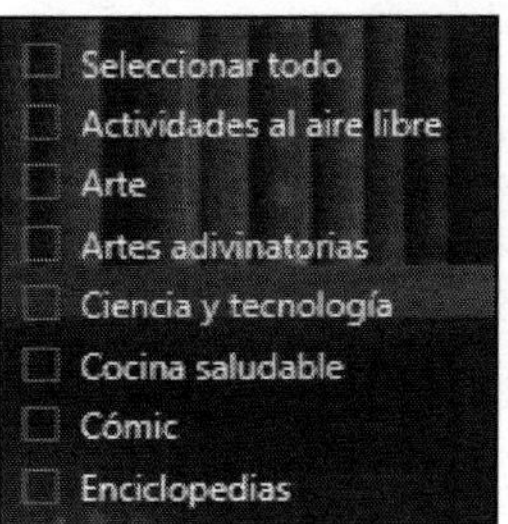

El valor **(En blanco)** desaparece de la segmentación.

2. Filtrar en una página

Ahora imaginemos que queremos ver solo los resultados del año 2024 en nuestro panel de control, y que esto se aplique en todos los visuales de esta página:

✎ En el panel **Datos**, arrastre el campo **Año** al área **Filtros de esta página**.

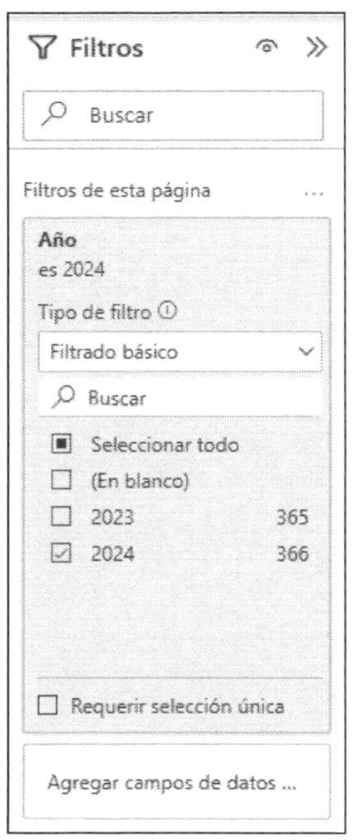

✎ Marque **2024**.

Observe que todos los visuales de la página ahora muestran únicamente los datos del año 2024:

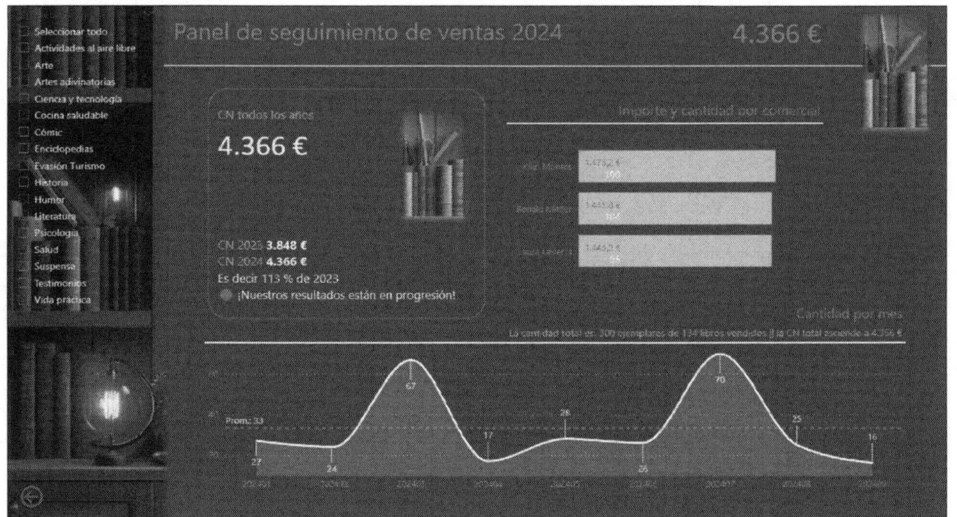

Puede añadir tantos filtros como quiera.

Para averiguar si un visual se ha filtrado de alguna manera, pase el ratón sobre el botón ***Filtros y segmentaciones que afectan a este objeto visual*** *en la esquina superior derecha del visual en cuestión:*

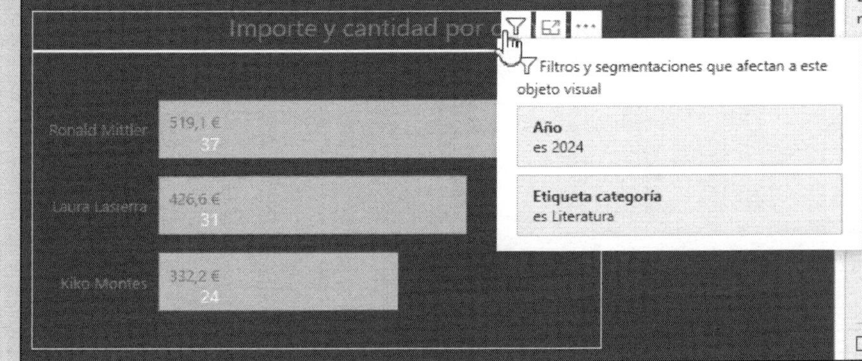

Aquí, el objeto visual se filtra por el segmento ***Etiqueta categoría*** *y por el filtro de página* ***Año****.*

Si aplica un filtro de página, puede ser relevante mencionarlo en el título de la página.

3. Filtrar en todas las páginas

El filtro de todas las páginas se configura exactamente igual que el filtro de una página. La diferencia es que afectará a todos los visuales de todas las páginas del documento.

F. Explorar los datos

La **exploración de datos añade** lo que podríamos llamar *profundidad* a un visual. Esto es posible –dependiendo del visual– gracias a la presencia en el mismo compartimento de varios campos de categoría. Estos campos pueden estar asociados o no a una jerarquía. En este último caso, es necesario que las tablas en las que se encuentran estén estar vinculadas entre sí mediante una relación o que un campo calculado utilice las funciones DAX adecuadas para que uno tenga un efecto en el otro.

La exploración no se aplica a los visuales del Tabla y Tarjeta.

Para ilustrar esta técnica, tomemos la página **Anillo** del informe. Este visual muestra la distribución del importe según el comercial. Podríamos, por ejemplo, añadir un análisis en función del año.

- Abra la página **Anillo**.
- Seleccione el visual y, a continuación, arrastre el campo **Año** desde el panel **Datos** al área (compartimento) **Leyenda** del panel **Visualizaciones**:

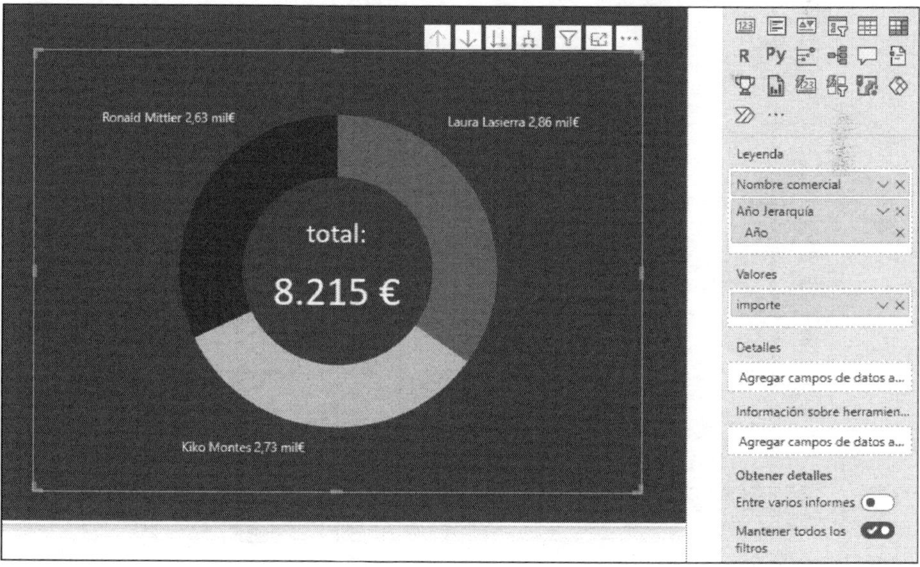

No ha cambiado nada en la imagen en sí, pero observe la aparición de flechas en la parte superior derecha. Son estas flechas las que harán posible la exploración.

Resumir: para subir un nivel cuando decide explorar.

Explorar en profundidad: la segunda flecha activa el primer modo de exploración. Aquí, está inactivo.

El primer modo de exploración está activado.

Ir al siguiente nivel de la jerarquía: el segundo modo de exploración (flecha doble) permite descender un nivel, reemplazando el campo inicial por el campo subyacente.

Expandir todo en un nivel en la jerarquía: el tercer modo de exploración (tridente) permite descender un nivel, agregando el campo subyacente al campo inicial.

Haga clic en el botón **Ir al siguiente nivel de la jerarquía** : el visual ahora muestra el importe por año.

Haga clic en el botón **Resumir** para subir al nivel **Comercial**.

- Ahora haga clic en el botón **Expandir todo en un nivel en la jerarquía** para ver la cantidad por comercial y año.

- Haga clic en el botón **Resumir** para subir al nivel **Comercial**.

- Ahora haga clic en el botón **Explorar en profundidad** para activar el modo **Detallado**.

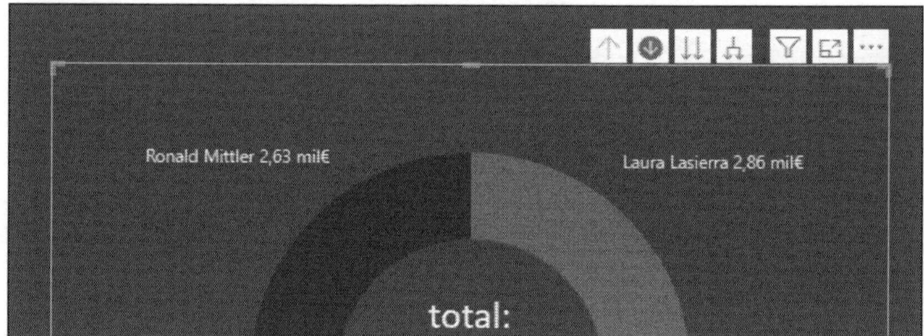

- Haga clic en uno de los sectores del anillo. El visual pasa al nivel **Año**, pero, atención, solo para el comercial del sector en el que hizo clic.

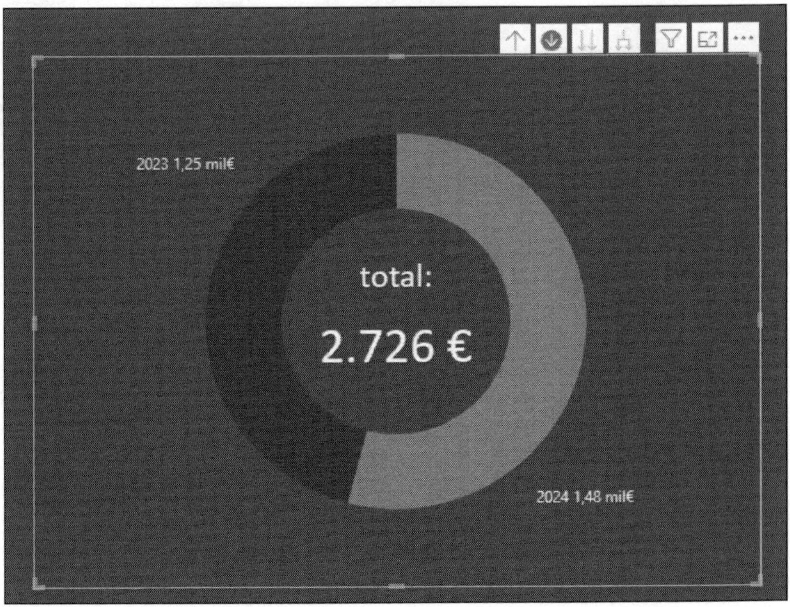

Aquí, podemos leer los importes anuales solo para el segundo comercial

- Haga clic en el botón **Resumir** para subir al nivel **Comercial**.

G. Sacar el máximo partido a las etiquetas emergentes (información sobre herramientas)

Si se configuran correctamente, las **etiquetas emergentes** pueden aportar mucho valor, especialmente para mostrar un nivel de detalle que es incompatible con las reglas de composición del informe y añadirle profundidad; las etiquetas emergentes son sensibles al lugar donde aparecen (en otras palabras, son sensibles al contexto del filtro). Imagine, por ejemplo, un gráfico que muestra el importe total de los pedidos por cliente y que, al pasar el cursor sobre la barra de un cliente, se muestra la lista de sus pedidos con su fecha, el método de pago y el importe detallado.

De hecho, en una etiqueta emergente, es muy sencillo agregar información adicional e incluso añadir un gráfico: veamos cómo hacerlo.

1. Cambiar la etiqueta emergente estándar de información sobre herramientas

Como recordatorio, todos los campos utilizados para construir el objeto visual se colocan automáticamente en la etiqueta emergente estándar:

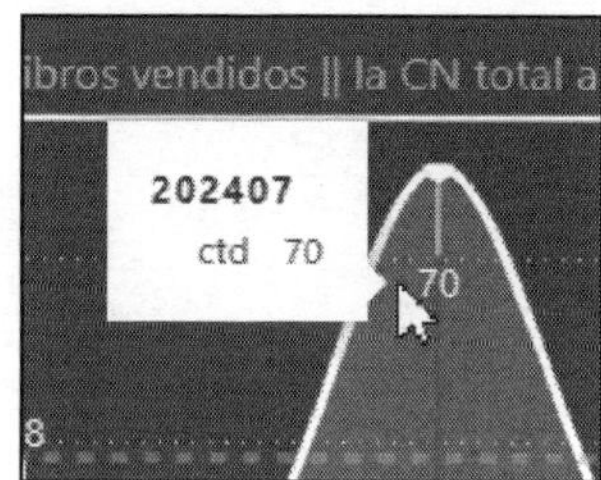

Pero esta etiqueta emergente solo repite lo que muestra el gráfico. Es muy fácil agregar más información a esta etiqueta.

- Vaya a la página **Panel de control**.
- Seleccione el gráfico de líneas que muestra los meses y la cantidad.

En el panel **Visualizaciones**, puede agregar más datos en el compartimento **Información sobre herramientas**.

- Desde el panel **Datos**, arrastre el campo **importe** al compartimento **Información sobre herramientas**.
- Pase el cursor sobre el gráfico para comprobar que ahora se muestran estos datos.

A título informativo, esta etiqueta emergente estándar se puede configurar en la pestaña **Dar formato a su objeto visual (General)**, zona Información sobre herramientas (características y color del texto, color de fondo y transparencia):

2. Crear una etiqueta emergente

Pero es sobre todo la posibilidad de añadir un gráfico (contextual) a la etiqueta emergente lo que hace que este enfoque sea interesante.

El principio general consiste en crear una página «técnica» de tipo etiqueta emergente, diseñar un pequeño visual en ella y asociarlo con su gráfico o tabla.

Vamos a configurar una etiqueta emergente en el gráfico de líneas que muestre una pequeña tabla con las cantidades y los importes por semana.

- Agregue una nueva página a su informe.
- En la pestaña **Dar formato a la página del informe** del panel **Visualizaciones**, abra la zona **Configuración de lienzo**, abra el menú desplegable de la propiedad **Tipo** y seleccione **Información sobre herramientas**.

El tamaño de la página se reduce y, de hecho, será el tamaño de la etiqueta emergente (tenga en cuenta que si elige **Personalizado** en este menú desplegable, puede especificar el tamaño de la etiqueta emergente con mayor precisión).

- Seleccione los campos **Semana**, **ctd** e **importe** para crear una tabla simple; ajuste las propiedades a su gusto, teniendo en cuenta que solo serán visibles cuatro o cinco semanas.
- Haga que la tabla ocupe todo el espacio de la página de la etiqueta emergente.

Semana	ctd	importe
2023S26	8	111 €
2023S27	25	342 €
2023S28	6	84 €
2023S29	17	236 €
2023S30	12	186 €
2023S31	18	242 €
Total	**572**	**8.215 €**

- Cambie el nombre de esta página a **Etiqueta emergente 1**.
- Ahora vaya a la página **Panel de control** y seleccione el gráfico de líneas.
- En el panel **Visualizaciones**, muestre la pestaña **Dar formato a su objeto visual - General** y vaya a la zona **Información sobre herramientas**.
- En la propiedad **Tipo**, elija **Página del informe**.
- En la propiedad **Página**, seleccione **Etiqueta emergente 1**.
- Pase el cursor sobre uno de los puntos de la curva para ver la tabla que se muestra.

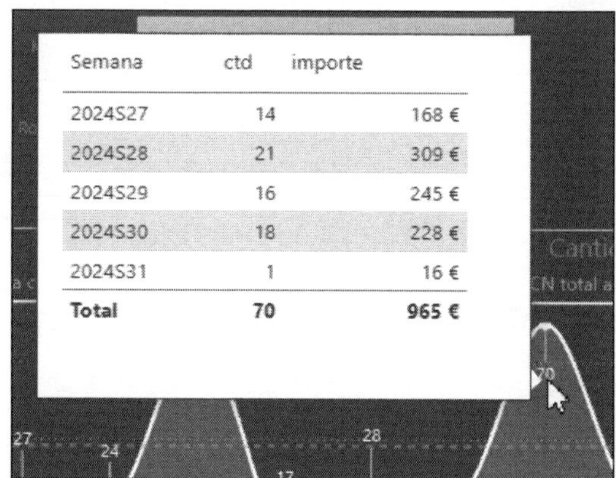

Semana	ctd	importe
2024S27	14	168 €
2024S28	21	309 €
2024S29	16	245 €
2024S30	18	228 €
2024S31	1	16 €
Total	**70**	**965 €**

H. Usar marcadores

En pocas palabras, un **marcador** permite mostrar u ocultar uno o más visuales en la página. Esta técnica, que ilustraremos con un ejemplo sencillo, ofrece muchas posibilidades; puede encontrar fácilmente testimonios y casos de uso en Internet (en inglés, «marcador» es *bookmark*). Un caso común es mostrar, bajo demanda, un cuadro con todos los segmentos para que no ocupen demasiado espacio en la página.

En las siguientes líneas, veremos cómo crear y usar un marcador. Se mostrarán los datos en un gráfico o en una tabla según las necesidades del usuario, quien podrá alternar entre ellos haciendo clic en un botón.

Sigamos con el mismo archivo.

- Comience duplicando la página **Gráfico de líneas** y cambie el nombre de la copia a **Marcadores** (haga clic con el botón derecho en la pestaña de la página).
- Cree y dé formato a una tabla sencilla con los campos **Año, mes, ctd** e **importe**.

Puede copiar y aplicar el formato de una tabla de otra página mediante la función ***Copiar formato*** *de la pestaña* ***Inicio****.*

- Mueva la tabla para que se superponga con el gráfico: los marcadores permitirán mostrar uno u otro según la preferencia del usuario del informe.
- Agregue dos botones en blanco a la página (pestaña **Insertar**, botón **Botones** y, a continuación, **En blanco**).
- Para el primer botón, en el panel **Formato del botón**, zona **Estilo**, en la lista desplegable **Estado**, elija **Valor predeterminado**; active la subzona **Texto** y, en la propiedad **Texto**, escriba **Mostrar como tabla** y elija un color claro (blanco o caramelo muy claro). Del mismo modo, para el segundo botón, escriba **Mostrar como línea.**

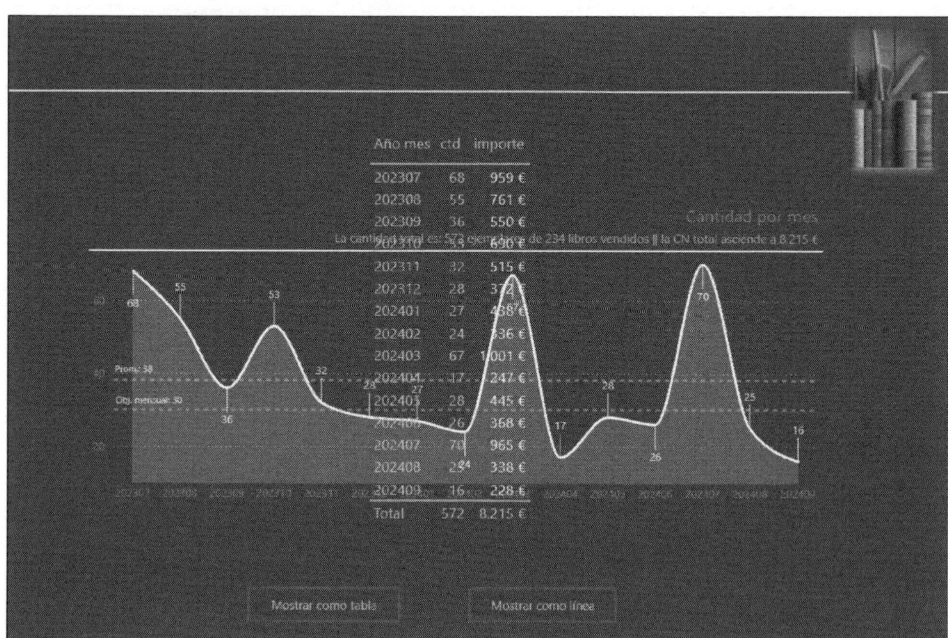

Ahora centrémonos en los marcadores.

- En la pestaña **Ver**, haga clic en **Marcadores** y **Selección**: a la derecha, aparecen dos paneles nuevos.

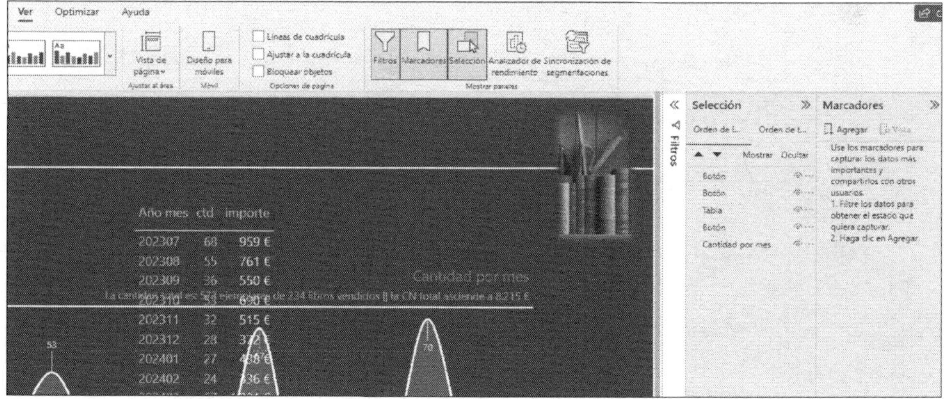

- En el panel **Selección**, se muestra una lista de cinco elementos: haga clic en el primero y se seleccionará en la página.

Haciendo doble clic en un elemento de esta lista, puede cambiarle el nombre: esto es muy recomendable cuando tiene previsto crear marcadores.

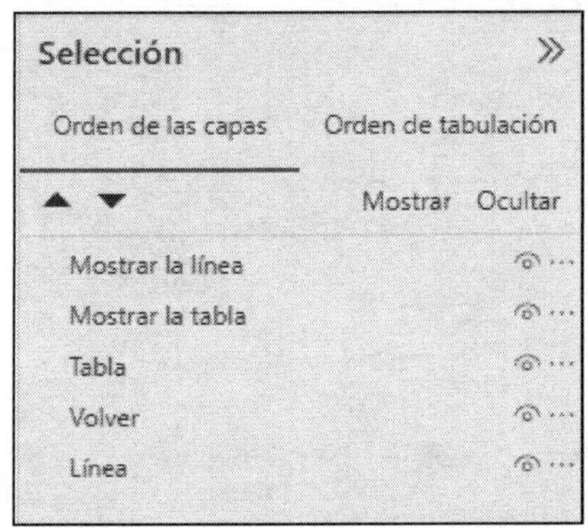

A la derecha del nombre del elemento, hay un pictograma : para ocultar un elemento, haga clic en él (el ojo aparecerá tachado).

Vamos a crear dos «imágenes» de nuestro informe: en la primera, se ocultarán la el gráfico de líneas y el botón **Mostrar como tabla**; en la segunda, lo que se ocultará será la tabla y el botón **Mostrar como línea** (el botón llamado **Volver** permite volver a la tabla de contenido y siempre está visible).

Le sugiero que superponga los dos botones, de modo que aparezcan uno en lugar del otro.

- En el panel **Selección**, oculte los elementos **Mostrar la tabla** y **Línea**.
- En el panel **Marcador**, haga clic en **Agregar**.
- Haga doble clic en el elemento **Marcador 1** que acaba de crear y cámbiele el nombre a **Tabla visible**.

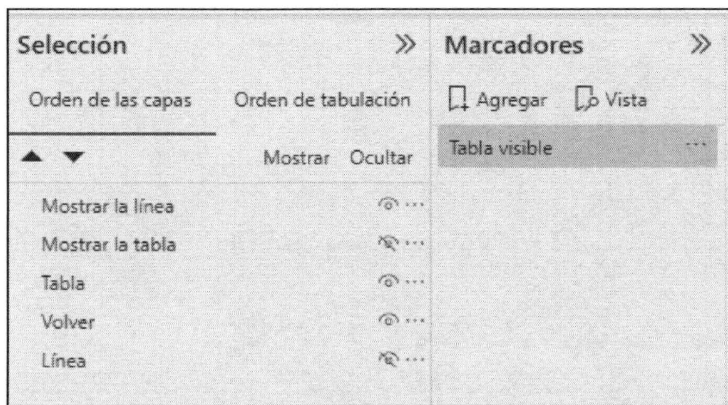

- Vuelva a mostrar la línea y el botón ocultos, y oculte los elementos **Tabla** y **Mostrar la línea**.
- Vuelva a agregar un marcador y cámbiele el nombre a **Curva mostrada**.

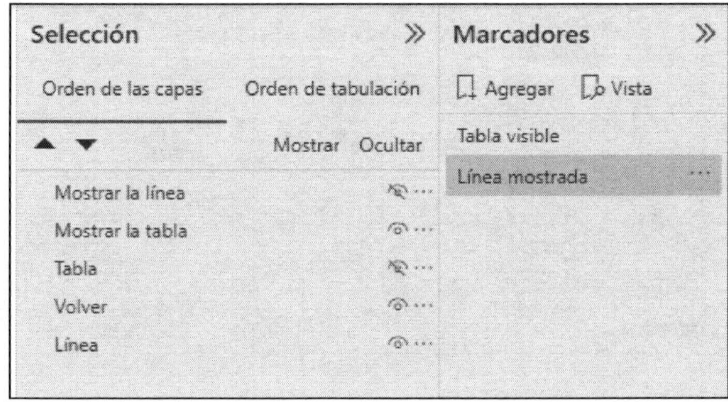

- Puede hacer clic en un marcador para que aparezca, y luego en el otro para que aparezca en su lugar.

Lo único que nos falta ahora es asociar las acciones de navegación de cada botón a uno u otro marcador:

- Asegúrese de que el marcador **Línea mostrada** esté seleccionado.
- Haga clic en el botón **Mostrar como tabla** o en el elemento **Mostrar la tabla** en el panel **Selección**.
- En el panel **Formato del botón**, active la zona **Acción**.
- En la subzona **Acción**, cambie la propiedad **Tipo** a **Marcador**.
- En la propiedad **Marcador**, elija **Tabla visible** en el menú desplegable.

- Ahora cambie al marcador **Tabla visible**; seleccione el botón **Mostrar como línea** y agregue, de igual modo, una acción de tipo **Marcador** al marcador **Línea mostrada**.
- Guarde el archivo.

¡Es hora de probarlo!

En Power BI Desktop, para probar un botón, es necesario mantener pulsada la tecla Ctrl *al hacer clic; esto ya no será necesario una vez que se publique el informe.*

Asegúrese de que está cambiando de una vista a otra.

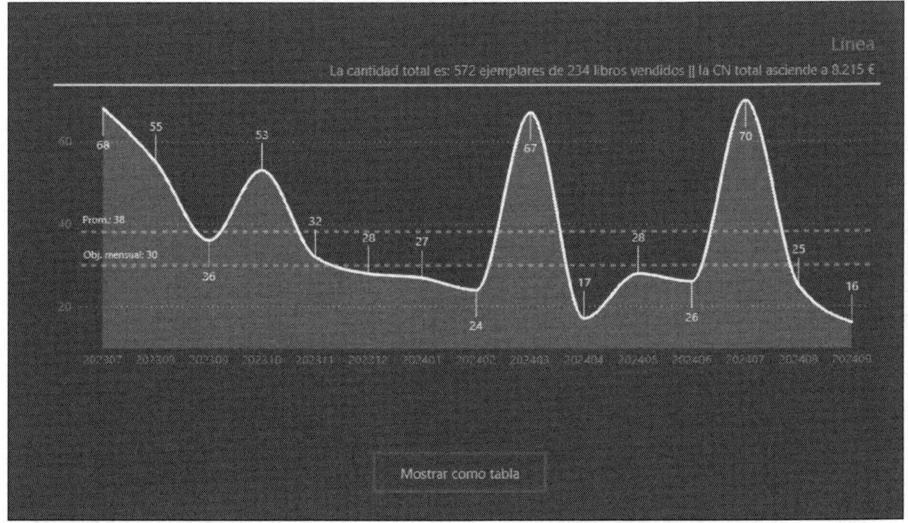

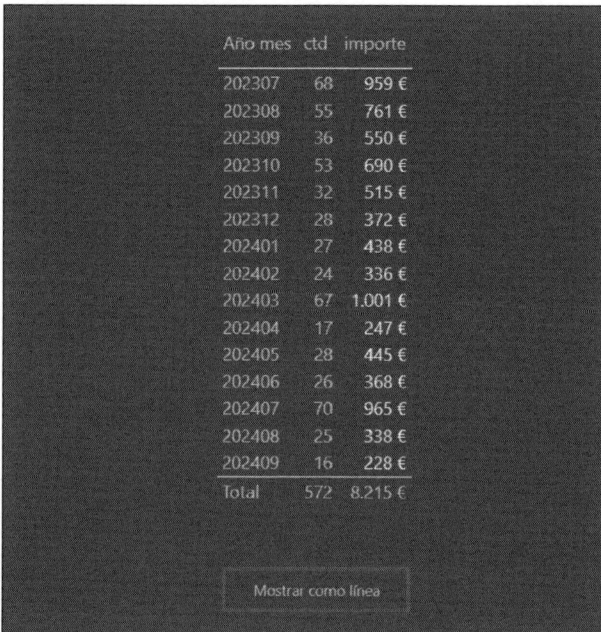

Año mes	ctd	importe
202307	68	959 €
202308	55	761 €
202309	36	550 €
202310	53	690 €
202311	32	515 €
202312	28	372 €
202401	27	438 €
202402	24	336 €
202403	67	1.001 €
202404	17	247 €
202405	28	445 €
202406	26	368 €
202407	70	965 €
202408	25	338 €
202409	16	228 €
Total	572	8.215 €

*Tenga cuidado: un marcador se guarda con los datos tal cual. En caso de que haya una segmentación en la página, es posible que desee que los diferentes marcadores respondan a él. En este caso, haga clic con el botón derecho en el nombre del marcador y desmarque **Datos**:*

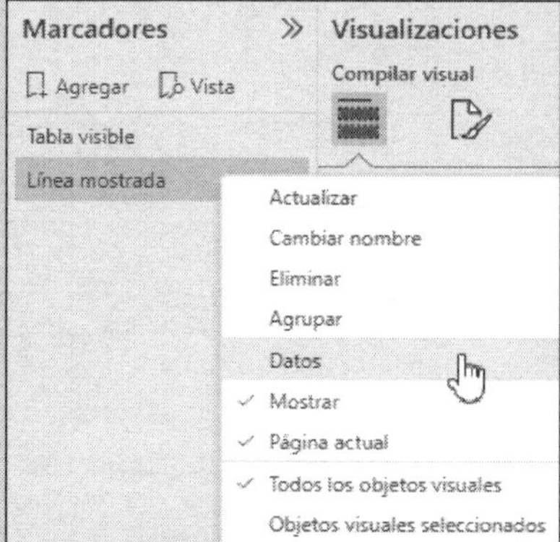

Con esta configuración, el marcador tendrá en cuenta los datos seleccionados en la segmentación, si la hay.

Capítulo 7

Analizar los datos con o sin DAX

A. Introducción

Desde su creación, Power BI se diseñó como una herramienta de bajo código, lo que permite generar fórmulas directamente desde su interfaz gráfica (IU) sin necesidad de programación avanzada. Este enfoque se aborda en la primera parte de este capítulo, a través de tres ejemplos complementarios.

Como sucede con la mayoría de estas herramientas, es al hacer el esfuerzo de aprender el lenguaje de fórmulas (en Power BI, DAX) cuando realmente se alcanza un nivel avanzado y se aprovecha todo el potencial de la herramienta. En la segunda parte de este capítulo, encontrará una introducción completa a DAX, que le permitirá comprender su mecánica y dominar sus fundamentos esenciales.

A comienzos de 2024, Power BI integró la IA generativa con la llegada de Copilot. Aunque esta función aún es reciente, ya ofrece posibilidades interesantes y una integración eficiente. La última sección de este capítulo aborda los requisitos previos, especialmente en términos de licencias, y el uso de Copilot para generar fórmulas DAX.

Atención: Copilot para Power BI, al igual que la IA generativa en general, requieren que los resultados se analicen con cuidado, y es absolutamente necesario tener unos conocimientos mínimos de DAX para validar las respuestas proporcionadas por la IA. Por ello, es esencial tener una base sólida en DAX y comprender algunos conceptos y funciones clave, que es el propósito de este capítulo.

B. Usar la interfaz de usuario

Para practicar los ejemplos de este capítulo, puede continuar con el archivo Libros o comenzar desde el archivo Libros 07.pbix que ya ha debido de descargar.

El uso de la interfaz de usuario en Power BI permite generar fórmulas de manera automática a través de menús y opciones predeterminadas. Es un método rápido y sencillo, aunque puede resultar limitante, ya que rara vez se tiene acceso directo a la fórmula generada.

1. Para elegir el tipo de agregación

Ya hemos utilizado, sin darnos cuenta, el primer tipo de fórmula generada implícitamente:

Autor	Número libro	Suma de Núm. páginas	Suma de Precio catálogo
GIONO	61	512	14,94 €
GIONO	62	368	13,72 €
GIONO	63	314	13,72 €
GIONO	64	528	14,64 €
GIONO	65	384	14,33 €
GIONO	66	512	14,64 €
GRISHAM	117	720	15,24 €
GRISHAM	118	592	14,94 €
Total		3930	116,17 €

Esta tabla se construye a partir de *las columnas* de la tabla **Libros** (**Autor**, **Número de libro**, **Número de páginas**, **Precio de catálogo**). Las dos últimas columnas están precedidas, en el panel **Datos**, por un pictograma Σ, que indica que estos datos siempre van acompañados de una función de agregación implícita cuando se añaden al informe. De forma predeterminada, la función de agregación implícita siempre es la suma («Suma de»).

En esta tabla, esta suma no lo es realmente, ya que cada libro, identificado por su número, tiene un número de páginas y un precio de catálogo. Pero entonces, ¿por qué se aplica esta agregación automática?

La respuesta aparece cuando eliminamos el campo **Número de libro**, dejando únicamente el **Autor**:

Autor	Suma de Núm. páginas	Suma de Precio catálogo
GIONO	2618	85,98 €
GRISHAM	1312	30,18 €
Total	3930	116,17 €

Esta vez, la suma del número de páginas tiene todo el sentido: Giono está asociado a seis obras, con un total de 2618 páginas. Y así es como se obtiene el número total de páginas por categoría de libro.

Este es un funcionamiento habitual en las herramientas de BI, que están diseñadas para analizar datos a diferentes niveles (año, mes, semana es otro ejemplo). Que Power BI lo haga automáticamente es, por lo tanto, algo positivo.

Pero ¿qué pasa con el precio de catálogo? ¿Es la *suma* de los precios un buen indicador? En general, se utiliza más bien el promedio («Tenemos 6 libros de Giono en el catálogo. Su precio medio es de ...»).

La interfaz de usuario permite elegir la función implícita asociada por defecto a una columna numérica, pero también modificar esta función para un visual determinado.

- Duplique la página de la **plantilla**, cambie el nombre de la página copiada **a Fórmulas IU** y cree una tabla con los campos **Autor**, **Núm. páginas** y **Precio catálogo** de la tabla **Libros** (si lo desea, aplique un formato a la tabla).

Para modificar la función de agregación predeterminada de un visual, acceda al menú desplegable de la columna en el panel **Visualización**:

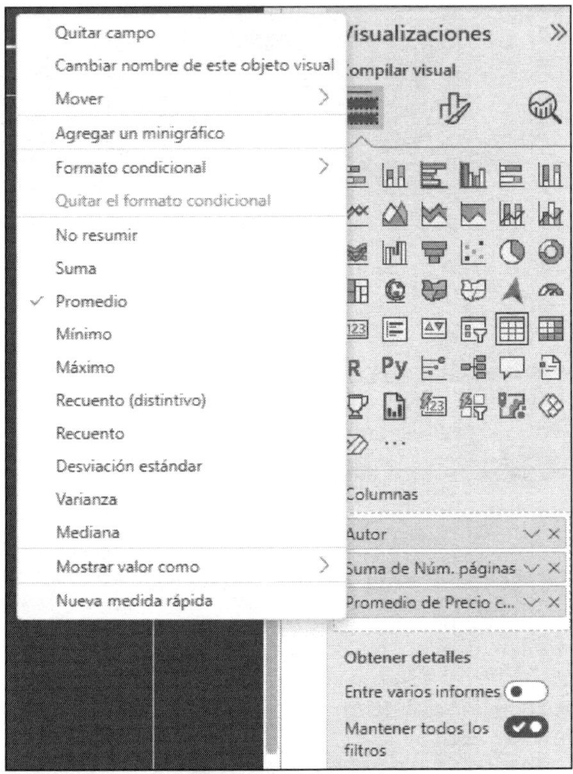

✎ En la columna **Precio catálogo**, elija la función **Promedio**.

Autor	Suma de Núm. páginas	Promedio de Precio catálogo
GIONO	2618	14,33 €
GRISHAM	1312	15,09 €
Total	3930	14,52 €

Como puede ver, la cifra que se muestra es muy diferente y comunica sin duda información más útil.

En la gran mayoría de los casos, es la función Suma la que se debe utilizar; a veces, el promedio, y rara vez el mínimo o el máximo.

Las funciones Recuento (distintivo) y Recuento se asocian muy a menudo con dimensiones, y permiten contar el número de «algo»: número de libros por categoría, número de pedidos por cliente, etc.).

✎ Cree una tabla a partir de los campos **Nombre comercial** y **Núm pedido**:

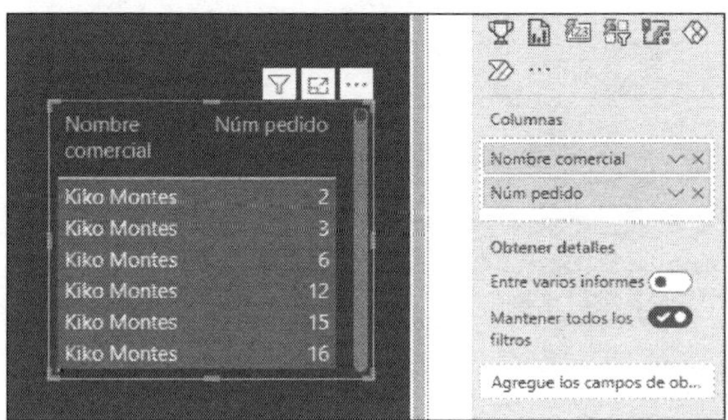

Obtiene una fila para cada pedido, ya que el número de pedido no se agrega automáticamente (no hay pictograma ∑).

✎ En el menú desplegable asociado a esta columna en el panel **Visualización**, elija **Recuento**; así obtiene fácilmente el número de pedidos por comercial:

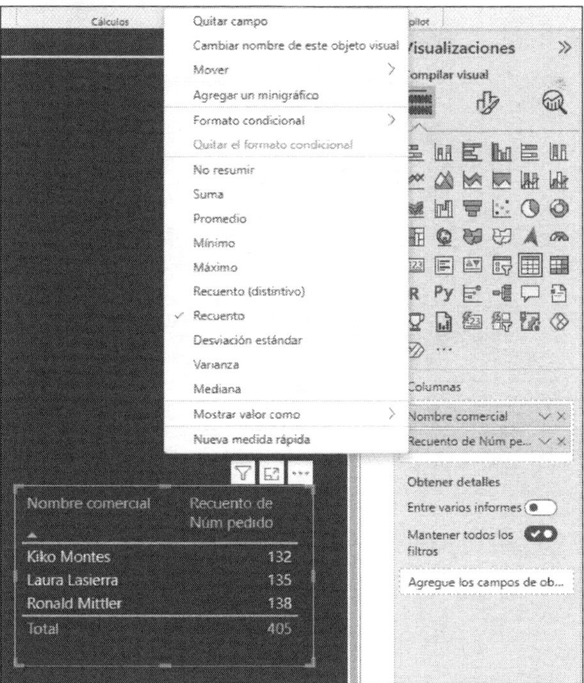

El uso de la interfaz de usuario para realizar estos cálculos comunes es sencillo y rápido. Tenga en cuenta que esto solo es posible para las columnas de las tablas y que los cálculos siempre se realizarán sobre los datos almacenados (físicamente) en las tablas.

Si utiliza una medida en la tabla, esta no muestra ninguna función de agregación, ya que dicha función se indica explícitamente en la fórmula.

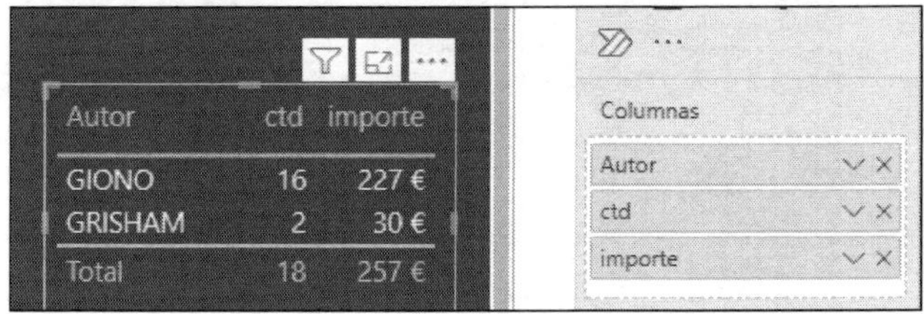

La medida ctd tiene la fórmula SUM ('Detalle de los pedidos' [Cantidad]), donde la adición está claramente indicada

2. Para mostrar como un porcentaje del total

Otra opción útil es la posibilidad de mostrar no el valor en sí (la cantidad, el importe, etc.) sino el porcentaje de dicho valor en relación con el total del visual:

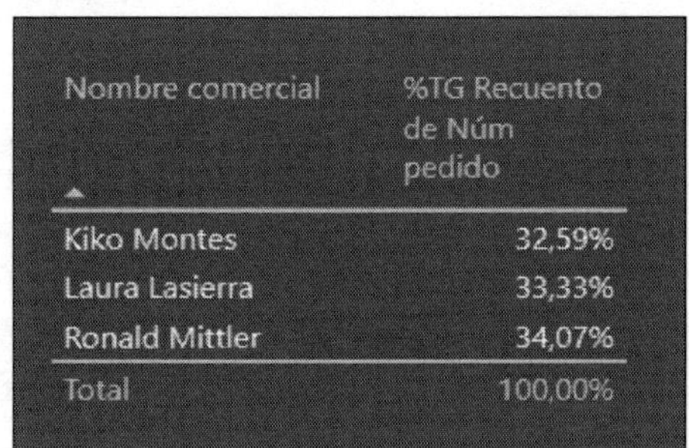

- Para obtener este cálculo, vuelva a usar el menú desplegable asociado a la columna en el panel **Visualizaciones**, seleccione **Mostrar valor como** y, a continuación, seleccione **Porcentaje de total general**:

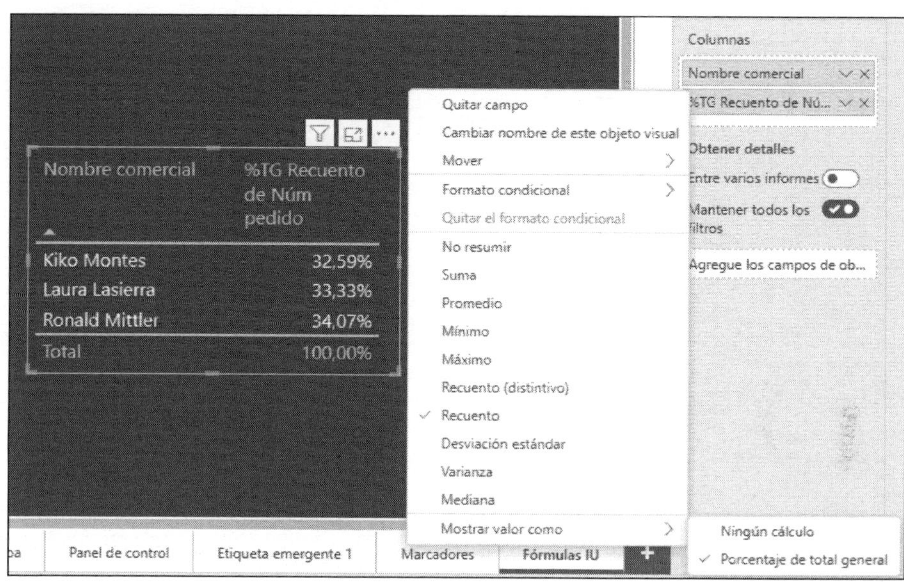

En este ejemplo, se utiliza la función Recuento y, a continuación, la función Porcentaje de total general

A continuación, el nombre de la columna de la tabla cambia a %TG, seguido del nombre del objeto.

3. Para desarrollar cálculos visuales

Los **cálculos visuales** son una adición reciente a Power BI. Se basan en un principio: una selección de cálculos predefinidos que se realizan a partir de los datos presentes en una visual en particular. Más que de cálculos visuales, deberíamos hablar de cálculo de visual.

Independientemente del tipo de visual (gráfico, sector, tabla, etc.), este se construye sobre un conjunto de datos denominado tabla subyacente. A partir de esta tabla, se generan los cálculos visuales.

*Nota: para poder crear cálculos visuales, esta función, que todavía está en versión preliminar hoy en día, debe activarse (**Archivo**, luego **Opciones y configuración**, después **Opciones** - Categoría **GLOBAL** - **Características de versión preliminar**).*

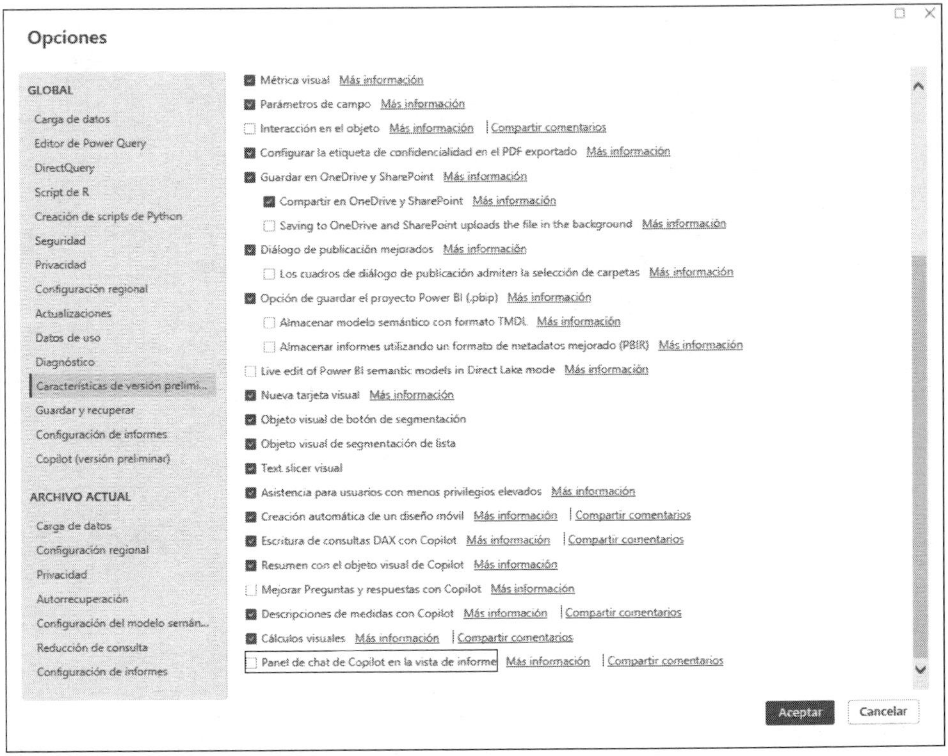

Opciones

GLOBAL
Carga de datos
Editor de Power Query
DirectQuery
Script de R
Creación de scripts de Python
Seguridad
Privacidad
Configuración regional
Actualizaciones
Datos de uso
Diagnóstico
Características de versión prelimi...
Guardar y recuperar
Configuración de informes
Copilot (versión preliminar)

ARCHIVO ACTUAL
Carga de datos
Configuración regional
Privacidad
Autorrecuperación
Configuración del modelo semán...
Reducción de consulta
Configuración de informes

Métrica visual Más información
Parámetros de campo Más información
Interacción en el objeto Más información | Compartir comentarios
Configurar la etiqueta de confidencialidad en el PDF exportado Más información
Guardar en OneDrive y SharePoint Más información
Compartir en OneDrive y SharePoint Más información
Saving to OneDrive and SharePoint uploads the file in the background Más información
Diálogo de publicación mejorados Más información
Los cuadros de diálogo de publicación admiten la selección de carpetas Más información
Opción de guardar el proyecto Power BI (.pbip) Más información
Almacenar modelo semántico con formato TMDL Más información
Almacenar informes utilizando un formato de metadatos mejorado (PBIR) Más información
Live edit of Power BI semantic models in Direct Lake mode Más información
Nueva tarjeta visual Más información
Objeto visual de botón de segmentación
Objeto visual de segmentación de lista
Text slicer visual
Asistencia para usuarios con menos privilegios elevados Más información
Creación automática de un diseño móvil Más información | Compartir comentarios
Escritura de consultas DAX con Copilot Más información | Compartir comentarios
Resumen con el objeto visual de Copilot Más información
Mejorar Preguntas y respuestas con Copilot Más información
Descripciones de medidas con Copilot Más información | Compartir comentarios
Cálculos visuales Más información | Compartir comentarios
Panel de chat de Copilot en la vista de informe Más información | Compartir comentarios

Aceptar Cancelar

Activar cálculos visuales

Para ilustrar varios cálculos visuales, cree una **Matriz** con los campos **Año**, **Año mes** (Filas), **ctd** e **importe** (Valores):

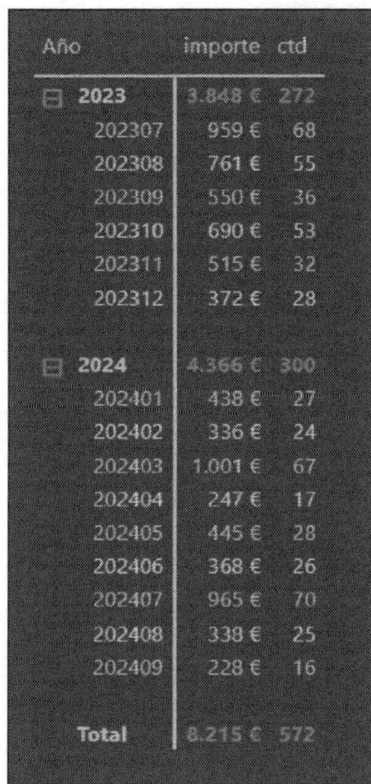

Año	importe	ctd
2023	3.848 €	272
202307	959 €	68
202308	761 €	55
202309	550 €	36
202310	690 €	53
202311	515 €	32
202312	372 €	28
2024	4.366 €	300
202401	438 €	27
202402	336 €	24
202403	1.001 €	67
202404	247 €	17
202405	445 €	28
202406	368 €	26
202407	965 €	70
202408	338 €	25
202409	228 €	16
Total	8.215 €	572

- Para activar los cálculos visuales, seleccione la matriz y haga clic en el botón **Nuevo cálculo visual**, en la pestaña **Inicio** - grupo **Cálculos**.

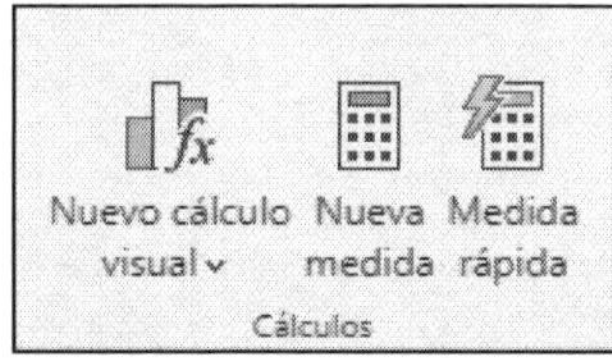

Si la característica está atenuada, es probable que se deba a que no ha seleccionado el visual.

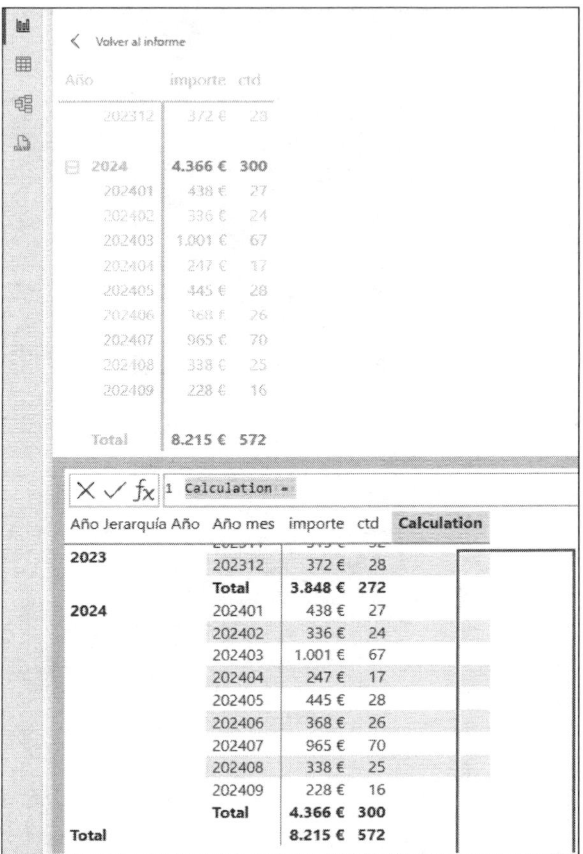

- Se encuentra en la página de creación de cálculos. Para volver al informe en sí, simplemente haga clic en **Volver al informe**.

La parte superior de la ventana muestra el resultado final (útil si su visual es un gráfico; menos útil si es una tabla). Pero será en la parte inferior de la ventana donde vamos a trabajar.

Recuerde: los cálculos visuales solo pueden construirse a partir de los datos presentes en el visual, que en nuestro caso son el importe y la cantidad.

Los cálculos se distribuyen en tres categorías: la suma acumulada y la media móvil, los cálculos en la jerarquía y, por último, las comparaciones.

Para crear un nuevo cálculo:

- Haga clic en el botón fx.
- En el menú desplegable, elija **Frente a la anterior**.

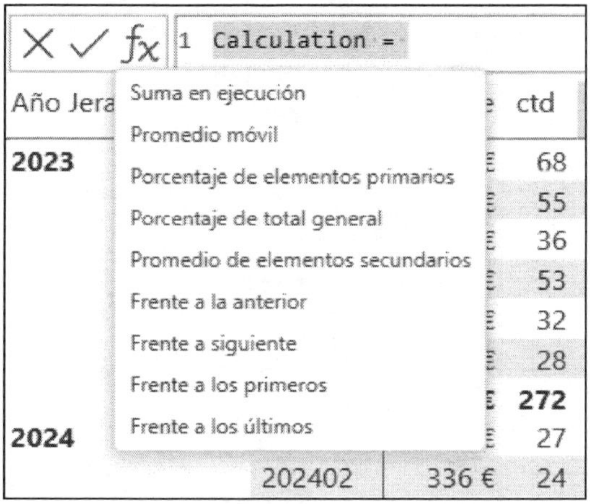

Aparece una fórmula:

```
Frente a la anterior = [Campo] - PREVIOUS([Campo])
```

- La parte que hay antes del signo = es el nombre de este cálculo, por lo que puede cambiarlo como desee (aquí mantenemos el nombre por defecto).
- [Campo] es una zona reservada, un marcador de posición (un *placeholder* en inglés) que debe reemplazarse con el nombre de los datos que desea analizar (solo son posibles los campos **importe** y **ctd**).

- En la fórmula, sustituya [**Campo**] por [**ctd**].
- Escriba ↵ o haga clic en **Confirmar** ✓, a la izquierda del icono fx, para confirmar el cálculo.

Se crea el cálculo, la columna muestra el cálculo, ha aparecido un nuevo objeto en el cuadro **Valores**:

Año	importe	ctd	Frente a la anterior
2023	3.848 €	272	272,00
202307	959 €	68	68,00
202308	761 €	55	-13,00
202309	550 €	36	-19,00
202310	690 €	53	17,00
202311	515 €	32	-21,00
202312	372 €	28	-4,00
2024	4.366 €	300	28,00
202401	438 €	27	-1,00
202402	336 €	24	-3,00
202403	1.001 €	67	43,00
202404	247 €	17	-50,00
202405	445 €	28	11,00
202406	368 €	26	-2,00
202407	965 €	70	44,00
202408	338 €	25	-45,00
202409	228 €	16	-9,00
Total	8.215 €	572	572,00

Dos observaciones:

- Este nuevo objeto en realidad «no existe»; solo está presente en este visual y no podrá usarlo en ningún otro lugar.
- Hasta la fecha, no existe la posibilidad de dar formato los datos utilizando la interfaz (número de decimales, por ejemplo); debe hacerse modificando la fórmula.

Haga clic en el nuevo objeto en el área **Valores** para que vuelva a aparecer la fórmula.

Edite la fórmula de la siguiente manera:

```
Frente a la anterior = FORMAT([ctd] - PREVIOUS([ctd]), "0")
```

La función FORMAT de DAX es muy útil para definir, por fórmula, el formato en el que se muestra un dato. El formato "0" permite crear un número entero. Todos los formatos están disponibles en el sitio web de Power BI: https://learn.microsoft.com/es-es/dax/format-function-dax

Escriba o haga clic en **Confirmar**, a la izquierda del pictograma fx, para confirmar el cálculo.

Sobre la base de este principio, puede crear otros cálculos. He aquí un resumen de varios ejemplos y la tabla final:

- Frente a los primeros = FORMAT([ctd] - FIRST([ctd]), "0")

  Aquí, Power BI compara el valor con el primer valor de la matriz
- Suma en ejecución = FORMAT(RUNNINGSUM([importe]), "0 €")

  Power BI acumula el valor de la primera a la última fila
- Promedio móvil = FORMAT(MOVINGAVERAGE([importe], 3), "0 €")

  Aquí se realiza una media móvil respecto a los 3 períodos
- Porcentaje de elementos primarios (M) = FORMAT(DIVIDE([ctd], COLLAPSE([ctd], [Año mes])),"0.0%")

  El porcentaje del mes respecto al año
- Porcentaje de elementos primarios (A) = FORMAT(DIVIDE([ctd], COLLAPSE([ctd], [Año Jerarquía Año])),"0.0%")

  El porcentaje del mes respecto a todos los años (así como el porcentaje respectivo de cada año)
- Promedio de elementos secundarios (A) = FORMAT(EXPAND(AVERAGE([ctd]), [Año Jerarquía Año]), "0")

  Aquí, la única cifra interesante se encuentra en la parte inferior de la tabla, en la fila del total (286 es el promedio por año)
- Promedio de elementos secundarios (M) = FORMAT(EXPAND(AVERAGE([ctd]), [Año mes]), "0")

  Aquí, las cifras mensuales son neutras, pero vemos el promedio mensual de cada año (45 y 33), así como el promedio mensual considerando todos los años (38)

*Haga clic en **Volver al informe** para volver a la tabla original.*

Nada le impide, al crear un cálculo visual, utilizar para el marcador de posición [Campo] otro cálculo visual. Aquí, como ejemplo, el cálculo visual Porcentaje de total general, aplicado a la suma acumulativa (otro cálculo visual):

```
Porcentaje de total general = FORMAT(DIVIDE([Suma en ejecución],
COLLAPSEALL([Suma en ejecución], ROWS)),"0%")
```

(Tenga en cuenta la función ROWS)

Año	importe	ctd	Frente a la anterior	Frente a los primeros	Suma en ejecución	Promedio móvil	Porcentaje de elementos primarios (M)	Porcentaje de elementos primarios (A)	Promedio de elementos secundarios (A)	Promedio de elementos secundarios (M)	Porcentaje de total general
⊟ **2023**	3.848 €	272	272	0	3848 €	3848 €	100,0%	47,6%	272	45	47%
202307	959 €	68	68	0	959 €	959 €	25,0%	11,9%	68	68	12%
202308	761 €	55	-13	-13	1720 €	860 €	20,2%	9,6%	55	55	21%
202309	550 €	36	-19	-32	2270 €	757 €	13,2%	6,3%	36	36	28%
202310	690 €	53	17	-15	2961 €	667 €	19,5%	9,3%	53	53	36%
202311	515 €	32	-21	-36	3476 €	585 €	11,8%	5,6%	32	32	42%
202312	372 €	28	-4	-40	3848 €	526 €	10,3%	4,9%	28	28	47%
⊟ **2024**	4.366 €	300	28	28	8215 €	4107 €	100,0%	52,4%	300	33	100%
202401	438 €	27	-1	-41	4286 €	442 €	9,0%	4,7%	27	27	52%
202402	336 €	24	-3	-44	4622 €	382 €	8,0%	4,2%	24	24	56%
202403	1.001 €	67	43	-1	5623 €	592 €	22,3%	11,7%	67	67	68%
202404	247 €	17	-50	-51	5870 €	528 €	5,7%	3,0%	17	17	71%
202405	445 €	28	11	-40	6315 €	564 €	9,3%	4,9%	28	28	77%
202406	368 €	26	-2	-42	6683 €	353 €	8,7%	4,5%	26	26	81%
202407	965 €	70	44	2	7649 €	593 €	23,3%	12,2%	70	70	93%
202408	338 €	25	-45	-43	7987 €	557 €	8,3%	4,4%	25	25	97%
202409	228 €	16	-9	-52	8215 €	510 €	5,3%	2,8%	16	16	100%
Total	8.215 €	572	572	0	8215 €	8215 €	100,0%	100,0%	286	38	100%

Es importante tener en cuenta que en el compartimento **Valores** (panel **Visualizaciones**), se han creado ocho objetos nuevos: estos objetos no existen fuera del visual con el que se relacionan.

Puede encontrar todos estos ejemplos en el informe **Cálculos visuales** *del archivo Libros07-final.pbix.*

C. Descubrir el lenguaje DAX

Es importante señalar que los conceptos tratados aquí son, con diferencia, los más complejos que ofrece Power BI, pero también los que proporcionarán un poder de cálculo considerable.

Este capítulo tiene como objetivo presentar los conceptos clave del lenguaje DAX. Le permitirá adquirir un dominio práctico de las funciones de DAX más utilizadas mediante ejemplos concretos y casos comunes.

Tras una primera parte que expone los conceptos clave (medida y columna, estructura de DAX y, como tema central, el contexto de evaluación de la fórmula), que es esencial leer y quizás releer, la segunda parte presenta situaciones comunes de uso de DAX, para terminar con la aportación de Copilot en la generación de fórmulas.

Notas y convenciones:

Todo este capítulo se basa en el archivo **Libros07.pbix**, y el resultado de este capítulo se puede encontrar en el archivo **Libros07-final.pbix**.

- Para que las fórmulas sean más legibles, la función en sí siempre se indica en mayúsculas.
- Construiremos sistemáticamente medidas (ver la siguiente sección): el uso de columnas debe seguir siendo excepcional, incluso aunque el reflejo de un usuario que viene de Excel sea a menudo crear columnas.
- Todas las medidas creadas en este capítulo se almacenarán en la tabla **Detalle de los pedidos**.
- Para cada medida creada, debe recordar aplicarle un formato predeterminado (pestaña **Herramientas de medición**).
- Usaremos el visual **Tabla** para mostrar el resultado de las fórmulas.

Dado que las fórmulas en DAX pueden volverse complejas rápidamente, se recomienda encarecidamente seguir ciertas normas formales al escribirlas (saltos de línea, indentación, comentarios, alineación del paréntesis de cierre con el comienzo del nombre de la función). El sitio https://www.daxformatter.com/ permite automatizar este formato y facilita la corrección de ciertos errores, aunque es un hábito que se adquiere rápidamente practicando.

Se recomienda el uso de comentarios, espacios y saltos de línea.

Este es un ejemplo muy sencillo de una fórmula sin formato, seguida de la misma fórmula con el formato correcto:

```
Num de páginas por pedido = CALCULATE(SUM(Libros[Núm. páginas]),
CROSSFILTER('Detalle de los pedidos'[Número libro], Libros[Número
libro], Both))
```

```
Num de páginas por pedido =
CALCULATE(
    SUM(Libros[Núm. páginas]),
    CROSSFILTER(
        'Detalle de los pedidos'[Número libro],
        Libros[Número libro],
        Both
    )
)
```

1. Medidas y columnas

Tanto la **medida** como la **columna** permiten crear nuevos datos a partir de datos existentes, mediante una fórmula en DAX o un asistente. Y, en algunos casos, se puede usar la misma fórmula para construir una medida o una columna.

Una diferencia fundamental entre la columna y la medida es el momento en que se realiza el cálculo: para la columna, se efectúa una vez, cuando se cargan (o actualizan) los datos, mientras se rellena la columna creada.

En el caso de la medida, se realiza cada vez que esta se agrega a un visual o cuando el usuario del informe modifica los segmentos.

Como consecuencia de esta diferencia, la columna se almacena físicamente en el archivo, lo que aumenta su tamaño, mientras que la medida no ocupa espacio, pero utiliza la potencia del procesador para sus cálculos.

La **Vista de tabla** en Power BI facilita la visualización de datos, lo que puede llevar a usuarios acostumbrados a Excel o a hojas de cálculo a crear columnas calculadas en lugar de medidas. En la **Vista de tabla**, el resultado es inmediatamente visible y permite verificar que el cálculo es válido.

Sin embargo, si el uso de campos calculados es frecuente (como suele ser el caso), el número de columnas agregadas terminará siendo considerable, lo que causará problemas con el tamaño del archivo y el tiempo de actualización (ya que es en ese momento cuando se calculan las columnas).

Además, la fórmula que genera la columna se calcula para cada fila de la tabla: si el número de filas de la tabla es elevado, el número de veces que se realiza el cálculo también lo es.

Optar por medidas en lugar de columnas tiene tres ventajas clave: las fórmulas solo se calculan cuando se utilizan, lo que reduce el tiempo de actualización y evita el crecimiento innecesario del tamaño del archivo. Además, si la fórmula se usa en un visual filtrado (lo que sucede en muchos casos), el cálculo se realiza solo para las filas resultantes del filtrado y, por lo tanto, para un conjunto más pequeño de filas en comparación con la tabla o las tablas iniciales.

Es esencial que los usuarios de hojas de cálculo (Excel) adquieran el hábito de crear medidas en lugar de columnas.

*Deberá crear muchas medidas en este capítulo. El proceso es siempre el mismo: en el panel **Datos**, la medida se crea haciendo clic con el botón derecho en el nombre de la tabla en la que desea almacenar la medida y, a continuación, en **Nueva medida**. También puede cambiar la medida de la tabla seleccionándola en el panel **Datos** y editándola en el menú desplegable **Tabla inicial**, en la zona izquierda de la pestaña **Herramientas de medición**.*

2. El contexto de filtro y la propagación del filtro

Para cada cálculo realizado (es decir, cada celda de una tabla o la altura de cada barra de un gráfico de barras), se evalúa y se define implícitamente el contexto en el que se va a calcular la fórmula. Este contexto puede estar influido:

- por los otros datos del visual (por ejemplo, la fila y la columna de una matriz, el eje X de un gráfico de barras),
- por segmentos,
- por los demás imágenes,
- por los filtros de visual, de página o de informe.

Cuando Power BI evalúa el contexto de filtro, este se propaga automáticamente a través de las tablas conectadas, siguiendo la dirección de las relaciones establecidas. Así, en la siguiente tabla:

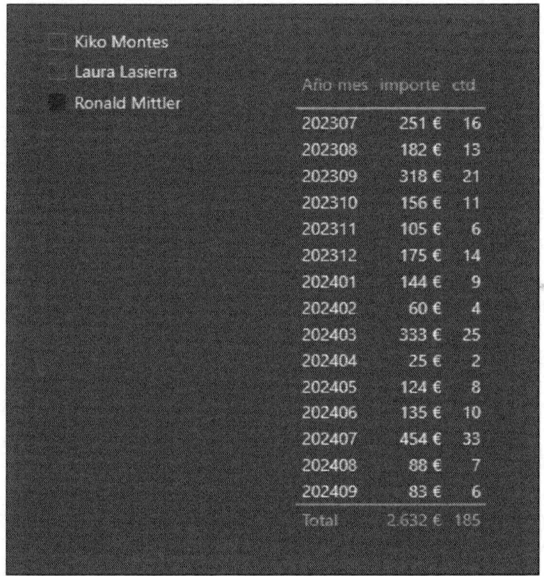

Año mes	importe	ctd
202307	251 €	16
202308	182 €	13
202309	318 €	21
202310	156 €	11
202311	105 €	6
202312	175 €	14
202401	144 €	9
202402	60 €	4
202403	333 €	25
202404	25 €	2
202405	124 €	8
202406	135 €	10
202407	454 €	33
202408	88 €	7
202409	83 €	6
Total	2.632 €	185

- El importe de la primera fila, **251 €**, se calcula en el contexto definido por la columna **Año mes** (**julio de 2023**), pero también por la columna **Nombre del comercial** (**Ronald**), utilizada en la segmentación.
- Por lo tanto, el contexto del filtro se define por el **año**, el **mes** y el **nombre del comercial**.

- A continuación, el filtro intentará propagarse a través del modelo:

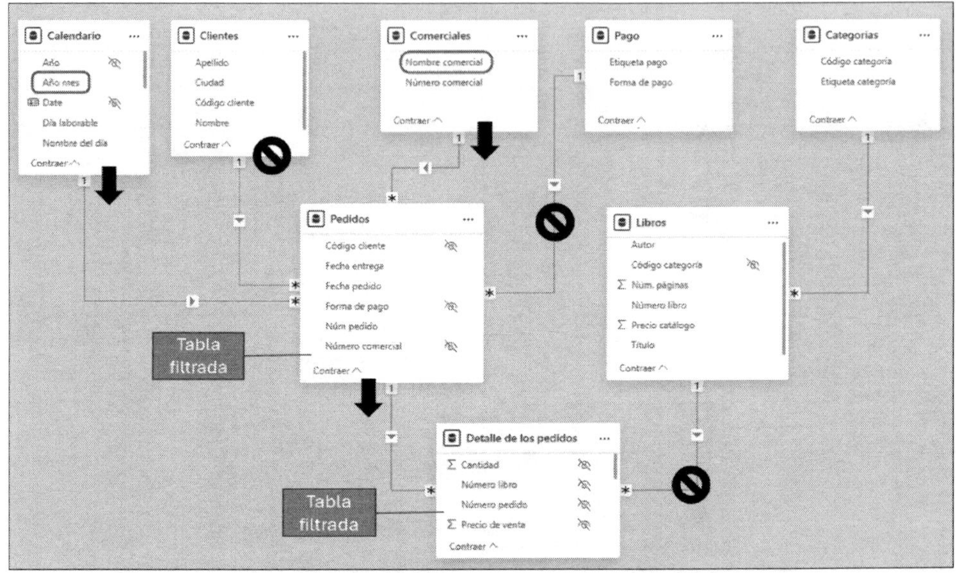

Revise bien este modelo para familiarizarse con la noción de propagación de filtros

- La tabla **Pedidos** recibe dos filtros, por lo que se filtra y solo quedan los pedidos del mes de julio de 2023 filtrados por el comercial **Ronald Mittler**.
- A continuación, el filtro continúa propagándose, pero no puede avanzar hacia **Clientes** o **Pago** debido al sentido de la relación.
- En su lugar, el filtro va a la tabla **Detalle de los pedidos**, donde se encuentran los datos que utilizamos para el cálculo (**Cantidad** y **Precio catálogo**, es decir, la medida importe). Por lo tanto, esta tabla también se filtra.
- Pero una vez que llega a esta tabla, el filtro ya no puede continuar propagándose.
- Es solo en este momento cuando se realiza el cálculo, a partir de las filas que permanecen en la tabla.

La regla de oro es la siguiente: primero el contexto, después el cálculo

Pongamos otro ejemplo para entenderlo correctamente: el total, 2.632 €, es siempre la misma medida (**importe**) calculada en un contexto diferente, ya que no se tiene en cuenta el mes; solo se mantiene el comercial en el contexto del filtro. Por lo tanto, la tabla **Pedidos** se filtra y solo se muestran los pedidos de este comercial, sin importar el mes.

3. El contexto de fila

Aún hay otro contexto, el **contexto de fila** , que es más raro y menos decisivo para la comprensión de DAX. Este contexto solo se aplica cuando se crea una columna o cuando se usa una función iterativa (SUMX, que hemos cruzado, AVERAGEX, COUNTX, etc., así como la función FILTER).

4. Contar

En esta sección y en las siguientes, descubrirá numerosos ejemplos de fórmulas para crear medidas.

Le recomendamos que reproduzca estas medidas para comprender mejor el lenguaje DAX y probar el motor sintáctico IntelliSense.
En el panel **Datos**, *la medida se crea haciendo clic con el botón derecho en el nombre de la tabla en la que se desea almacenar y escogiendo* **Nueva medida**.
Para cada medida que cree, asegúrese de especificar el formato de visualización (propiedad **Formato** *en la pestaña* **Herramientas de medición**).

Las funciones principales para contar en DAX son COUNTROWS y DISTINCTCOUNT. COUNTROWS devuelve el número total de filas en una tabla, mientras que DISTINCTCOUNT cuenta los valores únicos dentro de una columna.

Veamos un caso habitual:

- ¿Cuántos clientes tenemos en la base de datos?
- ¿Cuántos clientes activos tenemos (es decir, que han realizado al menos un pedido)?

Fíjese bien en el modelo: esta información se encuentra en dos lugares, la tabla **Clientes** y la columna **Código cliente** de la tabla **Pedidos**.

En la tabla **Clientes**, una fila = un cliente. Por lo tanto, contar el número de filas de esta tabla es lo mismo que contar el número de clientes.

Pero, para conocer el número de clientes activos, hay que consultar la tabla **Pedidos** y la columna **Código cliente**. Un mismo cliente ha podido realizar varios pedidos, por lo que solo se debe contar una vez (recuento distinto).

Veamos esto con un ejemplo: se trata de calcular el porcentaje de clientes activos en relación con todos los clientes.

- Haga clic con el botón derecho en la tabla **Detalle de los pedidos** y seleccione **Nueva medida**.
- En la barra de fórmulas, elimine *Medida = y escriba % clientes activos =*.

- Escriba las primeras letras de la función DISTINCTCOUNT (por ejemplo, *disti*) y observe cómo Power BI sugiere funciones, columnas o tablas coincidentes.

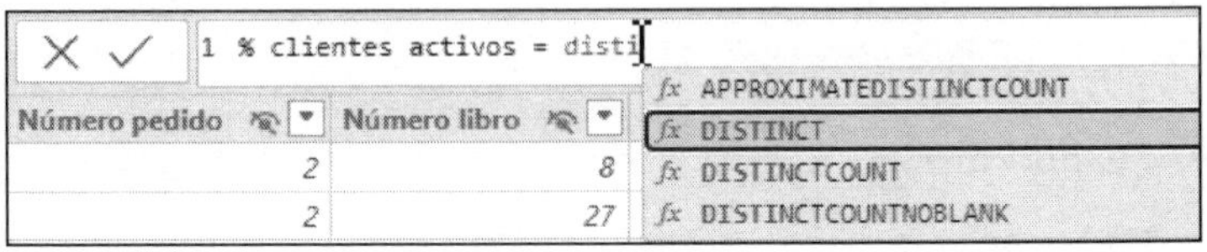

- Seleccione DISTINCTCOUNT con el ratón (o utilice las flechas de dirección para desplazarse hacia arriba o hacia abajo en la lista, y luego cuando esté en la función correcta).

- A continuación, introduzca las primeras letras de Código **cliente** y seleccione la columna de la tabla **Pedidos**. Cierre el paréntesis.

- A continuación, escriba / (el signo de división).

- A continuación, introduzca COUNTROWS, y para la tabla, **Clientes**. Cierre el paréntesis.

- Haga clic en **Confirmar** , o simplemente escriba , para aceptar que se cree la medida.

Estos son los diferentes estados de la fórmula:

- DISTINCTCOUNT(
- DISTINCTCOUNT(Pedidos[Código cliente])
- DISTINCTCOUNT(Pedidos [Código cliente]) /
- DISTINCTCOUNT(Pedidos [Código cliente]) / COUNTROWS(Clientes)

- Se recomienda encarecidamente que aplique formato al resultado: en la pestaña **Herramientas de medición** - grupo **Formato**, haga clic en % y especifique 0 para el número de decimales.

El nuevo objeto aparece en el panel **Datos** de la tabla **Detalle de los pedidos**. Todo lo que queda es agregarlo al informe.

Cree una tabla con el campo **Año mes** y agregue la medida que acaba de crear:

Año mes	% clientes activos
202307	49 %
202308	46 %
202309	43 %
202310	45 %
202311	27 %
202312	34 %
202401	40 %
202402	36 %
202403	48 %
202404	13 %
202405	39 %
202406	34 %
202407	66 %
202408	34 %
202409	22 %
Total	93 %

La medida solo se calcula cuando el filtro (**Año mes**) ha terminado de propagarse; de hecho, este filtro llega a la tabla **Pedidos**. Por lo tanto, la primera parte de la fórmula cuenta el número de clientes que han realizado al menos un pedido durante el mes.

La segunda parte de la fórmula no se ve afectada por el filtro (sentido de la relación), por lo que contamos todos los clientes en la base de datos.

Así que recuerde:

- Para contar en Power BI, use COUNTROWS o DISTINCTCOUNT.
- Es el modelo el que debe guiarlo: piense siempre en sus fórmulas en DAX mirando el modelo.
- COUNTROWS siempre tiene una tabla como argumento.
- DISTINCTCOUNT siempre tiene una columna como argumento.
- Por supuesto, hay muchas otras funciones que se pueden usar para contar, pero las dos que acabamos de ver cubren casi todas las necesidades.

5. Agregar

Comenzaremos con una presentación detallada de las funciones SUM y SUMX, ya que las diferencias entre estas dos funciones ilustran perfectamente el mecanismo que se pone en marcha cuando se calcula una fórmula en Power BI.

Power BI ha heredado una serie de funciones presentes en Excel: SUM (SUMA), AVERAGE (PROMEDIO), MIN, MAX, entre otras. Pero Power BI también ofrece las funciones relacionadas SUMX, AVERAGEX, MINX y MAXX. Las primeras son las llamadas funciones agregativas ; las segundas son funciones iterativas.

La función SUM necesita un parámetro que especifique una columna (p. ej. 'Detalle de los pedidos' [Cantidad]), de la que realiza la suma después de tener en cuenta los filtros (el contexto de filtro).

Los parámetros de la función SUMX son una tabla y una o más columnas, de las cuales realiza la suma después de haber tenido en cuenta el contexto de filtro. El cálculo realizado en las columnas (por ejemplo, columna A * columna B) se denomina expresión.

La primera diferencia entre estas dos funciones se refiere a los parámetros de entrada: solo SUMX permite un cálculo que involucra varias columnas.

Una segunda diferencia muy importante: la función SUM toma todas las filas de la columna y la suma después de haber tenido en cuenta el contexto de filtro.

La función SUMX recorre cada fila de la tabla especificada, después de tener en cuenta el contexto de filtro, y para cada fila efectúa el cálculo solicitado por la expresión y, finalmente, termina sumándola.

Como recordatorio, estas son las dos medidas que creamos cuando configuramos el modelo:

```
ctd = SUM('Detalle de los pedidos'[Cantidad])
importe = SUMX('Detalle de los pedidos', [cantidad] * 'Detalle
de los pedidos'[Precio de venta])
```

Unas palabras rápidas sobre la segunda fórmula:

- En la parte de la expresión, la medida **[ctd]** se multiplica por la columna **Precio de venta**: una expresión puede combinar varias columnas, varias medidas o una mezcla de ambas.
- En su funcionamiento, SUMX va a recorrer cada fila de la tabla **Detalle de los pedidos** y, para cada fila, realizará el cálculo de la expresión. Cada resultado se almacenará. Una vez que se alcanza la última fila de la tabla, SUMX suma todos los resultados almacenados.

6. Cómo abordar una función

Existen muchas funciones en DAX, pero todas se basan en el mismo principio:

- Una función necesita argumentos. Estos pueden ser:
  - una tabla;
  - una columna;
  - una medida;
  - otra función.
- Una función devuelve una tabla o un valor.

Esta es la información que necesita.

El sitio dax.guide es una muy buena guía para descubrir las funciones de DAX. Tomemos el ejemplo de SUMX:

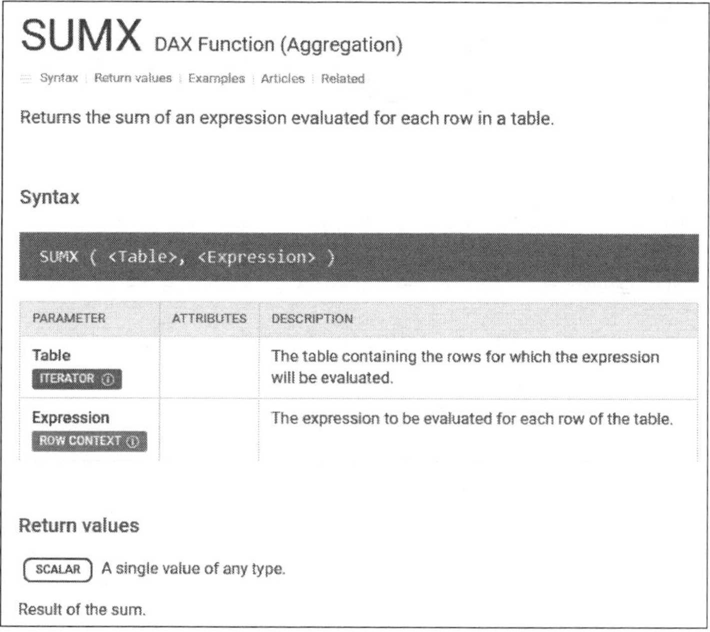

SUMX DAX Function (Aggregation)

Syntax | Return values | Examples | Articles | Related

Returns the sum of an expression evaluated for each row in a table.

Syntax

```
SUMX ( <Table>, <Expression> )
```

PARAMETER	ATTRIBUTES	DESCRIPTION
Table ITERATOR		The table containing the rows for which the expression will be evaluated.
Expression ROW CONTEXT		The expression to be evaluated for each row of the table.

Return values

SCALAR A single value of any type.

Result of the sum.

Espera dos argumentos: primero una tabla y luego una expresión. Devuelve un valor («escalar»).

El resto de la página presenta varios ejemplos de esta función.

7. Calcular un promedio

Básicamente, existen dos funciones para calcular un promedio: AVERAGE y AVERAGEX. La primera calcula el promedio de los diferentes valores en una columna. La segunda, que pertenece a la familia de funciones X (llamadas también funciones iterativas), requiere una tabla y una expresión.

He aquí dos ejemplos que puede recrear:

```
Promedio de cantidades = AVERAGE('Detalle de los pedidos'[Cantidad])
```

Esta función calcula el promedio la columna de cantidad en el contexto del filtro. Así, en el siguiente ejemplo, de promedio, una línea de pedidos en el mes de julio de 2023 representa 1,03:

Año mes	% clientes activos	Promedio de cantidades
202307	49 %	1,03
202308	46 %	1,02
202309	43 %	1,03
202310	45 %	1,06

Si los datos que cuyo promedio desea calcular ya están disponibles en una de las tablas, entonces AVERAGE será una buena opción.

Pero si queríamos conocer la cantidad promedio por pedido para el mes de julio de 2023, tenemos que recurrir a una función más potente: es AVERAGEX, combinada con una nueva función, VALUES.

```
Promedio de cantidades por pedido =
AVERAGEX(
   VALUES(Pedidos[Núm pedido]),
   [ctd]
)
```

Para saltar de línea en una fórmula, utilice la combinación de teclas [Mayús] [Intro]. *También puede agregar tantos espacios como desee para que la fórmula sea legible.*

La fila VALUES(Pedidos[Núm pedido]) devuelve una tabla de una sola columna, con todos los números de pedido. Para cada uno de ellos, se calcula la cantidad. Una vez calculadas todas las cantidades, AVERAGEX obtiene el promedio:

Año mes	% clientes activos	Promedio de cantidades	Promedio de cantidades por pedido
202403	48 %	1,02	2,03
202307	49 %	1,03	1,94
202404	13 %	1,13	1,89
202308	46 %	1,02	1,77

La estructura AVERAGEX + VALUES es una fórmula tipo. Se puede aplicar en un gran número de escenarios. Lo que debe quedar claro es en qué nivel desea hacer el cálculo: el nivel será aquel que haya definido el resultado de la función VALUES.

8. Filtrar una tabla

La función FILTER es ampliamente utilizada: requiere dos argumentos, una tabla y una expresión de filtro, y devuelve una tabla.

He aquí un primer ejemplo de esta función. Se trata de contar el número de libros con más de 250 páginas en cada categoría:

```
n° de libros + 250 páginas =
COUNTROWS(
  FILTER(
     Libros,
     Libros[Núm. páginas]>250
  )
)
```

La siguiente tabla muestra las medidas **n.° de libros** y **n.° de libros de más de 250 páginas** una al lado de otra:

Etiqueta categoría	nº de libros	nº de libros + 250 páginas
Actividades al aire libre	14	3
Arte	9	6
Artes adivinatorias	12	4
Cocina saludable	11	2
Cómic	14	
Enciclopedias	20	13
Evasión Turismo	21	4
Historia	23	21
Humor	4	1

Si necesita varios filtros, use &&. Aquí, por ejemplo: el número de libros con más de 250 páginas y que cuestan más de 15 €:

```
N° de libros + de 250 páginas =
COUNTROWS(
    FILTER(
        Libros,
        Libros[Núm. páginas]>250
        && Libros[Precio catálogo] > 15
    )
)
```

9. La función clave: Calculate

CALCULATE es una función aparte. En primer lugar, porque es la función principal del DAX y, en segundo lugar, porque su papel es modificar el contexto de filtro a través de una fórmula. He aquí algunos ejemplos comunes.

a. Calculate para agregar un filtro

Supongamos que desea comparar el importe mensual total con el importe mensual de la categoría "**Literatura**" para analizar su peso dentro del total.

Primero cree una nueva medida:

```
importe Literatura =
CALCULATE(
  [importe],
  'Categorías'[Etiqueta categoría] = "Literatura"
)
```

Año mes	importe	importe Literatura
202307	959 €	352 €
202308	761 €	335 €
202309	550 €	234 €
202310	690 €	232 €

La fórmula es sencilla: calcula el importe total aplicando un filtro que restringe los datos a la categoría "**Literatura**" dentro del contexto del mes seleccionado.

Puede agregar varios filtros, separados por una coma (a continuación, se ha agregado un identificador de comercial):

```
CALCULATE(
    [importe],
    'Categorías'[Etiqueta categoría] = "Literatura",
    Comerciales[Número comercial] = 1
)
```

b. Calculate para quitar un filtro

CALCULATE también puede quitar uno o más filtros cuando está asociado a la función ALL (o REMOVEFILTERS).

En este ejemplo, el importe se calcula sin tener en cuenta el filtro debido a la segmentación:

```
importe todos los comerciales =
CALCULATE(
  [importe],
  ALL(Comerciales[Nombre comercial])
)
```

Que también puede escribirse:

```
CALCULATE(
  [importe],
REMOVEFILTERS(Comerciales[Nombre comercial])
)
```

Y esta es la tabla:

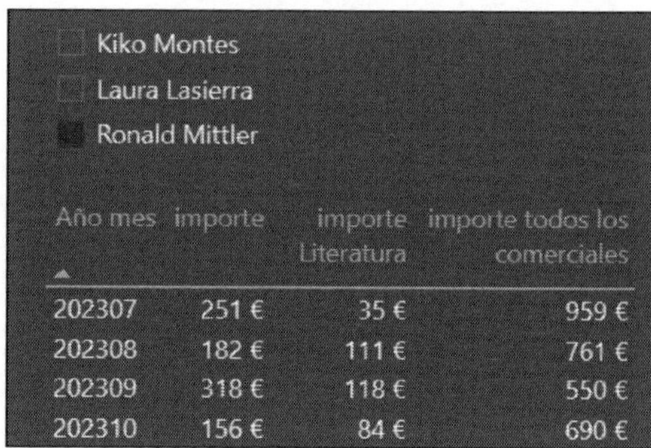

Año mes	importe	importe Literatura	importe todos los comerciales
202307	251 €	35 €	959 €
202308	182 €	111 €	761 €
202309	318 €	118 €	550 €
202310	156 €	84 €	690 €

Mediante CALCULATE, el segmento se ignora en la tercera columna

Hay muchas variaciones en torno a CALCULATE; aquí le he presentado las dos más importantes.

He observado en las personas que he formado una gran resistencia a usar esta función. Sin embargo, está diseñada especialmente para Power BI; no me cansaré de recomendarle que se familiarice con su funcionamiento.

10. Time intelligence

Las funciones temporales tienen como objetivo permitir cálculos que comparen dos períodos; por ejemplo, las ventas del año en curso con las ventas del año anterior.

Muchos escenarios de análisis utilizan estas funciones, de las cuales presentamos solo las más comunes.

Estas funciones se detallan en el sitio web del editor, entre ellas:
https://docs.microsoft.com/es-es/dax/time-intelligence-functions-dax

Las 37 funciones de Time Intelligence funcionan bajo ciertas condiciones expresas:

- siempre es necesario disponer de una tabla de fechas separada, en la que se almacene una secuencia de fechas sin «huecos», es decir, sin que falte ningún día;
- es obligatorio definir esta tabla como tabla de fechas (Marcar como tabla de fechas);
- en las funciones de Time Intelligence, no se debe usar la fecha de la tabla de hechos, sino la de la tabla de fechas.

Uno de los esquemas que utilizo muy a menudo para comparar dos períodos de tiempo es la combinación de CALCULATE y DATEADD.

a. Comparar dos períodos

La función DATEADD permite desplazar una fecha en el contexto de filtro, sumando o restando un número específico de días, meses, trimestres o años. Esto resulta útil para comparar períodos anteriores.

En el siguiente escenario, buscamos comparar las ventas del mes actual (correspondientes a la fila de la tabla) con las del mes anterior:

```
Ventas del mes anterior =
CALCULATE(
  [importe],
  DATEADD(
     Calendario[Date],
     -1,
     Month
     )
)
```

El resultado:

Año mes	importe	Ventas del mes anterior
202307	251 €	
202308	182 €	251 €
202309	318 €	182 €
202310	156 €	318 €
202311	105 €	156 €
202312	175 €	105 €

En este caso, la tabla se filtra por el vendedor Ronald Mittler

Como ve, hemos podido introducir un salto de un mes en el cálculo del importe. Para introducir un salto de un año, la fórmula será:

```
CALCULATE(
  [importe],
  DATEADD(
     Calendario[Date],
     -1,
     Year
     )
)
```

Y para un salto de una semana:

```
CALCULATE(
  [importe],
  DATEADD(
     Calendario[Date],
     -7,
     Day
     )
)
```

Aunque esta columna no suele mostrarse directamente, se utiliza como base para calcular el porcentaje de progreso:

```
% progreso =
DIVIDE(
  [importe] - [Ventas del mes anterior],
  [Ventas del mes anterior]
)
```

Año mes ▲	importe	% progreso
202307	251 €	
202308	182 €	-27 %
202309	318 €	75 %
202310	156 €	-51 %
202311	105 €	-33 %
202312	175 €	67 %

En definitiva, DATEADD es una función muy potente y muy fácil de usar, ya que permite todas las comparaciones temporales, a diferentes escalas y durante un período definido en la fórmula.

b. Calcular la suma acumulada anual con la función TOTALYTD

El acumulado es otro enfoque de la Time Intelligence. En Power BI, su implementación es muy sencilla.

En el siguiente ejemplo, el importe se acumula cada mes y se restablece a cero en cada cambio de año:

```
acumulado anual = TOTALYTD([importe], Calendario[Date])
```

Año mes ▲	importe	acumulado anual
202307	959 €	959 €
202308	761 €	1.720 €
202309	550 €	2.270 €
202310	690 €	2.961 €
202311	515 €	3.476 €
202312	372 €	3.848 €
202401	438 €	438 €
202402	336 €	774 €

El segundo argumento de esta función es siempre la columna **Date** de la tabla **Calendario**.

Hay otras dos funciones similares: TOTALQTD para el acumulado trimestral y TOTALMTD para el acumulado mensual.

11. Las 11 funciones clave de DAX

Para terminar esta parte dedicada a DAX, le ofrezco una tabla resumen de las principales funciones y fórmulas que hemos visto. Dominarlas asegura una capacidad de análisis significativa y quizá le motive a profundizar en esta iniciación.

He aquí las funciones que hemos visto juntos:

DISTINCTCOUNT Para contar en una columna	`DISTINCTCOUNT(Pedidos [Código cliente])`
COUNTROWS Para contar en una tabla	`COUNTROWS(Clientes)`
SUM Para sumar valores en una columna	`SUM('Detalle de los pedidos'[Cantidad])`

SUMX
Para sumar asociando varias columnas
	`SUMX('Detalle de los pedidos',`
	`[Cantidad] * 'Detalle de los`
	`pedidos'[Precio de venta])`

AVERAGE Para obtener el promedio de una columna	`AVERAGE('Detalle de los pedidos'` `[Cantidad])`

AVERAGEX
Para obtener el promedio a un nivel específico
	`AVERAGEX(`
	`   VALUES(Pedidos[Núm pedido]),`
	`   [ctd]`
	`)`

FILTER
Para filtrar una tabla
	`FILTRO(`
	`   Libros,`
	`   Libros[Núm. páginas] > 250`
	`)`

CALCULATE
Para agregar un filtro al contexto
	`CALCULATE(`
	`  [importe],`
	`  'Categorías' [Etiqueta categoría] =`
	`"Literatura"`
	`)`

CALCULATE + ALL
Para quitar un filtro del contexto
	`CALCULATE(`
	`  [importe],`
	`  ALL(Comerciales[Nombre comercial]`
	`)`

<table>
<tr><td>CALCULATE + DATEADD
Para comparar dos períodos</td><td><pre>CALCULATE(
  [importe],
  DATEADD(
      Calendario[Date],
      -1,
      Month
)
)</pre></td></tr>
<tr><td>TOTALYTD
Para acumular por año</td><td><pre>TOTALYTD([importe], Calendario[Date])</pre></td></tr>
</table>

D. Usar Copilot para escribir en lenguaje DAX

En el momento de escribir estas líneas, Copilot acaba de integrarse en Power BI. Desempeña varios papeles, desde Power Query hasta la creación de visuales, pasando por la descripción de medidas y el tema que nos interesa: la generación de fórmulas DAX y la creación de medidas. Es muy probable que el alcance de las posibilidades de Copilot crezca rápidamente, pero su nivel actual ya es muy impresionante.

Es importante señalar que Copilot debe ser utilizado por personas con conocimientos en DAX, ya que es necesario validar y ajustar sus sugerencias cuando sea necesario. Las secciones anteriores tenían ese objetivo.

En este sentido, he tenido la oportunidad de probar Copilot y, aunque los resultados son generalmente muy satisfactorios, en algunas ocasiones tenía que intentarlo dos veces, ante respuestas de la IA estaba completamente fuera de tema.

Hasta la fecha, para poder invocar Copilot, el informe debe haberse publicado en un espacio de trabajo de capacidad Premium (es decir, su empresa debe haber adquirido una licencia específica, Premium por capacidad).

Para poder usar Copilot en la generación de fórmulas de DAX, es necesario activar, en versión preliminar (hasta la fecha), la característica **Escritura de consultas DAX con Copilot**.

Una vez activada, basta con hacer clic en el botón **Copilot (versión preliminar)** que aparece en la cinta de opciones:

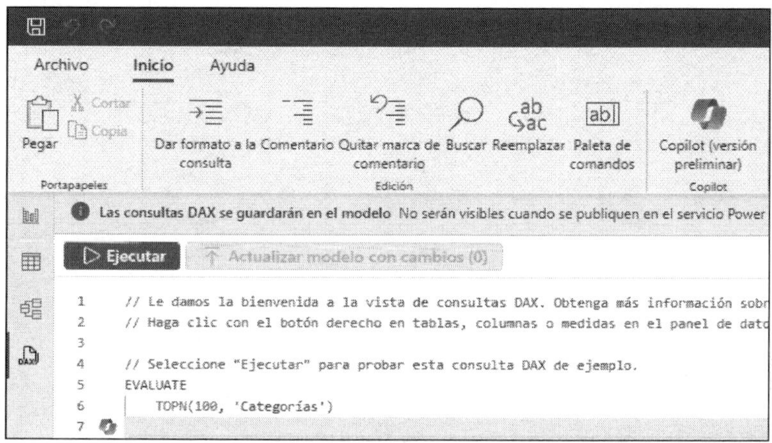

En las siguientes líneas, vamos a explorar la creación de una medida utilizando un prompt de Copilot.

Atención: tenga en cuenta que el modelo de datos en el que se basan estos ejemplos no es el que hemos utilizado hasta ahora.

- Para empezar, borre todo lo que aparece en la pantalla y, a continuación, haga clic en el botón **Copilot** para que aparezca la ventana de solicitud:

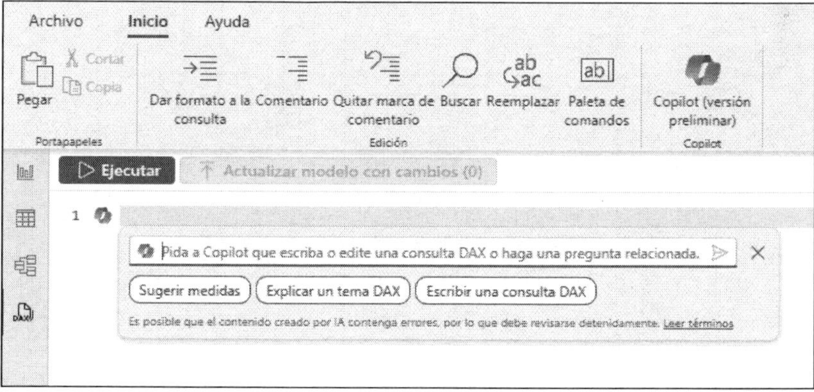

- Para este ejemplo, pida a Copilot un cálculo sencillo, pero que suponga una buena comprensión de los datos: la cantidad vendida en enero de 2024 para los clientes españoles. Tenga en cuenta que el término «español» no existe en los datos, solo aparece el país España. Este es el resultado que ofrece Copilot:

```
// DAX query generated by Fabric Copilot with "crea una medida para calcular la cantidad expedida en el mes de enero"
DEFINE
  //Define a measure for the total quantity shipped in January 2024 for Spanish customers
  MEASURE 'transactions'[Cantidad enero 2024 para los clientes españoles] =
    CALCULATE(
        SUM('transactions'[cantidad]),
        'Calendario'[Año] = 2024,
        'Calendario'[Número del Mes] = 1,
        'Clientes'[país] = "España"
    )

```

- A continuación, Power BI ofrece conservar el resultado, eliminar o volver a generar la respuesta. Si hace clic en **Retener**, Power BI ofrece ejecutar la consulta:

En el editor de consultas, aparece el resultado del cálculo

- El enlace **Actualizar modelo: Agregar nueva medida** permite crear instantáneamente la medida:

La medida se ha creado en unos pocos clics.

He aquí otro ejemplo, más breve. Primero, la pregunta:

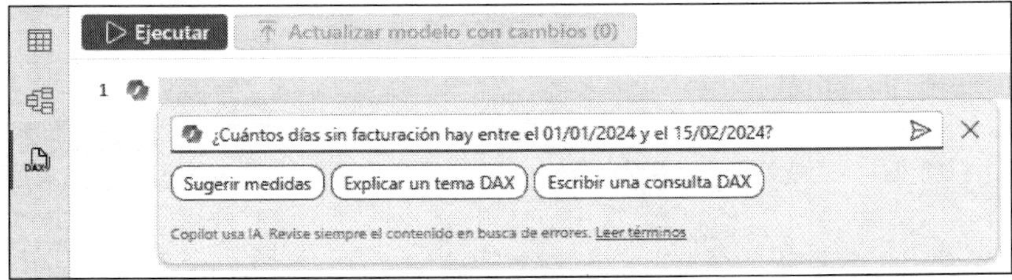

Ningún campo se llama CN en nuestros datos: ¡Copilot, sin embargo, comprenderá que es la cifra de negocio!

Y la respuesta, sin falta:

```
// DAX query generated by Fabric Copilot with "¿Cuántos días sin facturación hay entre el 01/01/2024 y el 15/02/2024?
DEFINE
  // Define the data range
  VAR _StartDate = DATE(2024, 1, 1)
  VAR _EndDate = DATE(2024, 2, 15)
  // Get all dates within the range
  VAR _DateRange = FILTER(
    ALL('Calendario'[Date]),
    'Calendario'[Date] >= _StartDate && 'Calendario'[Date] <= _EndDate
  )
  // Get all dates with transactions within the range
  VAR _TransactionDates = CALCULATETABLE(
    VALUES('transactions'[date]),
    _DateRange
  )
  // Get all dates without transactions within the range
    VAR _NoTransactionDates = EXCEPT(
    _DateRange,
    _TransactionDates
    )
```

Observe que, esta vez, dado que no pedimos en el prompt que se creara una medida, no aparece el enlace **Actualizar modelo**. La ventana Editor de consultas de DAX también se puede usar para eso: obtener una respuesta a una pregunta.

La principal ventaja de Copilot es su capacidad para interpretar el modelo de datos en Power BI y generar medidas de manera automatizada, permitiendo su integración con un solo clic.

Estamos apenas en los comienzos, pero es muy probable que la integración de la IA en Power BI continúe desarrollándose. Es algo que debemos observar atentamente y aprender a utilizar con criterio.

Capítulo 8

Publicar y compartir el informe

A. Introducción

El informe ya está listo: se han conectado las fuentes de datos, preparado la información, creado medidas en DAX, ajustado las interacciones y verificado la precisión de los datos. Ahora es momento de compartir los resultados.

Es necesario hacer una observación preliminar: la mayoría de las posibilidades de publicar y compartir se basan en enviar el informe al servidor Power BI (o a su versión en la nube, Power BI Service, que utilizamos en este libro).

A lo largo de los años, Power BI Service ha crecido y se ha enriquecido con numerosas funcionalidades, centradas principalmente en la distribución automatizada, un sistema de seguimiento y alertas sobre indicadores clave y una integración con otros productos de Microsoft, desde PowerPoint hasta Teams, pasando por Excel y Power Apps.

Presentar el servicio en su totalidad sería un trabajo en sí mismo. Por ello, en este capítulo nos centraremos en Power BI Service desde el punto de vista del creador del informe: qué esperar cuando se publica un informe, cómo funcionan los derechos de acceso sobre el informe y cuáles son las ventajas de publicarlo. Estas son algunas de las preguntas que responderemos en estas páginas.

La distinción entre la licencia gratuita, la licencia Pro y las licencias Premium de Power BI Desktop se vuelve aquí determinante: como podrá imaginar, solo las dos últimas licencias permiten utilizar todas las funcionalidades de Power BI Service.

B. Compartir y distribuir sin recurrir a Power BI Service

Existen directamente en Power BI Desktop algunas posibilidades de uso compartido, muy limitadas, pero que sin embargo pueden ser suficientes en ciertos contextos y no implican el uso de Power BI Service.

1. Compartir el archivo PBIX

La primera opción, la más sencilla, es poner a disposición de los destinatarios, en un directorio compartido, el archivo original (.pbix). Todas las personas autorizadas a acceder al directorio podrán utilizar el informe: actualizarlo, consultarlo... y cambiarlo: esta forma de compartir el informe no ofrece ninguna garantía desde este punto de vista.

2. Exportar al formato PDF

Existe una función para exportar el informe en formato PDF que resulta conveniente para transmitir a una audiencia fuera de la aplicación y para garantizar que no se realicen cambios en el archivo .pbix.

El principal inconveniente de esta opción es que los visuales quedan estáticos, sin posibilidad de interacción ni acceso a información adicional. Además, la generación y distribución del PDF deben realizarse manualmente.

El hecho es que, para ciertas audiencias o propósitos (distribución en forma impresa durante una reunión, por ejemplo), esta opción puede resultar adecuada.

Solo se exportan páginas visibles (como recordatorio, es posible ocultar una página haciendo clic derecho en su pestaña y escogiendo la opción ***Ocultar página****).*

Para exportar al formato PDF

✎ Abra el menú desplegable **Archivo**, elija la opción **Exportar** y luego **Exportar a PDF**.

El archivo PDF se va a abrir en el lector de PDF habitual. Recuerde guardar el resultado.

3. Exportar al formato CSV y XLSX

Finalmente, como recordatorio, desde el archivo .pbix es posible exportar los datos de un objeto visual a una hoja de cálculo.

- Seleccione el visual y haga clic en el botón **Más opciones** [...].
- Elija la opción **Exportar datos**.

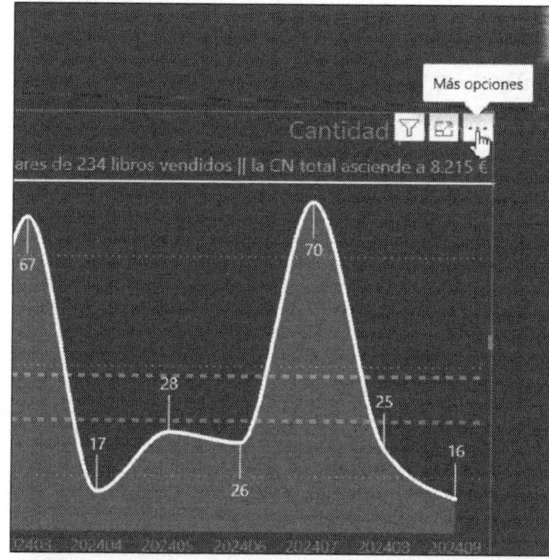

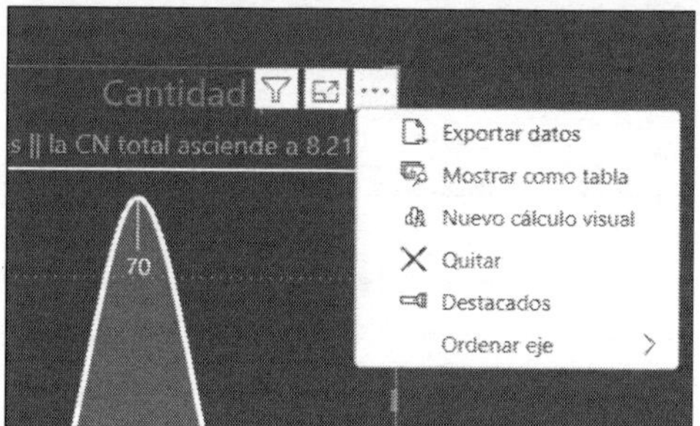

Esta opción genera un archivo **.csv** que contiene una tabla en bruto con los datos agregados (en este caso, obtendríamos las cantidades mensuales, por ejemplo). Este archivo puede abrirse y convertirse en un programa de hojas de cálculo como Excel o utilizarse como origen para un nuevo informe.

C. Publicar en Power BI Service

La publicación en Power BI Service abarca diversos aspectos, pero aquí nos enfocaremos en aquellos directamente relacionados con la creación del informe. La capacidad de publicar depende completamente del tipo de licencia que tenga (gratuita, Pro o Premium), los derechos que se le otorguen y la infraestructura de TI (servidor alojado en la red de su empresa o Service en la nube).

Por lo tanto, lo que haremos aquí será invitarle a que descubra las posibilidades, centrándonos esencialmente en las preguntas que se hace el creador del informe:

- ¿Cómo evitar que otros usuarios editen el informe?
- ¿Cómo podrán consultarlo los usuarios a los que está destinado?
- ¿Cómo distribuir el informe?
- ¿Cómo preparar el informe para una consulta en un teléfono móvil (o tableta)?
- ¿Qué se puede hacer en Power BI Service?

En las secciones siguientes, el creador del informe posee una licencia Pro y publica los informes en Power BI Service (nube).

1. Publicar un informe en Power BI Service

La primera característica clave en Power BI Service son las áreas de trabajo: directorios seguros cuyo acceso está restringido a un grupo de usuarios (por ejemplo, el equipo de recursos humanos de la empresa o el departamento contable). Este acceso está asociado a un rol, generalmente el de **Colaborador**, y a veces el de **Miembro**, es decir, una persona que puede agregar nuevos informes al espacio, modificar o eliminar informes. También existe un tercer rol, el de lector (curiosamente traducido como **Visor**), aunque veremos más adelante que el acceso de solo lectura se gestiona a través de otro elemento de Power BI Service, la aplicación.

El botón de publicación desde Power BI Desktop hacia Power BI Service se encuentra a la derecha de la pestaña **Inicio**:

Si aún no ha iniciado sesión en Power BI Service, aparecerá una ventana en la que se le invitará a introducir sus indicadores.

- Desde su archivo de Power BI, haga clic en el botón **Publicar** de la pestaña **Inicio**.
- Escoja el espacio de trabajo en la lista y haga clic en **Seleccionar**.

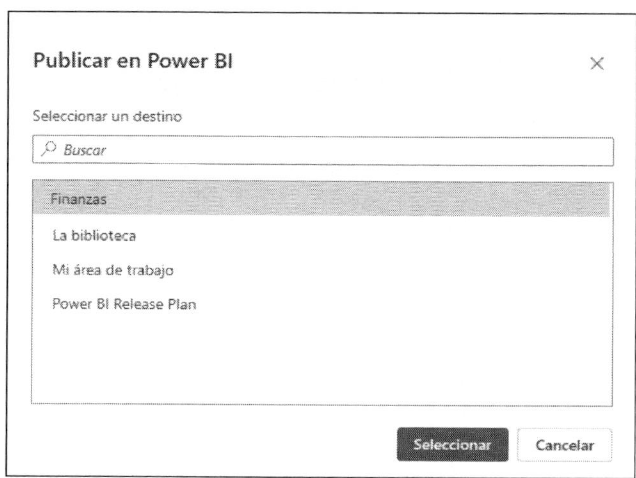

Una ventana confirma la publicación correcta del informe:

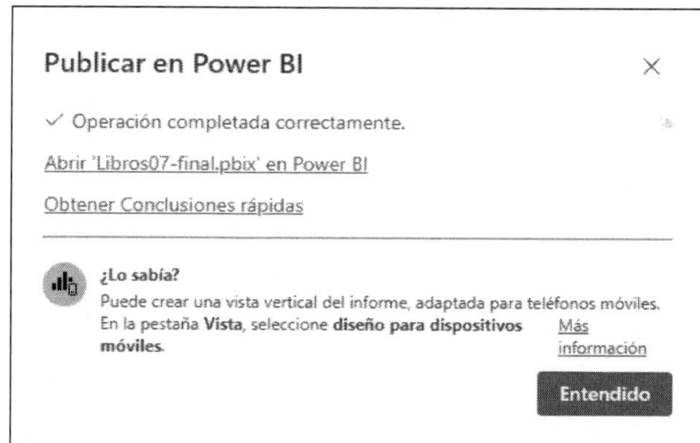

- Haga clic en el vínculo **Abrir 'nombre de informe' en PowerBI**. Se abre una nueva ventana de su navegador en la que se le pide que inicie sesión antes de mostrar el informe.

*También puede acceder a Power BI Service haciendo clic en el enlace **Servicio de Power Bi**, en el menú que se abre cuando hace clic en su nombre, en la esquina superior derecha de la ventana de Power BI.*

Volvamos ahora a Power BI Service.

- Para mostrar todas las áreas de trabajo, haga clic en **Áreas de trabajo** en la barra de la izquierda:

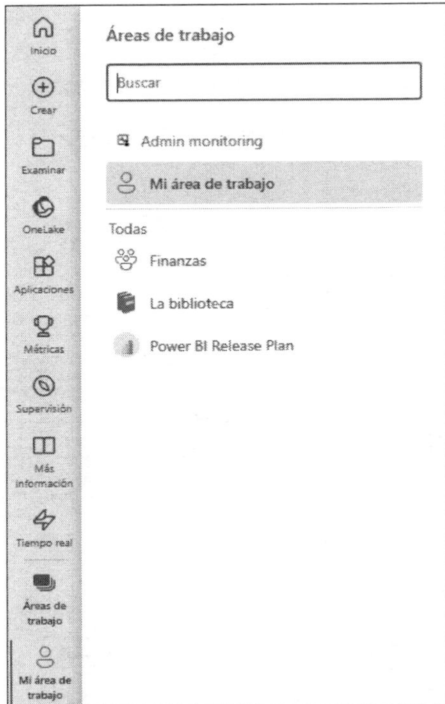

Observe que se han generado dos objetos: el informe (la parte visible, con los visuales y las páginas de su informe) y el modelo semántico (para simplificar, se trata de los datos, incluyendo la conexión, la preparación en Power Query, el modelo y las relaciones, así como todas las medidas):

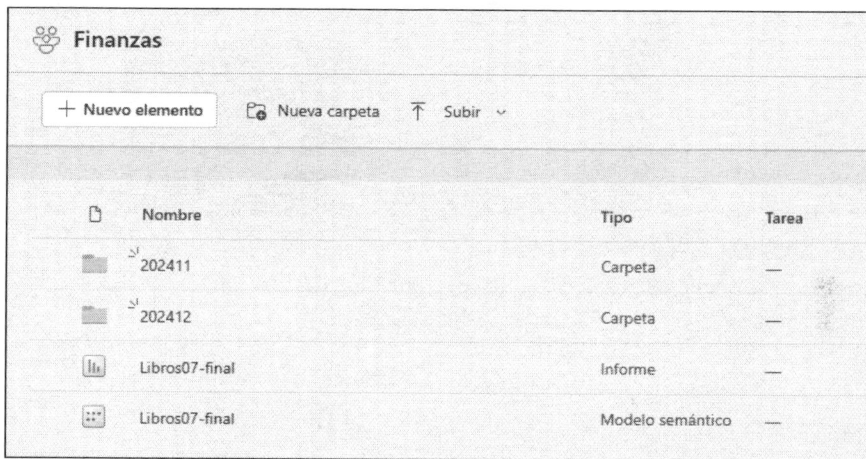

✎ Haga clic en el informe para verlo.

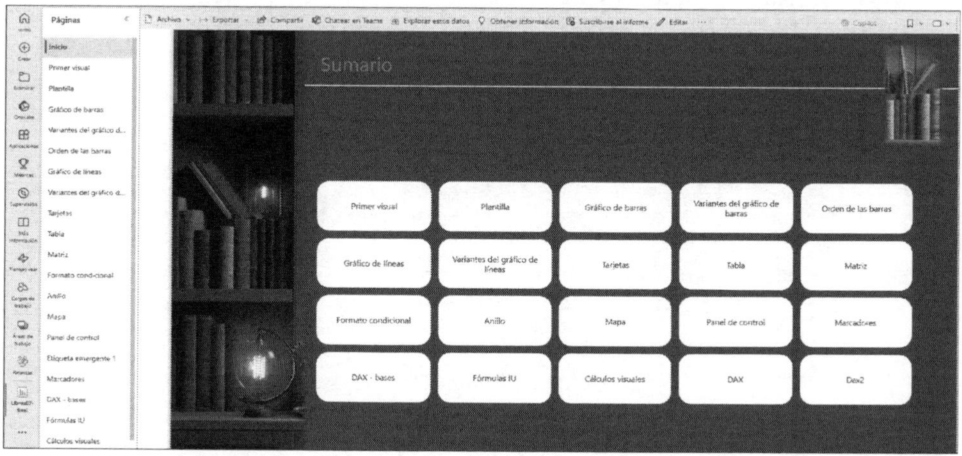

En modo **Lectura**, en Power BI Service, puede aprovechar todas las opciones de interacción que se configuraron al crear el informe (los botones para la navegación, la segmentación o las ventanas emergentes).

2. Exportar un informe a partir de Power BI Service

Una de las grandes ventajas de la publicación es que el informe pasa a estar disponible para su integración en diversas herramientas de Microsoft.

Le menú **Exportar** también permite:

- **Analizar en Excel**: esta funcionalidad exporta los datos a un archivo de Excel, en forma de tabla dinámica;
- abrir el informe en **PowerPoint**, ya sea como imagen fija o como informe dinámico, es decir, exactamente como si lo estuviera consultando en Power BI Service;
- exportar a **PDF**.

La funcionalidad **Compartir** o **Chatear en Teams** permite mostrar el informe en esta aplicación. De hecho, es posible añadir una pestaña de Power BI en un equipo de Teams para poder consultar el informe sin necesidad de conectarse a Power BI Service.

3. Comprender la seguridad y la administración de derechos

Esta sección no pretende de ninguna manera cubrir los conceptos de seguridad en detalle, sino simplemente proporcionar una visión general de ellos.

La gestión de permisos en Power BI Service se divide en dos niveles: el acceso a los espacios de trabajo y la restricción de datos mediante la Seguridad a Nivel de Fila (RLS).

El primero se define en Power BI Service mediante la configuración del área de trabajo. Un miembro del grupo puede tener derechos de:

- **Colaborador**: puede crear, editar y eliminar contenido en el espacio de trabajo, y publicar informes en él.
- **Miembro**: puede agregar miembros u otros roles con permisos más bajos, publicar y actualizar una aplicación, compartir un elemento o aplicación y hacer lo que haga el colaborador.
- **Administrador**: puede actualizar y eliminar el espacio de trabajo, agregar o eliminar personas, incluidos otros administradores, y hacer todo lo que hace un miembro.

El segundo nivel, la RLS, se define en Power BI Desktop mediante la característica de administración de roles y, a continuación, se publica en el servicio Power BI, donde el rol se asigna a uno o más usuarios.

Existen diferentes aproximaciones para esta técnica (dependiendo en particular del hecho de saber si es posible actualizar desde Power BI Service).

Para más información sobre este punto, le recomendamos que consulte el sitio del editor :
https://learn.microsoft.com/es-es/fabric/security/service-admin-row-level-security

4. Compartir un informe con lectores

Una de las formas más eficaces de compartir contenido con lectores es utilizar las aplicaciones.

Una aplicación es un conjunto de informes y otros archivos directamente vinculados a un área de trabajo (una aplicación equivale a un área de trabajo). Este método es especialmente adecuado (y recomendado) para ofrecer acceso en modo de solo lectura a los informes.

La aplicación creada con una cuenta Pro solo puede ser utilizada por usuarios que también cuenten con una cuenta Pro. En cambio, una aplicación creada con una cuenta Premium puede ser distribuida a cualquier persona, independientemente del tipo de cuenta que esta tenga.

Para crear una aplicación:

✎ En el área de trabajo, haga clic en **Crear aplicación**.

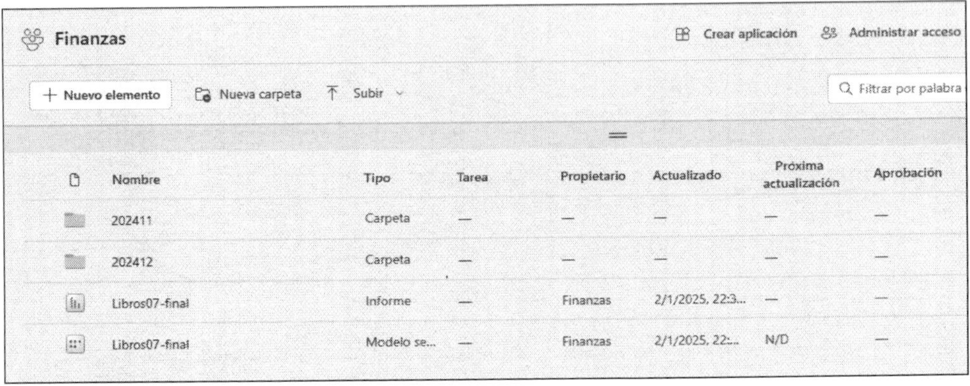

✎ Asigne un nombre y una descripción a su aplicación (también puede cargar un logo y cambiar el color general de la aplicación).

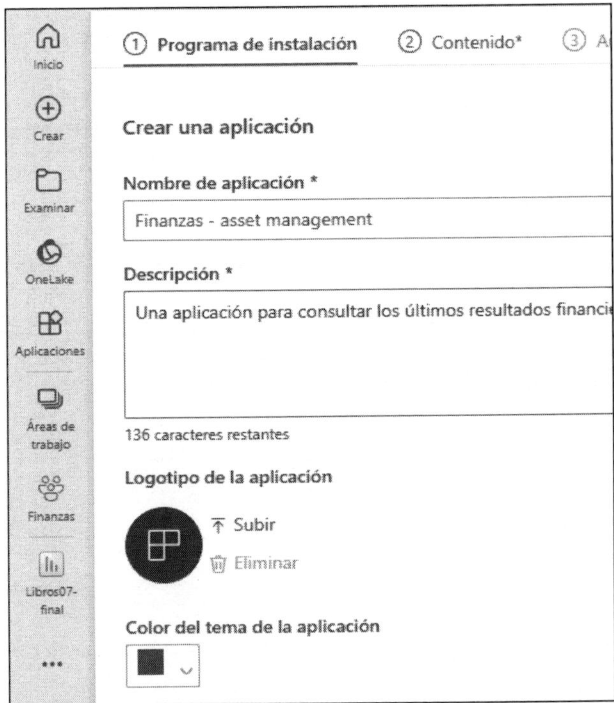

✎ Haga clic en **Siguiente: agregar contenido**.

- Haga clic en **Agregar contenido** para acceder a todos los informes presentes en el espacio de trabajo y sus subcarpetas.

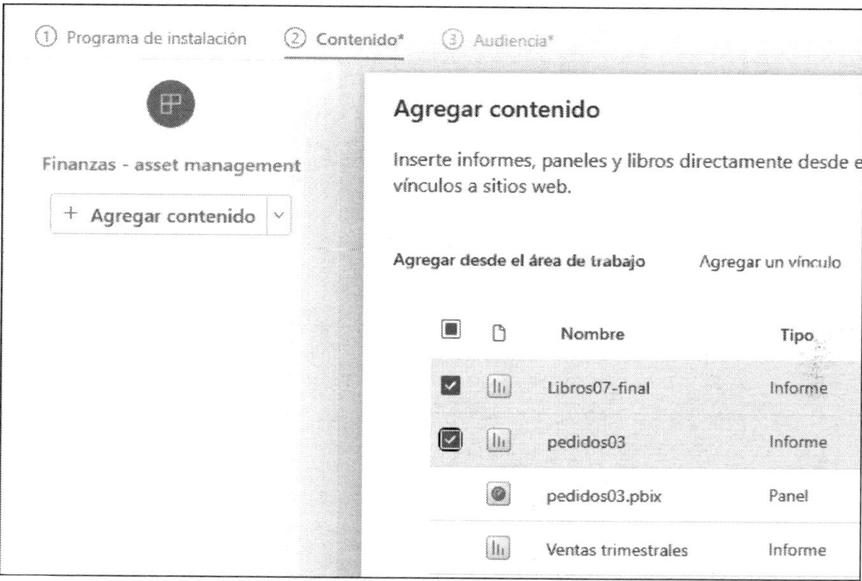

- Seleccione uno o varios informes y haga clic en **Agregar**.
- A continuación, haga clic en **Siguiente: Agregar audiencia**.

La creación de diferentes perfiles de audiencia tiene como objetivo ofrecer acceso a todos los informes de la aplicación o, por el contrario, ocultar algunos para un acceso restringido.

En el área de la derecha, asocie un usuario o un grupo de usuarios a su aplicación.

Por defecto, todos los miembros o colaboradores del área de trabajo tienen acceso a la aplicación.

Para terminar, haga clic en **Publicar aplicación**.

Obtendrá un enlace que puede copiar y enviar a las personas interesadas (también es posible forzar la instalación de la aplicación). Este enlace les proporcionará acceso a la aplicación:

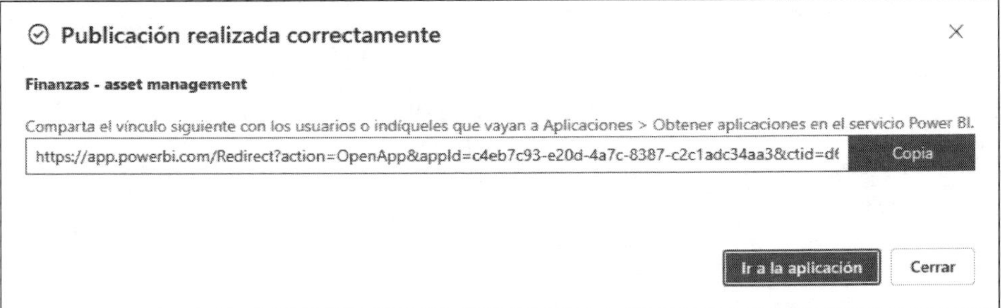

✎ Haga clic en **Ir a la aplicación** para ver el resultado.

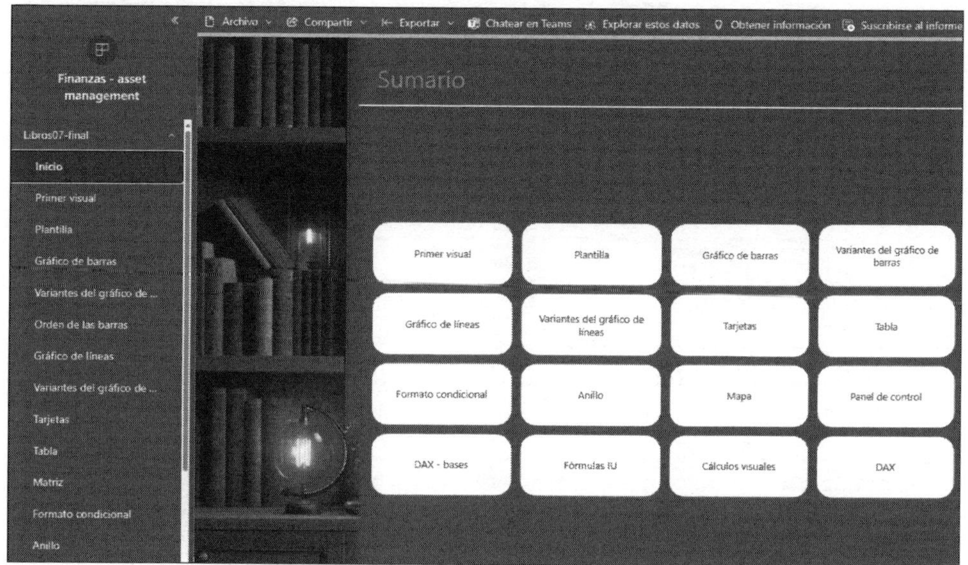

✎ Haga clic en **Volver atrás**, en la esquina inferior izquierda, para volver al inicio.

5. Publicar para dispositivos móviles

Una vez publicado en Power BI Service, el informe estará disponible para su consulta desde dispositivos móviles.

Para acceder al informe en dispositivos móviles, los usuarios deben instalar la aplicación Power BI, disponible en Android, iOS y Windows.

Desde el punto de vista del creador del informe, y en relación con la consulta en un teléfono, Power BI Desktop ofrece la posibilidad de preparar la visualización de los diferentes visuales de la página en una pequeña pantalla:

✎ En la esquina inferior izquierda de Power BI Desktop, haga clic en el botón **Vista de diseño móvil** .

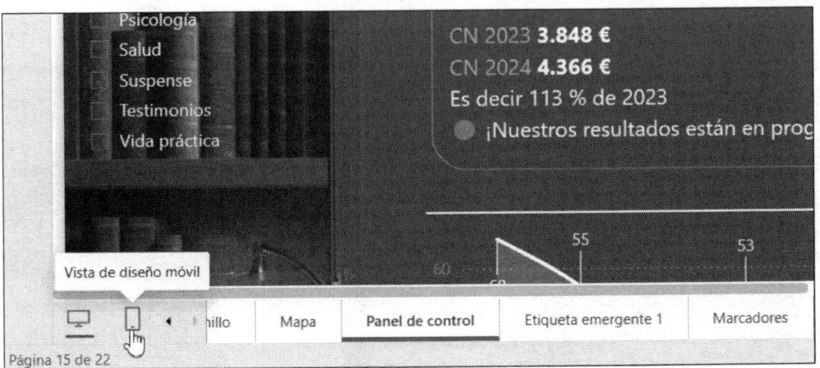

La parte central de esta ventana muestra cómo se verá el informe en un dispositivo móvil. El panel derecho, **Objetos visuales de la página**, enumera los elementos visuales presentes en esta página.

- Arrastre los visuales que desee mostrar desde el panel **Objetos visuales de la página** hasta la parte central.
- Ajuste su tamaño para adecuarlos al de la pantalla.
- Puede modificar las propiedades de formato específicas para la visualización en dispositivos móviles. Por ejemplo, en este caso, cambie el fondo de los dos visuales seleccionados utilizando la propiedad **Fondo** del panel **Visualizaciones - General - Efectos**, tal como hemos hecho en varias ocasiones. Este cambio no afecta al visual cuando se consulta desde un PC.

He aquí un posible resultado:

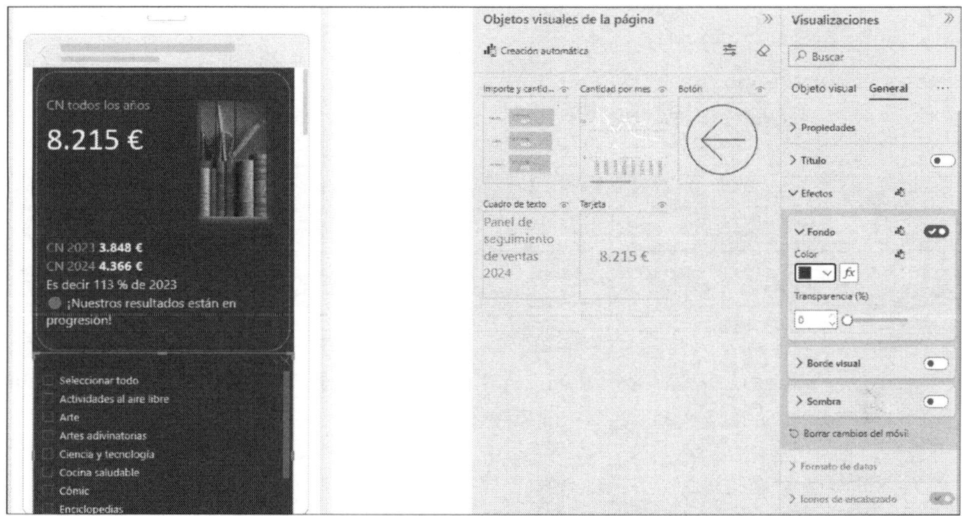

En este caso, solo se han mantenido dos visuales, la tarjeta y la segmentación (que podrá utilizarse en el teléfono)

✎ Haga clic en el botón **Vista de diseño de escritorio**, abajo a la izquierda, para volver a la vista normal.

Una vez publicado el informe, si un usuario accede a él desde su teléfono, solo verá los visuales seleccionados.

Si ha realizado modificaciones en su informe desde Power BI Desktop, recuerde republicarlo para que los cambios se reflejen en Power BI Service. Como el modelo semántico ya existe, Power BI le preguntará si desea reemplazarlo. Generalmente, la respuesta es «sí».

En el espacio de trabajo, encontrará un enlace para actualizar la aplicación si el informe se ha modificado.

6. Crear o editar un informe en Power BI Service

Power BI Service permite no solo editar informes existentes, sino también crear nuevos directamente desde el navegador.

Por ejemplo, cuando visualiza un informe, puede hacer clic en el vínculo **Editar** para pasar al modo edición y añadir, eliminar o transformar los distintos visuales:

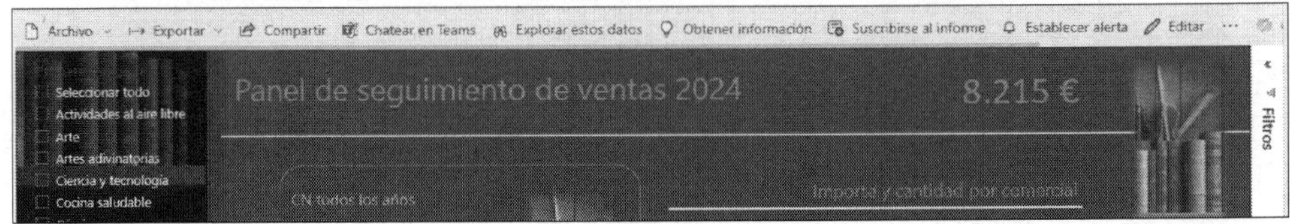

*El vínculo **Editar**, arriba a la derecha*

Podrá hacer todo lo que hacía en Power BI Desktop, excepto modificar el modelo semántico (es decir, añadir tablas, columnas o medidas):

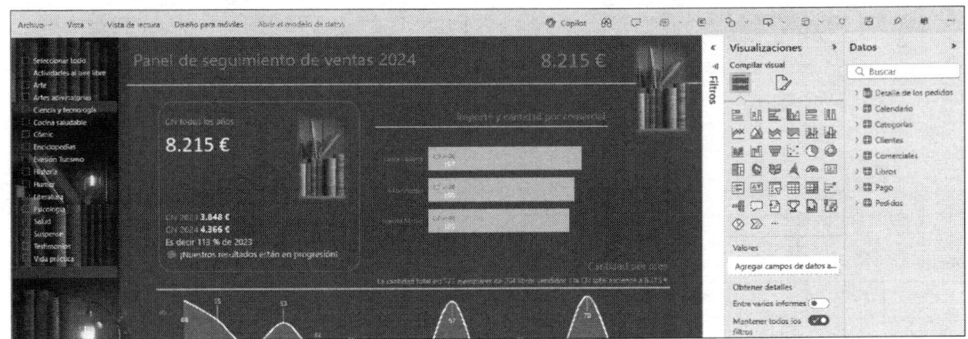

*Observe cómo está en gris el enlace **Abrir el modelo de datos***

Para poder modificar el modelo semántico, es necesario cambiar un parámetro del espacio de trabajo. Una vez que este parámetro esté activado, será posible agregar medidas, etc.

Pero más allá de modificar un informe existente, también es muy fácil crear un nuevo informe, especialmente a partir de un modelo semántico publicado. Esto crea un nuevo informe vacío, en el que todas las tablas y las medidas están disponibles y listas para usar:

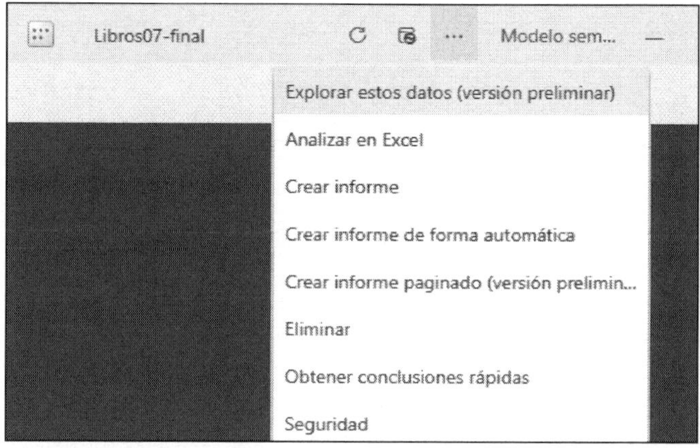

Observe la opción ***Crear informe***

Habría material para muchos capítulos sobre Power BI Service, pero ahora tiene una buena idea de lo que usted, como creador de informes, puede esperar de la publicación de su informe.

Las posibilidades de Power BI Service dependen en gran medida de las reglas que se apliquen dentro de su empresa. ¡Infórmese!

A

B

C

D

E

F

G

I

J

M

P

R

S

T

U

V